Knowledge BASE 系列

一冊通曉 綜觀近代全球政經秩序的發展脈絡

圖解 世界近現代史 更新版

宮崎正勝 著　黃秋鳳 譯

U0014725

了解當今處境的必要途徑：
閱讀現代史

文◎楊肅獻
（台灣大學歷史學系教授）

「現代史」一般也稱做「當代史」（Contemporary history），指的是活著一代人的集體記憶最遠能及的過去。這大致包含了三個世代，約一百年的時光。以現在做為定點，則剛過去的二十世紀可說就是我們的現代史。

現代史乃是「最近的過去」，距我們的時代不遠、接近我們的經驗。其中有許多史事，我們不但親眼觀察到，甚至可能親自參與過，對我們而言有一種熟悉、親切感。然而，現代史事也因去今未遠，缺乏時間深度，因此經常被視為「新聞」，而非「歷史」，多數歷史家甚至不習慣處理過於當代的事。事實上，我們的歷史教育向來也是詳古而略今，學子對古代歷史如數家珍，但對當代歷史反而不勝了解。

這一種作法可說是本末到置。歷史的一個重要功用，是幫助人們認識自身的處境。現代史與我們的時代相接，是了解我們當前處境的關鍵。透過現代史，人們可以了解世界如何變化、銜接到當前，並有助於思考如何迎向未來。做為一個現代人，我們不能夠不了解現代史。

爬梳近現代歷史發展的六大關鍵

現代世界變化不居，其走向令人難以蠡測。一個高唱「白種人的負擔」的歐洲人，絕對難以相信不過一個世代就出現了「西方的沒落」的呼聲；而一個一九五〇年代的自由民主人士，也不可能預料一九八〇年代末竟可能期待「歷史的終結」。現代歷史變動太快、距離我們太近，身處其間，常覺身在此山中，卻不易見其廬山面目。

現代史的種種，發生在全球各角落，表面上複雜萬端，不易理出頭

緒。不過，若從比較長的時間觀察，其發展脈絡仍是清晰可循。只要能掌握這些脈絡，就可以了然現代史的變化，而本書就是要幫一般讀者梳理錯綜複雜的現代史。

作者宮崎正勝綜觀近三個世紀的世界史，歸納出連結近代與現代歷史發展的六大關鍵：「資本主義」經濟體系、「民族國家」政治體系、「都市」的膨脹，「人工化網絡」的成長、「技術體系」的變化，與「社會體系」的變動。只要掌握住這幾條脈絡，對於世界近現代歷史的演變就可瞭如指掌。

掌握從十八世紀至現代處境的來龍去脈

二十世紀的歷史是這一本通俗歷史書的重點。但是，現代史並非單獨存在，無法孤立地理解，必須放在近三百年的歷史脈絡中才看得清楚。實際上，世界近代史與現代史互相連結，實為一體。本書的寫作是採二部結構，先介紹近代史（十八與十九世紀），繼而講述現代史（二十世紀），讓讀者可以掌握人類現代處境的來龍去脈。「近代史」大致涵蓋一七六〇年到一八七〇年的世界，主軸是「工業革命」到「新帝國主義」的發展。這個時期，歐洲發生英國左派史家霍布斯邦（Eric Hobsbawn）所說的「雙元革命」：「工業革命」與「法國大革命」。兩大革命影響了近代世界的發展，前者造成歐洲優勢的工業資本主義，後者帶來以「國民主權」為核心的民主政治。

此外，本書亦特闢專章介紹美國的革命與國家的成長，以及新帝國主義壓力下亞洲與非洲的困境。美國的世界霸權與亞、非洲的反殖民運動，是二十世紀世界史的重要現象。

一八七〇年以後，世界史逐漸進入本書所說的「現代」階段。這個時期，工業革命大步邁進，助長了以市場擴張為主的工業資本主義。現代世界是一個極端、動盪的世界。一方面，工業資本帝國相互競奪，導致兩次世界大戰的災難；另一方面，資本主義的弊病導致共產主義的興起。二十世紀中期以後，民主與共產兩大陣營激烈對抗，牽動了全球的神經。

二十世紀的大部分時期，世界陷入嚴重的兩極對抗。不過，如本書指出，各種人工化「網絡」的成長，卻悄悄突破了對壘。電視網絡的出現、航空網絡的形成、商業網絡的擴張，與網際網路的普及，帶來了世界的「全球化」。冷戰結束以後，「地球整體化」的速度加快，但在全球化的過程中，中心與邊緣的矛盾、不同文化的衝突等，又成為人類必須面對的新挑戰。

做自己的歷史家

　　歷史的理解沒有一定的準則，隨著經驗、喜好與問題意識的不同，每個人對歷史會有不同的體會。歷史解釋也不是歷史家的專利，每一個人都是自己的歷史家，可運用各種方法、不同的想像模式來組合「歷史事件」。

　　十九世紀以來，歷史學走向專業化、學院化。歷史學的專業化，致使歷史著作充斥著專業的術語、生硬的分析，只有史學同行才有興趣閱讀。如此一來，使得歷史的研究脫離一般讀者，歷史著作不再如十八世紀時那樣，能夠擺上淑女的梳妝台。

　　歷史兼有教育與娛樂的功能，但史書應力求平易近人，才有普及的效果。《圖解世界近現代史》正是一本由專家執筆、寫給一般大眾的普及讀物。作者宮崎正勝有專業的史學訓練，曾經在高中、大學、廣播電視講教「世界史」。這本書的寫作，是希望讀者能活用自己的經驗，以「輕鬆的」心情來閱讀「現代史」，以了解現代文明的來龍去脈。

楊肅獻

現代史是一 來自不久過去的信

在新世紀即將到來的公元二〇〇〇年年底，街上傳來貝多芬第九交響曲第四樂章中《歡樂頌》的旋律。

每當聽到這首曲子，腦中便會浮現自己在柏林圍牆倒塌不久後造訪布拉格（捷克首都），在查理士橋上見到的那些圍成圈圈齊聲歡唱的青年們的表情。

當時我便深刻感受到，原來社會與人類一樣具有「生命」，都會不斷地蛻變。而歷史也是如此，同樣有沉悶的時期，也有高昂的時期。

近來我開始覺得，現代史不就是兩世代或三世代前的人類，所共同參與並完成的雄偉壯麗的交響曲嗎？記得俄羅斯大提琴家羅斯托波維奇說過：「樂曲是來自作曲家的信」。這句話一直留在我心裡，也因此，我開始覺得「歷史」其實就如同「樂曲」一般。

羅斯托波維奇曾因協助藏匿《古拉格群島》的作者索忍尼辛（該書因批判蘇聯官僚體制而被禁）而遭到蘇聯政府放逐，是位極具骨氣的演奏家。而他的勇氣，也促成了後來柏林圍牆的倒塌。

「近現代史」看來像是充滿蠻橫、失敗與野心的不斷摸索嘗試的過程，然而卻是由許多人的真實生活累積而成。

特別是現代史，我認為現代史是生活於不遠過去的人類所留給我們的信，是為我們解讀雖然感到困惑、但仍即將邁入的「未知時代」的地圖。

若本書能成為讓讀者與「現代史」對話的小小動機，個人將感到無限欣慰。

最後，感謝日本實業出版社安村純先生，在本書編輯過程中給予我的所有幫助。

二〇〇一年一月　宮崎正勝

推薦序
解當今處境的必要途徑：閱讀現代史　楊肅獻 ·································· 2

作者序
現代史是一封來自不久過去的信　宮崎正勝 ···························· 5

前言
航向近現代世界之際 ··· 15

PART 1 十八、十九世紀的世界

第 1 章　世界因工業革命而改變

工業革命後，支撐世界經濟的資本主義登場 ······················· 22

◆世界資本主義的成立
　砂糖及奴隸貿易所孕育的歐洲資本主義 ··························· 26

◆工業革命
　紗線不足引發英國的工業革命 ······································· 28

◆鐵路與蒸汽船登場
　急速擴展的新網絡 ··· 30

◆新社會體系的提案
　為何社會主義思想會出現？ ··· 32

◆近代都市的形成
　社會的進化促使都市改變 ·· 34

◆歐洲的世紀
　世界秩序的建立始於十九世紀初 ··································· 36

COLUMN　飽食時代起源於十九世紀？ ······························ 38

第 2 章　民族國家席捲歐洲

拿破崙所展現的新體系之力——民族國家 ·························· 40

◆法國大革命
　法國大革命的結果 ··· 42

◆法國大革命
　革命政府的主角不斷更換 ·· 44

◆民族國家的誕生
　法國大革命催生了民族國家 ··· 46

◆拿破崙登場
　讓拿破崙成為英雄的徵兵制 ··· 48

◆拿破崙帝國
統治歐洲的拿破崙帝國 ················· 50

◆拿破崙時代的終結
脫離民族國家架構而失勢 ················· 52

◆維也納體制
維也納體制下的國際秩序 ················· 54

◆希臘獨立
民族主義先驅希臘的獨立 ················· 56

◆法國七月革命
維也納體制的動搖 ················· 58

◆法國二月革命
維也納體制瓦解 ················· 60

◆維多利亞時代
躍進世界的大英帝國 ················· 62

◆大不列顛和平
議會制將「兩種國民」合而為一 ················· 64

◆拿破崙三世登場
趁亂茁壯勢力的拿破崙三世 ················· 66

◆義大利統一
義大利暗中獨立 ················· 68

◆德國統一
強制進行的德國統一 ················· 70

◆俾斯麥外交
德國避開戰爭儲備國力 ················· 72

◆俄羅斯的南下政策
俄羅斯以地中海為目標 ················· 74

◆俄羅斯的南下政策
俄羅斯的南下政策不斷受挫 ················· 76

◆繼續壯大的俄羅斯
俄羅斯取得大殖民地 ················· 78

COLUMN 北愛爾蘭紛爭的發展 ················· 80

第 3 章　世界強權美國的誕生

十三殖民地團結一致，快速茁壯的美國 ················· 82

◆波士頓茶會事件
紅茶挑起美國獨立戰爭 ················· 84

◆美國獨立戰爭
從獨立宣言到美國的成立 ················· 86

◆不斷壯大的美國
以太平洋為目標持續擴大 ················ 88

◆南北對立
南北方為了西部問題而對立 ················ 90

◆南北戰爭
自悲慘內戰重生的美國 ················ 92

◆移民人潮湧入美國
移民和鐵道讓美國急速成長 ················ 94

◆美西戰爭
美國進軍太平洋的契機 ················ 96

◆巴拿馬運河完成
巴拿馬運河的建設讓美國成為海洋帝國 ················ 98

◆拉丁美洲各國的獨立
民族國家熱潮也吹至拉丁美洲 ················ 100

◆動盪不安的拉丁美洲
拉丁美洲政局為何持續動盪不安？ ················ 102

COLUMN 脫離歐美統治的大洋閘口——巴拿馬運河 ················ 104

第 4 章 受盡災難的亞洲

世界所有地區淪為歐洲邊陲 ················ 106

◆歐洲進軍亞洲與非洲
歐洲自以為是的使命 ················ 108

◆苟延殘喘的土耳其
鄂圖曼帝國因民族主義抬頭而解體 ················ 110

◆蘇伊士運河開通
蘇伊士運河經營權的轉移 ················ 112

◆伊朗和阿富汗
在英俄之間擺盪的伊朗和阿富汗 ················ 114

◆英屬印度
支撐大英帝國的印度殖民地 ················ 116

◆東南亞的痛苦
被列強細分的東南亞 ················ 118

◆鴉片戰爭
喝茶習慣引起的鴉片戰爭 ················ 120

◆第二次鴉片戰爭與北京條約
被強制打開的中國對外窗口 ················ 122

◆日本開國和明治維新
　急速歐化的日本 **124**

◆民族國家日本
　做為一個國家的領土劃定 **126**

◆混亂的大清帝國
　導入歐洲體系失敗的中國 **128**

◆中日甲午戰爭
　中日甲午戰爭後遭受侵略的清朝 **130**

◆辛亥革命
　辛亥革命後中國的混亂 **132**

◆華僑與印僑的誕生
　取代奴隸貿易的苦力貿易 **134**

◆非洲被瓜分
　短短二十年間被分食殆盡的非洲 **136**

◆南非戰爭
　荷蘭裔移民建立南非 **138**

COLUMN 新加坡的實驗是否會成功？ **140**

PART 2 二十世紀的世界

第5章 在世界各地相互衝突的帝國主義

德英對立造成世界高度緊張 **144**

◆第二次工業革命
　股份公司體系的普及 **146**

◆長蕭條的影響
　列強的殖民地競爭 **148**

◆帝國主義時代
　英國與德國激烈衝突 **150**

◆民族主義高揚
　民族主義的浪潮 **152**

◆日俄戰爭
　持續苦撐的日本與俄羅斯 **154**

◆日俄戰爭
　從內部自行毀滅的俄羅斯帝國 **156**

◆三國協約成立
　逐漸被孤立的德國 **158**

◆**美好年代**
大眾社會的形成 ································ 160

◆**圖像革命**
相片與電力帶來影像時代 ················· 162

COLUMN 3C政策與3B政策導致了日後的波斯灣戰爭 ·········· 164

第 6 章 第一次世界大戰後嶄露頭角的美國

第一次世界大戰讓歐洲急速沒落 ····················· 166

◆**高揚的土耳其民族主義**
土耳其加深了巴爾幹半島的危機？ ················ 168

◆**世界大戰前的巴爾幹半島**
「歐洲的火藥庫」終於爆炸！ ····················· 170

◆**第一次世界大戰**
長期化的總體戰 ································ 172

◆**俄羅斯的三月革命及十一月革命**
俄羅斯帝國毀於糧食危機？ ························ 174

◆**第一次世界大戰**
孤立主義的美國參戰的理由 ························ 176

◆**世界大戰帶來的結果**
沒落的歐洲及興盛的美國 ························· 178

◆**對俄武裝干涉與蘇聯誕生**
俄羅斯鞏固起社會主義體制 ························ 180

◆**凡爾賽體制**
讓德國背負一切！ ······························· 182

◆**威瑪共和國成立**
壓在德國身上的巨額賠款 ························· 184

◆**法西斯黨誕生**
墨索里尼的政變 ································· 186

◆**羅加諾公約與非戰公約**
逐漸恢復的歐洲和平 ····························· 188

◆**美式生活方式**
收音機與爵士─黃金二〇年代 ····················· 190

◆**無線電廣播網的誕生**
無線電廣播網擴展至全世界 ························ 192

COLUMN 隨著蘇聯瓦解誕生的十五國與民族紛爭 ·········· 194

第 7 章　開始動盪的亞洲與非洲

尋求自立的亞洲與非洲各國 196

◆土耳其共和國的誕生
　撼動伊斯蘭世界的土耳其革命 198

◆巴勒斯坦問題
　巴勒斯坦問題的開端 200

◆巴勒斯坦問題
　阿拉伯各國陸續獨立 202

◆印度的反英運動
　二十三克的鹽引發印度獨立 204

◆華盛頓體制
　美國勢力在東亞太平洋日益壯大 206

◆二十一條要求與民族運動
　孫文的國民黨因民族意識而生 208

◆第一次國共合作
　蘇聯指導下的國共合作 210

◆國民黨統一中國
　蔣介石強行統一 212

◆中國共產黨的長征（大西遷）
　共產黨撐過國民黨的攻擊 214

COLUMN 中國與台灣沒有終點的紛爭 216

第 8 章　從經濟危機開始的第二次世界大戰

經濟大蕭條引起世界大戰 218

◆經濟大蕭條
　經濟大蕭條為何會發生？ 220

◆新政政策
　小羅斯福的改革被視為違憲 222

◆經濟聯盟的進展
　經濟大蕭條導致各國利益對立 224

◆史達林體制確立
　建立蘇聯的史達林 226

◆滿州事變與滿州國
　日本為何建立滿州國？ 228

◆西安事變
　從內戰危機轉向「一致抗日」 230

◆中日戰爭
　日軍陷入游擊苦戰 ·············232

◆納粹抬頭
　納粹何以成為第一大黨？ ·············234

◆西班牙內亂
　歐洲政局再度緊張 ·············236

◆第二次世界大戰開始
　希特勒誤判英法兩國態度？ ·············238

◆第二次世界大戰開始
　從表面戰爭急速發展成大戰 ·············240

◆太平洋戰爭爆發
　日本將戰爭擴大為世界規模 ·············242

◆戰局出現變化
　日本與德國節節敗退 ·············244

◆投下原子彈
　日本原爆的經過 ·············246

◆雅爾達會議
　「冷戰」從波蘭開始 ·············248

◆第二次世界大戰結束
　日本在原爆攻擊後投降 ·············250

◆戰後的世界動向
　為何二戰後會出現「冷戰」？ ·············252

COLUMN 停戰狀態的南北韓可能統一嗎？ ·············254

第9章　冷戰與新國家的誕生

冷戰期間新興獨立國家誕生 ·············256

◆聯合國正式成立
　五大強國建立國際秩序 ·············258

◆布雷頓森林體制
　美元支撐戰後的世界經濟 ·············260

◆東歐蘇聯圈的形成
　蘇聯收復舊俄羅斯領土 ·············262

◆西歐復興與冷戰開始
　馬歇爾計劃VS共產黨和工人黨情報局 ·············264

◆柏林封鎖
　東西陣營的對立集中至柏林 ·············266

◆冷戰世界化
　世界因美蘇的競爭而分裂 ·············268

◆中華人民共和國與台灣
共產黨為何能夠稱霸中國？ ················· 270

◆朝鮮戰爭
北韓為何可以成功南進？ ·················· 272

◆大躍進運動及中蘇鬥爭
社會主義建設有其困難之處？ ·············· 274

◆文化大革命
社會主義中國的苦惱 ···················· 276

◆亞洲各國的獨立
開拓新時代的「第三世界」登場 ············· 278

◆越南戰爭
削弱美國國力的越戰 ···················· 280

◆印度與巴基斯坦的獨立
印度獨立在宗教對立下變成悲劇 ············· 282

◆以色列獨立
以色列獨立點燃中東紛爭之火 ·············· 284

◆中東戰爭的展開
紛爭永不停息的巴勒斯坦 ·················· 286

◆從白色革命到伊朗革命
石油收歸國有與強化反美的伊朗 ············· 288

◆兩伊戰爭與波斯灣戰爭
伊拉克所爭有理？ ···················· 290

◆非洲的蛻變
非洲各國陸續脫離歐洲獨立 ················ 292

◆動搖非洲的民族紛爭
歐洲造成今日非洲各民族的紛爭？ ············ 294

◆古巴危機
為期兩週的人類危機 ···················· 296

◆南北問題日益嚴重
經濟不振及人口增加讓南半球呈現低迷 ········· 298

COLUMN 中國的全球化與西部大開發策略 ········· 300

第10章 全球化的新考驗

價值與體制多樣發展的時代來臨 ················ 302

◆電視時代來臨
電視網絡串聯起全球 ···················· 304

◆飛機網絡
大戰後急速進步的航空科技 ················ 306

目錄 CONTENTS

◆布雷頓森林體制瓦解
國際經濟走向世界協調體制 ················· 308

◆石油危機與經濟世界化
世界經濟的角力關係逐漸改變 ················· 310

◆東歐革命與德國統一
柏林圍牆因主權限制論廢止而倒塌 ················· 312

◆從低盪到核武軍備縮減
長達四十年的冷戰結束 ················· 314

◆蘇聯崩解
超級大國蘇維埃聯邦解體 ················· 316

◆中國經濟成長
中國的開放 ················· 318

◆歐洲聯盟誕生
歐盟的目標——歐洲合眾國 ················· 320

◆廣大經濟圈的擴大
廣大經濟圈是經濟世界化的階段之一？ ················· 322

◆網際網路的普及
冷戰結束帶來的網際網路時代 ················· 324

◆世界邁入經濟戰爭時代
世界金融戰爭的主角仍是美國 ················· 326

◆亞非各國的多極化
新出現的南南問題為何？ ················· 328

◆民族紛爭
部落與民族的差異無法單純區分 ················· 330

◆民族紛爭
西歐也出現民族自立的動向 ················· 332

◆南斯拉夫與科索沃紛爭
一言難盡的南斯拉夫內戰 ················· 334

◆政府間組織與非政府組織
與世界的連結不再限於國與國 ················· 336

◆核子時代
兩萬枚的核彈將開拓怎樣的未來？ ················· 338

◆人口爆炸的世紀
抑制人口的關鍵在於提升女性地位 ················· 340

◆日益惡化的地球環境
自然與生物消失，環境污染加劇 ················· 342

COLUMN 馬爾地夫群島將會沉沒？
················· 344

索引 ················· 345

航向近現代世界之際

近現代史是數世代前的人類所留下的訊息

「現代史」由發生於世界各地的許多歷史事件所構成，往往給人不連貫、難以理解的感覺。不過現代歷史並非如迷宮地圖般讓人無法解讀。事實上，現代史是你我皆參與其中、名為《現代社會》交響曲的前一樂章，是兩、三世代或數世代前的人類所留下來的訊息，有許許多多與現在銜接的故事在現代史的舞台上一一展開。

不要對現代史的複雜感到厭煩，重要的是必須去「串聯」及「評價」每一個事件，了解世界是如何變化並且銜接到現代。我們必須思考該以何種思維迎向二十一世紀，該如何處理這已擴展為全球規模的世界體系，及該傳遞什麼樣的訊息給下一代。

如同料理有各式各樣的種類，領會現代史的方法也有許多，比方說相當於食材的「歷史事件」的搭配，也可以有各種想像模式。學習歷史並沒有所謂「非如此不可」的「準則」。隨著個人年齡與人生經驗的不同，每個人的愛好及問題意識自然有所差異，因此只要活用自己的經驗瀏覽歷史即可，請大家以輕鬆的心情閱讀現代史。

打開「現代史」之鑰

不過，歷史的深處有幾條脈絡，如果可以理解這些脈絡的動向，並以較長的期間來瀏覽歷史，自然可看出變化的過程。

雖然讀解的方法有很多，不過筆者認為以下這六項應該是理解現代史的關鍵，分別是：（一）「資本主義」經濟體系；（二）「民族國家」體系；（三）「都市」的膨脹；（四）鐵路等各式各樣人工化「網絡」的成長；（五）技術革新所產生的「技術體系」的變化；（六）與前項屬於相互關係的「社會體系」的改變。

這些因素互相糾葛並產生各種摩擦，繼而引起許多事件，推動了十九、二十世紀的歷史。雖然在現代史的進程當中，事件不斷地重複發生，但請讀者不要只把注意力放在這些地方，應將串聯許多事件的脈絡納入觀察的視野，才可更清晰地了解現代史。

了解「現代史」需要「近代史」

若說「要了解現在必須要知道現代史，要知道現代史就必須了解近代史。」或許有人會說：「那是理所當然的啊！」或者還會問道：「到底要追溯到哪裡？」筆者認為，以「新」與「舊」的比較做為線索，「變化」的過程就會愈發清楚。因為在沒有基礎知識的情況下談論「現代史」，將無法對歷史的變化產生任何具體的印象。就如同出生在一九七〇年代之後「飽食時代」的年輕人，他們無法想像戰後整個日本社會飢饉的情況，也因此無法看到「飽食時代」的問題點一樣，而這也是本書之所以從「近代史」開始切入的最主要原因。此外，「資本主義」經濟體系、「民族國家」體系、「都市」的膨脹、各式各樣人工化「網絡」的成長、隨著「技術體系」變化所產生的「社會體系」的改變等前面所提到了解現代史的關鍵，是十八世紀後葉以來一直持續至今、貫穿人類社會底層的通奏低音（譯注：巴洛克時期許多器樂音樂的特徵，只用一個低音聲部，在各音下方標出數字，用以提示上方聲部各音，演奏者據此彈奏和聲，數字所標示的低音貫串於整首樂曲）。如果不知道這些，就無法理解最近這些年所發生的民族紛爭。

本書採取二部結構的方式，由第一部「十八、十九世紀的世界」及第二部「二十世紀的世界」組成，大致上以一七六〇年代至一八七〇年代為「近代」（Part1），一八七〇年代起至今則為「現代」（Part2）。不過這只是本書大致的結構，讀者可以直接挑選感興趣的章節閱讀，或者先讀「現代」再讀「近代」也無妨。

所謂「近代」

本書的第一部便是「近代」，到底應該將何時至何時視為「近代」實在是個難題。不過，筆者大致將一七六〇年代的工業革命至帝國主義時代開始的一八七〇年代之間的一百多年定位為「近代」。這個時代正值英國工業革命之後，以歐洲各國為中心的「資本主義」經濟體系開始世界化，以歐洲為中心、名為「民族國家」體制的政治體系開始建立，「都市」成為國民主要的生活空間，並逐漸確立其地位。

當時，包括從歐洲延伸到全世界的鐵路網、蒸汽船的定期航線等全球規模網絡的形成發揮了很大的功能。也就是說，正當「工業革命」向全世界擴展之際，一段連貫至現代的歷史也開啟了新的一頁。

　　工業革命從西歐各國傳向俄羅斯、美國、日本，歐洲各國將拉丁美洲、亞洲的許多國家當成殖民地或從屬國，構成一個世界市場，「資本主義」經濟體系逐漸擴大為全球規模。

串聯「現代」各項事件的變動

　　第二部大致橫跨整個二十世紀。一八七〇年代開始，以電氣、石油等為能源的新技術體系（第二次工業革命）促進了電信、電話等新網絡的形成。隨著新網絡的形成，產業體系、資金調度體系、經濟構造也逐漸建構完成。由於這樣的變動，殖民地體系逐漸世界化，列強之間發生世界規模的激烈衝突，歐洲各國進入了第一次世界大戰。最後以歐洲為舞台、長達四年的激烈總體戰，為持續到十九世紀為止、以歐洲為中心的時代劃下了休止符。

　　第一次世界大戰的發生使得美國晉升為世界龍頭。不過，美國的繁榮稍後也因為一九二九年的經濟大蕭條而產生極大動盪。在嚴重的經濟危機之中，各國已無路可走的經濟競爭愈來愈激烈，彼此之間的對立也愈發明顯，於是爆發了第二次世界大戰。這場戰爭使得歐洲各國徹底沒落，第二次世界大戰後，殖民地體制發生世界規模的大崩潰，亞洲及非洲誕生了許多「民族國家」。接著，隨著美國掌握經濟霸權、美蘇之間發生「冷戰」及電腦技術普及，許多連結至現代的歷史事件也接續發生。

　　一九九〇年代之後，由於冷戰結束、蘇聯解體、社會主義國家的轉型、廣大經濟圈的成長、新興工業經濟體擴大、地球環境問題日益嚴重等等，人類社會出現戲劇性的改變。二十一世紀之後，變化的潮流愈來愈激烈，大至全球規模的各種體系，小至家庭、個人的生活模式，都被迫必須一邊善加利用過去的長處，一邊重新架構。

邁向二十一世紀

　　人類社會的發展與人的一生相同，雖然可以大致預測未來的發展，但通常會因為加上新的條件或許多因素的巧妙結合，過程便會發生變化（過程的可塑性），而與原先預測的結果不同。不過相反地，這也給了我們一線希望，只要我們積極地善加利用「過程的可塑性」，便有可能一小步一小步地改變歷史的軌跡。

　　二十一世紀是個難題堆積如山的世紀，為了將這個新世紀譜成歌頌新體系形成的壯大「樂章」，傾聽連接現在之「來自十九世紀、二十世紀的訊息」，並試著與歷史對話，將會給我們很大的幫助。

PART

1

十八、十九世紀
的世界

第一章　世界因工業革命而改變
第二章　民族國家席捲歐洲
第三章　世界強權美國的誕生
第四章　受盡災難的亞洲

世界因工業革命而改變

工業革命後，支撐世界經濟的資本主義登場

環大西洋商業圈的存在引發工業革命

現今的人類社會被「資本主義」經濟體系所包圍，不過事實上，這個體系也是歷史的產物，因為工業革命而擴展到全世界。

十六世紀時，西歐各國以低廉的價格從新大陸（美洲大陸）取得大量的銀。他們利用這些銀礦擴大經濟規模，於十七至十八世紀在環大西洋世界打造了廣大的商業圈。

十八世紀之後，英國取代荷蘭掌握交易的領導權，其主要商品就是仿印度棉製品的「白洋布」。

棉製品的市場雖然急速擴大，但是原料「棉線」卻面臨不足。「只要有棉線，就可以大量生產」這樣的需求推動了後來許多機器的發明，工業革命也在環大西洋市場的大量需求下發生。

新動力帶動新網絡的出現

機器發明之後，動力成了問題。過去使用於煤礦排水用的蒸汽機經過改良，成為驅動機械運轉的新動力源。非以往可比的「動力」驅動了機械，也帶動了大量生產。

不過，煤炭、原料及產品的運輸面臨瓶頸，於是有人將蒸汽機小型化，運用在運輸上，蒸汽火車（鐵路）和蒸汽船就此問世。

這些高速且穩固的新網絡，從歐洲急速延伸至世界各地，統治世界的體制建構完成。

擴展至全世界的資本主義體系

一八三〇年代之後，急速發展的鐵路建設成為最具經濟影響力的產業，主導著工業革命的第二階段，對資本主義體系擴展至全世界發揮了很大的作用。

大規模的工廠生產需要有與其相符的市場，於是英國帶頭對世界各地展開經濟征服。而西歐各國也認同這種新經濟體系的優越性，紛紛由國家主導，努力地將該體系導入自己的國家。

從自給自足的農村社會走向都市化時代

工業革命之後，都市化時代來臨。農村自給自足的體系崩潰，以大生產地、大消費地的都市為中心，大規模且複雜的分業體系正以世界規模逐漸壯大，而其背後便是由鐵路等新網絡所支撐。

都市將這種情況下產生的「改變」逐漸擴大，發展出屬於都市的新生活型態。

●從工業革命到資本主義的世界化

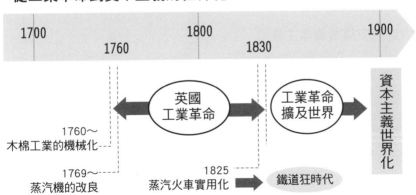

砂糖及奴隸貿易所孕育的歐洲資本主義

十八世紀的英國因取得環大西洋商業貿易的支配權而繁榮。

世界被分為「中心」和「邊陲」

近現代的歷史，是以「世界資本主義」經濟體系和「民族國家」體制擴展成世界規模、並逐漸改變其型態的過程。

十六世紀之後，西歐各國將美洲大陸及東歐當成自己的「邊陲」，接著征服亞洲、非洲做為殖民地，納入「邊陲」範圍。西歐列強以世界經濟的「中心」自居，聚積財富，建立以歐美為中心的世界，「中心」的富裕與「邊陲」的貧窮如同一個銅板的兩面。

大莊園支撐著資本主義

世界資本主義首先在利用海洋進行大規模貿易的環大西洋世界成長，其特色是礦山、大莊園的經營，以及來自歐洲的移民。特別是美洲大陸各地的原材料、糧食在大莊園生產、加工，為西歐各國賺進巨大財富，對資本主義的成長貢獻良多。而當時最主要的農作物是甘蔗，甘蔗製成的砂糖是與世界資本主義的成長有極深淵源的歷史性商品。

英國的奴隸貿易支撐著廉價砂糖

十八世紀之後，咖啡和紅茶的飲用在歐洲普及，砂糖的需求量隨之大增，成為重要的國際商品。

十五世紀末葉，英國每人每年的砂糖消費量是四百至五百公克，但是十七世紀時增加為二公斤，十八世紀時更急增至七公斤，民眾的飲食習慣有了很大的轉變。一六五〇年時砂糖極為貴重，一七五〇年時砂糖成為奢侈品，到了一八五〇年，砂糖已經大眾化，成為生活必需品。

而支撐砂糖大眾化的正是黑人奴隸。熱帶地區由於沒有四季，

歷史筆記 被稱為「黑奴販子」的英國奴隸商人，將僅以二至三英鎊買進的奴隸，以二十五至三十英鎊的高價賣出，賺取暴利。

因此整年皆可栽種甘蔗，只要種植的時期稍微錯開，一整年都可以收割。不過，甘蔗收割後其甜度會急速下降，必須在最短的時間內精煉，因此生產甘蔗的大莊園需要大量的勞動力。

此外，除了砂糖，棉花、菸草、咖啡等大莊園栽種的農作物逐漸增加，黑人奴隸的需求也愈來愈高，英國便在這樣的需求下開始主導奴隸貿易。

西班牙繼承戰爭後的烏得勒支條約（一七一三）讓英國取得對西班牙殖民地的奴隸貿易獨占權，再加上英國成功研究出大量運輸奴隸的方法，因此奴隸貿易遠遠勝過其他國家的奴隸商人。

●工業革命時期的世界貿易

經濟成長

菸草、萊姆酒　　中心

歐洲

香辛料
棉布

北美殖民地　棉花　　　　　　　　　印度

砂糖

西印度群島　　　奴隸　　火器、棉布、雜貨

大莊園的擴大　　　　　　　　　非洲西岸

轉向單一栽作　　　　奴隸　　　人口停滯

邊陲

紗線不足引發英國的工業革命

工業革命歷經飛梭登場、紗線不足、紡織技術發達、水力的利用、蒸汽機的改良等發展。

白洋布催生了英國霸權

　　所謂「工業革命」是指一七六〇年代以後，英國的棉工業因導入機械和蒸汽機所引起的經濟與社會的大變動。工業革命建立了資本主義經濟並加速都市化發展、擴大交易範圍，使舊有的社會改頭換面。

　　英國的工業革命並非始於偶然，而是在超越競爭對手荷蘭與法國，確立了在環大西洋交易圈的霸權後，因海外交易急速成長所帶來的結果。一七七〇年時，英國的外銷商品有54％是紡織品，44％為金屬等工業產品。

　　當時英國的主要產品，是十七世紀末葉起東印度公司從印度進口的棉布（白洋布）。然而一七七〇年時英國議會為了保護國內傳統產業的毛織品工業，禁止印度產的棉布進入英國。之後，印度產的棉布主要用於外銷，被當成在西非購買奴隸的報酬，或者銷往美國。柔軟、強韌、吸濕性極佳的棉布深受各地民眾喜愛，其不捲縮的纖維非常適於機械的加工。

　　英國政府禁止印度產的棉布進口，卻反而孕育了英國國內的棉業。以西印度群島栽種的棉花為原料的棉布生產，在奴隸貿易港利物浦後方的蘭開夏郡展開。

庶民陸續發明機械

　　一七六〇年代，毛織品工業用的飛梭（譯注：紡織機器）被利用於生產棉布的織布工程，提高了織布的效率，但紗線卻出現嚴重不足。於是織布工兼木工的哈格里夫斯、假髮製造業者阿克萊特、織布工克倫普頓等人陸續改良或發明織布機。

　　例如，哈格里夫斯以其妻子之名命名的珍妮紡紗機，一台機器便足以完成兩百名紡紗工的工作（技術革命）。接著，阿克萊特發明以水力做為動力、短時間內可以轉動

歷史筆記　瓦特發明之蒸汽機的專利在一七八三年已經到期。不過英國議會看到該項技術的將來性，將專利期限延長二十五年。

數千隻紡錘的「水力紡紗機」後，陸陸續續建立工廠進行大規模生產，成為最早因工業革命而成功的經營者。

還有，格拉斯哥大學的機器修理工人瓦特，將一七一○年由紐科門製造、後來被運用於礦山排水用的蒸汽機加以改良並提高效率，將活塞的往返運動改為旋轉運動，使其成為驅動機械的動力。到一八○○年為止，英國民間製造的旋轉式蒸汽機多達三百台。

●工業革命的演進

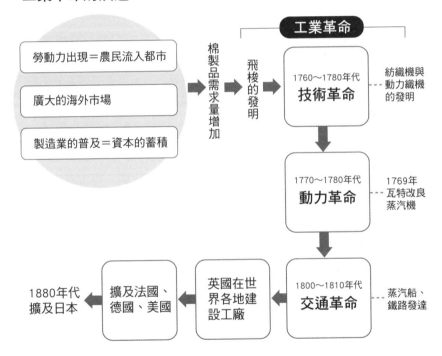

急速擴展的新網絡

蒸汽機催生了高速且大量的輸送網，而這個新網絡以驚人的速度不斷延伸。

鐵路與蒸汽船打造的歐洲時代

工業革命帶來了大量運輸原材料、糧食、煤炭及產品的需求，以小型蒸汽機為動力的蒸汽火車和蒸汽船於是出現，「鐵道」和「定期航線」等過去不存在的運輸網在地球上擴展開來（交通革命）。就這樣，持續至二十世紀前半葉的「歐洲時代」的基礎設施逐漸建構完成。

其中鐵路建設尤其被視為有利的投資對象，吸引了來自民間資本的巨額投資，引起一八四〇年代到一八五〇年代、被稱為「鐵道狂時代」的建設熱潮。

英國鐵路的總長度，在一八四五年時是三千二百七十七公里，十年後的一八五五年增加為一萬三千四百一十一公里，以極為驚人的速度延伸，形成全國性的鐵道網。而英國的鐵路建設並非由國家主導，全部是民營鐵道。

逐漸擴展的鐵道網

這股鐵道熱潮在歐洲全土展開，法國於一八四〇年代開始著手建設，一八五〇年代以巴黎為中心的鐵道網形成。德國的鐵路建設也於一八三五年在國家的主導下展開，以柏林為中心的鐵道網完成後，帶動了機械製造、製鐵、煤礦、纖維等金屬礦工業的急速成長。從一八四〇年代到一八六〇年代的二十年之間，德國的貨物運輸量增加了六十四倍。

英國大量出口軌道用的鐵材，國內製鐵與機械工業急速成長。到了十九世紀中葉，英國生產的鐵有近40％銷往國外。鐵路緊密地連接歐美各國的都市與地方城鎮，助長了民族國家的形成。歐洲鐵路的總長度從一八六九年的十萬六千公里到一九〇〇年的二十七萬五千公里，延長了約二‧六倍。

歷史筆記 一八三〇年，利物浦與曼徹斯特之間的四十五公里是最早通車的鐵路，當時每天往返七次（週日往返四次），一天運送約一千一百人次。

鐵道與蒸汽船所形成的新網絡覆蓋地球

在美洲、亞洲、非洲等地區，鐵道被當做是將物資從殖民地運往歐洲宗主國的動脈，以資源裝運港為中心開始建設。原料、糧食、嗜好品經由鐵道從內陸集合到港口，再經由定期航線運往歐洲。

一八〇七年由富爾敦發明的蒸汽船（重達一百五十噸的木造「克萊蒙特號」，全長約三十公尺，時速八公里）在經過改良後開始實用。一八一九年美國的蒸汽帆船塞芬拿號花了二十九天首次橫越大西洋（不過大部分都是靠著風帆前進）。一八三九年，英美郵政公司的大西洋航線已經定期化。

再者，全世界鐵道的總長度從一八六九年的二十一萬公里延長到一九〇〇年的九十六萬公里，增加了約四·六倍，不過這主要是在亞洲及非洲大量架設鐵道的結果。

●逐漸擴展的鐵道網

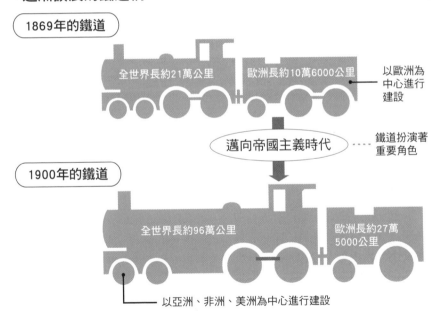

1869年的鐵道
全世界長約21萬公里　歐洲長約10萬6000公里
以歐洲為中心進行建設

邁向帝國主義時代 ┈┈ 鐵道扮演著重要角色

1900年的鐵道
全世界長約96萬公里　歐洲長約27萬5000公里
以亞洲、非洲、美洲為中心進行建設

為何社會主義思想會出現？

工業革命所催生的都市存在著許多問題，於是開始有人思考各種解決這些問題的社會體系。

工業革命急速扭轉人類史

人工動力源蒸汽機與機械的發明，使得以前自給自足的生活型態完全改變。都市裡工廠林立，工業產品在生活中所占的比例全面性地增加，偏遠地區的原材料與糧食也因為「交通革命」而得以運至都市。

緊接著，社會規模也隨之急速擴大。例如英國的人口以每年1％的速度成長，一七六〇年到一八三〇年的GNP（國民生產毛額）也以年成長2％的幅度逐年增加。而在背後推動這個新社會體系的中堅分子，正是資本家與勞工。

應該有更好的社會體系

然而工業革命初期沒有任何保護勞工等社會弱勢團體的體系，貧富之間的差距愈來愈大，都市裡開始出現貧民街。當時勞工一天必須工作十六個小時，生活只有悲慘兩字可以形容，嗜酒成性等社會問題也日益嚴重。

基於這樣的情形，有些人開始對「資本主義」的社會原理抱持疑問，認為必須建立其他更新的社會體系。這些人主張應該以救濟悲慘的勞工、規範自由競爭並廢除「私有」生產手段等方法，回復和諧且平等的社會，這便是「社會主義思想」。之後這些人為新體系的形成所進行的運動便叫做「社會主義運動」。社會運動初期的思想特色在於混合了人道主義精神，以及對理想與現實社會問題的思考。

歐文極力建立理想社會

在英國，本身也是紡織工廠經營者的歐文提倡「改善社會環境才能改革人性」。他致力於工廠法的制定，藉以改善勞工的勞動條件，並努力推廣「合作社」，大量買進食品等生活日常用品，然後廉價賣

歷史筆記 歐文認為工廠不可以變成「白人奴隸」的地獄，極力促成一八三三年的工廠法。

給勞工。

　歐文甚至拋售自己的財產，於一八二五年至一八二八年期間，嘗試在美國建立一個社會主義實驗區「新和諧村」，試圖打造一個超越資本主義社會的理想社會模型，不過最終還是失敗。

勞工必然創造「新體系」

　德國人馬克思分析資本主義經濟，並根據剩餘價值論認為工廠、農地等生產手段的共有化是理所當然的。他還表示，人類社會中不斷發展的物質生產力一旦形成便會與利害關係糾纏不清、難以改變的生產關係，以及所有關係的對立愈來愈激烈，階級的鬥爭將會產生新型態的生產關係來對應新生產力。

　綜合上述論點，馬克思主張勞工的階級鬥爭將會帶來新社會體系（社會主義社會），來對應工業革命所催生的新生產力。接著，為了實現這個理論，馬克思更發起了社會運動（社會主義運動）。這個社會主義思想及運動成為十九世紀後葉到二十世紀、震撼世界資本主義的一大運動。

●新社會體系的出現

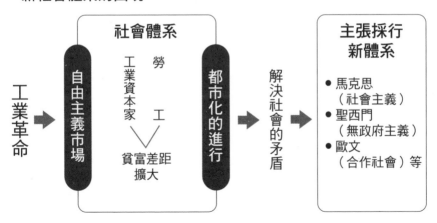

社會的進化促使都市改變

工業發達後人們開始往都市集中，都市人口一旦膨脹，原本的基礎設施便不足以應付。

都市存亡的危機

工業革命後，歐洲各城市成為「製造之地」，有了急速的成長。鐵道網、蒸汽船定期航線的擴大與殖民地的擴大等，使得大量的原材料和糧食流入都市。

然而，在急速膨脹的都市中，貧民街愈來愈多，上下水道和垃圾處理等基礎設施不夠完整，導致疾病到處蔓延。若不進行改造及整頓基礎設施，都市實在無法繼續維持。

例如，英國的都市人口在十九世紀中葉已增加到十五倍，一九○○年時人口的四分之三集中在都市。其中尤以首都倫敦的人口成長特別顯著，每年有一萬以上的人口從各地遷移至此。十九世紀初期巴黎的人口是五十五萬人，一八四六年時以倍數成長至一百零五萬人。而柏林的人口也從一八○○年的十七萬人，增加到一八四九年的四十一萬人。當時各城市都為貧民街問題苦惱，而工業革命時期勞工的平均壽命竟然還不到二十歲。

都市裡大量的排泄物污染河川，工廠任意排放廢水，環境急速惡化。在這樣的環境中，取代中世紀的黑死病、死亡率超過50％的霍亂開始流行。一八三二年霍亂的流行造成倫敦約五千三百人、巴黎約一萬八千人死亡。一八五○年代前半，倫敦又爆發霍亂大流行，一八五八年夏季淤泥和污水使泰晤士河產生惡臭，成為一個嚴重的環境問題。

奧斯曼改造巴黎

在法國，一八五二年政變後在國民投票中獲得壓倒性支持、成為法國皇帝的拿破崙三世（一八五二～一八七○在位）為了贏得民心，著手進行首都巴黎的改造計畫。

接下這個大工程的是塞

歷史筆記　都市的街燈使用了大量的鯨油，捕鯨曾是美國的代表產業。當初佩里將軍要求日本對外開放，也是為了為捕鯨船尋找補給站。

納省省長奧斯曼（一八〇九～一八九一）。他以從廣場呈放射狀延伸的大馬路為中心建設新公園，建構出今日巴黎的輪廓。此外，為確保有水可飲用，奧斯曼打造了三條泉水水道，從距離巴黎一百數十公里遠外之處接引泉水，未經處理直接配送至各家庭。

此外，奧斯曼也在既有的下水道坑拱門或分道上配置主要管線，將水分配到各家戶。巴黎的人口在一八六六年時增加到一百八十萬人，二十年之間就成長了八成，而新生的巴黎成功地呼應著如此巨大的變化。不過，奧斯曼也為法國政府創造出八億法郎的巨額財政赤字，最後不得不辭職下台。

上下水道管線網絡、參照該網絡以瓦斯管線形成的瓦斯供給系統、柏油的鋪設、道路的拓寬、街燈、消防栓、市郊電車、地下鐵、市場等建設，讓都市成為一個可以容納不斷膨脹的人口及發揮各項新功能的「容器」，都市外貌有了大幅度的改變。

● 逐漸壯大的都市

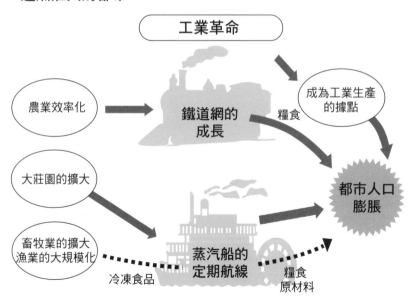

世界秩序的建立始於十九世紀初

現代的世界秩序及民族結構，於十九世紀初至二十世紀的歐洲大移民時形成。

世界的80%以上為歐洲所有

十九世紀是「歐洲的世紀」，工業革命所帶來的新生產模式及鐵路等新網絡，以及「民族國家」和「資本主義」體系等，創造出過去未曾出現過的新社會，而歐洲便利用其發展優勢將世界「歐洲化」。

一八〇〇年時，歐洲和北美洲所統治的地區不過是地球陸地的35％，然而到了一九一四年，已經擴展到84％。各地的物資經由鐵道和定期航線被集中到歐洲，十九世紀中葉時歐洲的人口從一億九千萬人急速成長到四億二千三百萬人。

從武力征服走向資本統治

人口增加之後，開始迫切需要大量原材料和產品銷售市場的歐洲，由英國領先稱霸世界。

當時歐洲各國仗峙的是視野寬廣的地理知識、新體系（民族國家、資本主義經濟）、蒸汽船等交通工具，及大砲、機關槍等新武器。他們以「文明」之名逐一征服亞洲、非洲、太平洋地區、大洋洲等。

十九世紀後葉，歐美各國開始輸出資本，以經濟進軍其他地區，在當地經營鐵道、礦山、農場等。直到一九一四年為止，歐美的海外投資分別為英國四十億英鎊、法國十七億英鎊、德國十二億英鎊、美國五億三千四百英磅。

人類史上最大的民族遷徙

此外，十九世紀也是一個遷徙的世紀，超過四千萬人搭乘蒸汽船從人口呈倍數成長的歐洲移居世界各地。

四千萬人是個非常驚人的數字，是世界史上前所未有的「民族大遷徙」。一八二〇年到一九二〇年，有三千六百萬人移居北美洲的美國、加拿大，超過三百六十萬人

歷史筆記　矗立於紐約港、帶給許多移民希望的自由女神像，是法國民間團體法美協會為紀念美國獨立一百周年所送給美國的禮物。

移居南美洲，二百萬人移居澳洲，另外還有許多人移居其他地區，如非洲、亞洲等。

英國（特別是愛爾蘭）、義大利、德國、西班牙、俄羅斯等國家送出了許多移民，他們以「移民國家」美國為首，在世界各地掌握社會的主導權，藉此使歐洲的文明和體系席捲全世界。於是，現在的世界秩序便在十九到二十世紀之間急速形成。

●歐洲的移民浪潮（一八二〇～一九二〇年代）

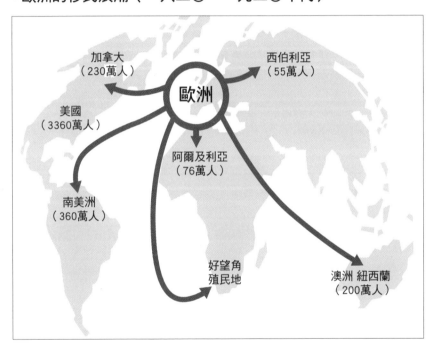

飽食時代起源於十九世紀？

　　「近代社會」由都市裡常見的「人口的過度集中」所支撐，而使人口集中成為可能的，便是為運送和保存糧食所開發的技術和系統。

　　其起源可以追溯至徵兵制所帶來的軍隊糧食供給問題。對實施徵兵制、召集龐大軍隊擊敗各國常備軍（參見P48）的拿破崙而言，軍事糧食的調度是個重要的課題，於是政府便提供獎金，徵求可以長期保存新鮮糧食的方法。啤酒釀造業出身的商人阿佩爾（一七五〇～一八四二），於一八〇四年想出將糧食放入玻璃瓶內，並以軟木塞密封，再利用高溫殺菌的瓶裝方法，獲得了一萬兩千法郎的獎金。

　　一八一〇年，英國批發商人彼得杜蘭從裝紅茶的茶葉罐獲得啟發，想出用馬口鐵罐（材質為鍍錫鋼片）保存食物的方法，被利用來保存英國海軍的軍用糧食，這就是「近代食物保存」的開始。

　　此外，要將美國大陸的廉價生肉運到歐洲的大城市，往返於大西洋需要花上三個月的時間。於是法國的特利耶爾將冷凍庫裝配到船上，取名為「冷凍庫號（Frigorifique）」，將生肉運到阿根廷，使生鮮食品的遠距離運送成為可能。

　　一八七八年，「冷凍庫號」又從阿根廷將五千五百塊冷凍肉塊運到法國勒哈佛爾港。之後，南北美洲的大牧場直接通往歐洲的大城市，「牛肉平民化」得以實現。這些技術的開發支撐著大城市，也產生了全球規模的物流網，開啟了「飽食時代」。

第 2 章

民族國家席捲歐洲

拿破崙所展現的新體系之力
──民族國家

民族國家的根源

現今全世界大約被分割為兩百個「民族國家」，「民族國家」這個歷史性的政治體系誕生於歐洲世界，並在歐洲建立世界規模的霸權之際逐漸普遍。

二十世紀後葉，由於歐洲的殖民地統治急速瓦解，脫離殖民地獨立成功的國家都開始採行這項制度，因此「民族國家」的數量也迅速增加。

一切始於法國大革命

有別於亞洲大一統的中央集權體制，歐洲各地的政治權多掌握在林立的地方勢力手中。然而，由於宗教戰爭與商業圈急速擴大，一六四八年西伐利亞和約（譯注：一六四八年歐洲協議的總稱，結束了西班牙、荷蘭八十年戰爭與德國三十年戰爭的緊張局面）之後，歐洲出現了許多由國王統治的中型國家，主權國家體制於焉形成。

一七八九年開始的法國大革命主張「普遍性人權」、「國民主權」等，否定國王的存在，催生了一個有效率的政治體系，即根據議會所制定的單一法律制度、實施集權式統治的「民族國家」。

民族國家的優點在拿破崙與歐洲各國的戰爭中充分發揮。以民族國家所採用的徵兵制組成的拿破崙軍隊，頻頻戰勝由國王領導的各國軍隊，這無非是新體制的勝利。

拿破崙沒落後，民族國家在維也納體制（參見P54）下雖然一度被封鎖，但仍以「自由主義」、「民族主義」等方式強烈要求新體系的實現。十九世紀後葉，民族國家落實為歐洲的政治體系。緊接著，歐洲的國際社會也開始採行民族國家制度。

從歐洲傳至世界的新體制

　　工業革命後，歐洲各國利用新技術體系與新政治、新經濟制度逐漸征服世界各地。當時歐洲人認為自身的制度代表著「文明」與「進步」，其他的則是「野蠻」、「未開發」、「停滯不前」。歐洲文明征服世界之後，歐洲人的主張獲得普遍性支持，民族國家制度也逐漸傳至全世界。

　　當民族國家制度逐漸成為唯一的國際體系，世界各地的傳統國際秩序也逐漸遭到破壞，而這是因為有人主張在導入新軍事與新經濟體系之前，必須先採行民族國家制度。

● 國家體系的變遷

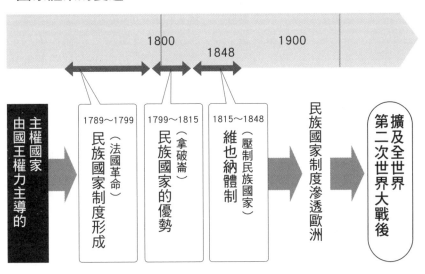

法國大革命的結果

由民眾推翻王政的法國大革命，其影響從歐洲擴及全世界。

襲擊被神化的巴士底監獄

英國工業革命發生之際，法國也出現了重大變革，那便是「法國大革命」。當時法國的波旁王朝財政貧乏，加上農作歉收、國內經濟嚴重惡化，光是購買麵包的錢就占了民眾生活費的88％。於是貴族發動叛亂，要求舉行「三級會議」（身分制會議）（譯注：貴族、教士、平民三個階級的代表分開開會，議案表決也以階級為單位，任何議案須獲得兩個階級的贊同才能通過），這便是法國大革命的開端。路易十六是個喜好狩獵、打造鎖匙，而對國事毫不關心的無能國王。當支援美國獨立戰爭（參見P86）導致財政突然惡化後，法國政府開始要求廢除貴族（占人口1.5％）原有的免稅特權，而貴族們則主張必須召開中止已有一百七十五年之久的三級會議，經由會議表決通過才行。法國政府於是從三個階級選出議員代表，

一七八九年五月於凡爾賽宮舉行三級會議（譯注：會中貴族與教士代表理所當然地拒絕廢除免稅特權）。在拉斐德侯爵的帶領下，第三階級（農民和市民）要求制定憲法，一步也不肯退讓。最後占全法國二千七百萬總人口數的98％組成了第三階級，脫離三級會議另外組織「國民議會」，不過路易十六試圖對此鎮壓。

一七八九年七月十四日，由於前一年寒冷氣候的影響，使得農作物產量不足，糧食價格高漲。巴黎民眾為了爭取糧食走上街頭，在廢兵院奪取武器後直奔被認為存有許多彈藥的巴士底監獄廣場。由於法國之前一直處於和平狀態，因此巴士底監獄只有八十位傷兵和三十位瑞士傭兵看守，很快地就被民眾攻陷。市民占領巴黎，市民兵成為國民衛兵，市政也由市民代表掌管。此時，紅、藍雙色的巴黎市旗與白

色的波旁家族旗幟結合為三色旗，從此成為法國的新國旗。

從舊體制走入新體系

巴士底監獄遭襲後，革命的浪潮湧向地方，農民也紛紛揭竿起

義，稱為「舊制度」的傳統身分制度面臨危機。

在這樣的情況下，自由主義貴族與上層市民在國民議會中提出「廢除封建式特權宣言」，表決通過自由主義貴族拉斐德侯爵草擬的「人權宣言」，掌握了議會的主導權，並於一七九一年制定「九一年憲法」，實現了英國式的立憲王政，邁入新的政治體系。不過，僅有每年有能力繳納三天薪水充當直接稅（譯注：指稅款由納稅人直接負擔且不能轉嫁的稅收，如所得稅、公司稅、遺產稅等）的四百三十萬市民才能獲得選舉權。

此外，據說拉斐德侯爵是個購船組織義勇軍參加美國獨立戰爭、並在自己房間牆壁寫上「獨立宣言」的自由主義者。

● 法國大革命的過

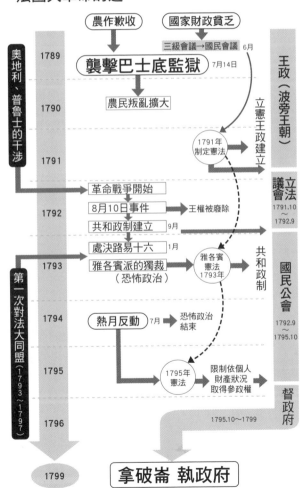

革命政府的主角不斷更換

革命成功並非易事，法國因對外戰爭與內亂而處於一片混亂，政治制度一變再變。

義勇軍組成

　　法國大革命之後，國王路易十六試圖逃亡的反革命態度，加上持續的經濟危機以及奧地利和普魯士的干涉，使得法國的局勢仍舊複雜。

　　選舉中獲得多數席次的穩健派——吉倫特派，為了將國王逼入絕境及帶動革命精神，決定向奧地利宣戰，革命與對外戰爭因此合而為一。不過，在對奧地利的戰爭中，法國的正規軍隊不斷戰敗，所以國內反革命的浪潮也逐漸高漲。此時，保衛祖國的義勇軍聚集到了巴黎。

　　義勇軍聚集而來使得巴黎革命的氣氛高漲，在雅各賓派（設立於巴黎雅各賓修道院的政黨）的煽動下，民眾紛紛武裝叛亂。一七九二年八月十日，民眾組成的軍隊攻進土伊勒里宮，廢除了王權（八月十日事件），九月時宣布實行共和政

制，在男子普通選舉產生的國民公會中成立「共和政」。接著，國民公會在一七九三年一月於革命廣場（今協和廣場），將路易十六送上斷頭台公開處決。

　　革命的結果，國家主權改由議會掌管，而議會正是能將擁有基本人權的男性市民的「一般意志」具體化的地方。在議會制定的憲法下，國民可以平等且不受身分限制地統治自己國家的「民族國家」於焉誕生。

　　另一方面，義勇軍加入戰爭後，對外的戰局也發生了變化。一七九二年九月二十日的瓦爾米戰役中，僅著簡單裝備的法國民眾軍打敗了普魯士的職業軍隊。加入普魯士軍隊的文豪哥德在日記中寫道：「此時此刻，世界史的新時代即將開始。」法國國民公會於一七九三年二月表決通過召募三十萬人組成軍隊，這就是現在許多國

歷史筆記　今日的法國國歌《馬賽曲》（最初是《萊茵軍歌》），是工兵上尉李爾為了提高國民意識所作的曲子。

家採行之「徵兵制」的開始。

此外，法國國王被公開處決後，受到衝擊的各國在英國首相小庇特的號召下，於一七九三年二月組成第一次對法大同盟包圍法國。

危機下的殘酷統治

一七九三年春天，對法大同盟的結成和王黨派的叛亂使得法國內外危機愈來愈嚴重，羅伯斯比爾所率領的激進派——雅各賓派提出「生存權是一種社會性權利」的主張，接二連三地推出戰時政策，逐漸強化其獨裁體制。

然而，旺代地區發生了反革命的農民叛亂，而吉倫特派也在各地區相繼起義，公安委員會於是陸續制定新的一七九三年憲法、反革命分子取締法、最高價格法等，並無償廢除封建式特權及實施徵兵制。

接著雅各賓派又設法將吉倫特派趕出國民公會，進行逮捕並大舉處決反革命分子的「恐怖政治」。自一七九三年到一七九四年，法國全國大約有五十萬人被關入監獄，包括皇后瑪麗安東尼在內約有三萬五千人遭到處決。

最後的政變——熱月反動

由雅各賓派制定的「最高價格法」，不僅規定生活必需品價格和工資的上限，也為實施該法而創設革命軍。然而經濟的規範反而促生了黑市經濟，使得都市民眾的生活更加惡化。此外，雅各賓派雖然為取得農民支持而將土地無償地分配給農民，但是農民卻漸趨保守，並開始反抗政府的糧食強制徵收與恐怖政治。

一七九四年國內危機解除後，法軍開始在對外戰爭中展開反擊。當對外的危機逐漸遠去時，國內各方對雅各賓派獨裁的不滿卻漸趨表面化。一七九四年七月二十七日（革命曆熱月九日）深夜，反羅伯斯比爾派分子成功襲擊並逮捕據守巴黎市政廳的羅伯斯比爾派成員，並於隔日全數處決。至此，恐怖政治終於結束，史稱「熱月反動」。

一七九五年八月，國民公會制定根據個人財產能力限制選舉權的憲法（一七九五年憲法），之後為避免權力集中，成立由五個都政官組成的「督政府」，法國大革命終於結束。

法國大革命催生了民族國家

文化與制度的改革改變了生活模式，甚至出現了前所未有的國家體制。

試圖以理性打造社會結構

法國大革命不只是政治革命，「文化革命」也隨之而來。有人嘗試以時間、空間、生活習慣等理性思維將社會結構重新組織，展開非基督教化運動。

例如廢除與基督教結合的傳統格勒哥里曆，導入根據十進位法製成的革命曆（一星期十天，每月為三十天，月份名也以自然現象的循環來表示），就連各地地名也有所更改。接著廢除地方方言、統一標準語，革命性的活動、信條、禮儀、教育等，也被編入新生活當中。

目前普及於世界的十進位法測量標準（公尺、公克）便是制定於此時。然而，根據理性所實施的新文化不夠貼近現實生活，最終還是無法贏得人心。

農村方面，以往在五月一日傳統祭典時樹立的象徵豐收的五月柱，後來改豎立於領主土地，稱為「自由之木」，象徵農民權利。

高效率的民族國家

一般認為法國大革命推翻了特權與身分所構成的社會，建立起以「基本人權」與「法律之前人人平等」為原則的市民社會。不過，這樣的看法是將現實與理想混淆的「法國大革命觀」。

以現代觀點而言，法國大革命的意義在於處決了國王，使議會成為表現國家權利的最高機關，以及建立擁有固有的領土、共通的歷史與文化、單一法律體系的「民族國家」。因此我們可以說，第一個由單一法律、政治體系，以及統一的地方行政、固有領土、統一語言、統一度量衡所形成的「民族國家」出現於法國。

具有徵兵權、課稅權的民族國家體制的優勢，因為拿破崙軍隊

| 歷史筆記 | 據說就連撲克牌中的國王、王后、傑克，在法國大革命時代也被改名為「自由」、「平等」、「博愛」。 |

的強大而得以具體展現。於是歐洲各國紛紛效法法國，改行這項新體制。

自此開始，民族國家體制形成，成為新的國際秩序。十九世紀後葉以後，此一體制也傳到亞洲。特別是在第二次世界大戰之後，民族國家體制普及全世界，目前世界上大約有兩百個民族國家。

●民族國家的出現與民族國家體制的確立

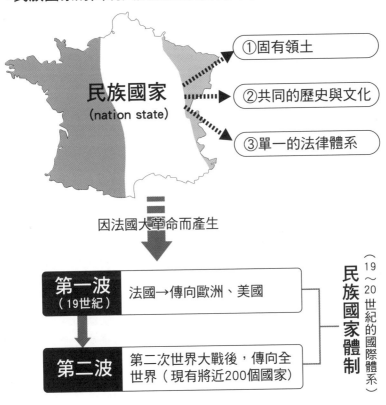

民族國家
(nation state)

①固有領土

②共同的歷史與文化

③單一的法律體系

因法國大革命而產生

| 第一波
（19世紀） | 法國→傳向歐洲、美國 |
| 第二波 | 第二次世界大戰後，傳向全世界（現有將近200個國家） |

民族國家體制（19～20世紀的國際體系）

讓拿破崙成為英雄的徵兵制

拿破崙是法國的英雄，他是如何崛起，又如何成為英雄的呢？

軍事天才拿破崙的祕密

拿破崙出現之前的戰爭，都是以「國王」為軍隊統帥、為爭取土地、繼承權、王位等所進行的戰爭。當時的國王為盡量避免戰鬥，通常會採取一舉奏效的作戰方式，因此一般民眾沒有機會直接參與戰爭。不過拿破崙利用一七九八年之後實施的徵兵制動員大批青年，高呼著擊退列強、保護民眾生活的口號投入戰爭。

過去國王領導的常備軍所採取的作戰方法是以有限的兵力堅守要塞，在盡量不造成犧牲的情況下攻擊敵軍。不過拿破崙改變了以往的作戰方式，將軍隊集中在一處，採取速戰速決的機動策略，勢如破竹地進攻。而拿破崙大軍強盛的祕密，就在於可以不斷調動大量士兵的「徵兵制」。

拿破崙登場

一七九五年督政府的成立宣告了法國大革命的結束，不過法國國內左右派勢力激烈對立，而國外第一次對法大同盟的包圍依然持續，勢單力薄的督政府不得不仰賴軍部。

拿破崙出身科西嘉島，後就讀士官學校，雖以五十八名學生中第四十二名的成績畢業，卻在革命中嶄露頭角。拿破崙在從王黨派手中奪回土倫港的戰役中一舉成名，真可謂是「革命造英雄」。

一七九六年，年僅二十七歲的拿破崙被選為遠征義大利軍隊的司令官，隔年他打敗奧地利，瓦解第一次對法大同盟成為國民英雄。接著，拿破崙為切斷印度與英國之間的通商而遠征埃及（一七九八～一七九九），不過被納爾遜所率領的英國艦隊擊敗，受困埃及。期間第二次對法大同盟結成，拿破崙急速回國，於一七九九年發動政變推

 歷史筆記　身材矮小、其貌不揚的拿破崙，藉由不斷舉行仿古羅馬帝國的莊嚴儀式，逐漸建立「偉大的拿破崙」形象。

翻無能的督政府,建立由三名執政官組成的「執政府」,親自擔任第一執政官。

　　一八〇〇年,拿破崙再度打敗奧地利,一八〇二年與英國締結和約,瓦解第二次對法大同盟。同年,拿破崙經由國民投票成為終身執政官,他親自任命省長,開始強化集權體系。此外,拿破崙還創設法國銀行、確立國民教育制度,並於一八〇四年制定法國民法典(後改稱拿破崙法典)。

● **拿破崙年表**

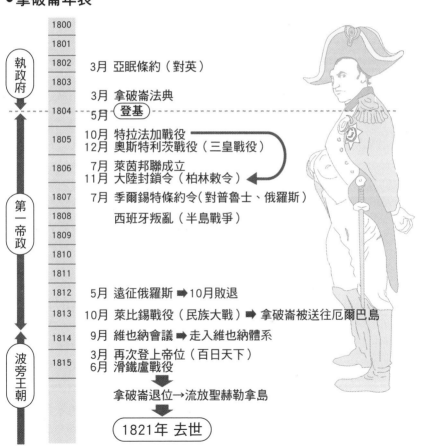

執政府	1800	
	1801	
	1802	3月 亞眠條約(對英)
	1803	
	1804	3月 拿破崙法典 5月 登基
第一帝政	1805	10月 特拉法加戰役 12月 奧斯特利茨戰役(三皇戰役)
	1806	7月 萊茵邦聯成立 11月 大陸封鎖令(柏林敕令)
	1807	7月 季爾錫特條約令(對普魯士、俄羅斯)
	1808	西班牙叛亂(半島戰爭)
	1809	
	1810	
	1811	
	1812	5月 遠征俄羅斯 ➡ 10月敗退
	1813	10月 萊比錫戰役(民族大戰)➡ 拿破崙被送往厄爾巴島
波旁王朝	1814	9月 維也納會議 ➡ 走入維也納體系
	1815	3月 再次登上帝位(百日天下) 6月 滑鐵盧戰役

　　　　　　拿破崙退位→流放聖赫勒拿島

　　　　　　1821年 去世

統治歐洲的拿破崙帝國

統治廣大歐洲大陸的帝國雖然建立，但拿破崙統治英國的最大目的卻未能實現。

遙遠的英國國土

一八○四年，拿破崙經由國民投票取得廣大階層的支持，登上帝位。三十四歲的拿破崙，在教皇庇護七世的見證下於聖母院舉行莊嚴的戴冠儀式，成為法國皇帝。他仿效古羅馬帝國儀式舉行莊嚴的戴冠典禮，藉此提升自身的權威。

當時拿破崙最大的目標是打倒擁有海上霸權及優秀工業的英國，這可說是十八世紀霸權爭奪戰中敗者法國的反擊。

一八○五年在英國首相小庇特的號召下，第三次對法大同盟組成，拿破崙則與西班牙海軍聯盟，企圖登陸英國本土。另一方面，英國發行二千萬英鎊的戰爭國債，大量增加稅收以支持同盟各國，竭盡所能地阻止法國壯大。

軍數上占優勢的拿破崙海軍（法國有軍艦三十三艘、大砲二千六百四十門，英國則是軍艦二十七艘、大砲一千二百三十八門），在直布羅陀海峽西方的特拉法加海戰中，有二十多艘軍艦被納爾遜提督率領的英國艦隊擊沉或擄獲，嚐到慘痛敗北的滋味，使得想要占領眼中釘英國的企圖嚴重受挫。

不過，特拉法加的海戰失敗後，拿破崙於隔年一八○六年頒布「大陸封鎖令」（柏林封鎖），禁止歐洲大陸各國與英國之間的貿易往來，試圖將英國的產品趕出歐洲大陸市場。這項政令確實使法國的商業及製造業迎接了睽違許久的好景氣。

三皇戰役奠定拿破崙的名聲

一八○五年十二月，拿破崙在奧斯特利茨戰役中以短短四個多鐘頭的時間，成功地打敗俄羅斯和奧地利，奠定了屹立不搖的名聲。談到這場戰爭時，拿破崙說：「奧斯

歷史筆記　拿破崙掌握權力之後，讓自己的兄弟及近親成為歐洲七王國、三十公國的統治者，重新建立貴族制度。

特利茨戰役是我至今經歷的戰爭中最光輝的一場，我軍得到了五十五支連隊旗、一百五十多門大砲、抓到二十名俄羅斯將軍、三萬名俘虜，敵方戰死的士兵多達兩萬以上。總之，戰果非常豐碩。」

一八〇六年，拿破崙統合德國西南方各國，讓他們結成親法的「萊茵邦聯」，並逼退神聖羅馬帝國皇帝，瓦解了神聖羅馬帝國。緊接著拿破崙又打敗普魯士，登上權力的巔峰。

在拿破崙一連串的戰爭中，猶太籍的高利貸業者羅斯柴爾德提供融資給歐洲各王朝，大賺了一筆。

●拿破崙時代的歐洲

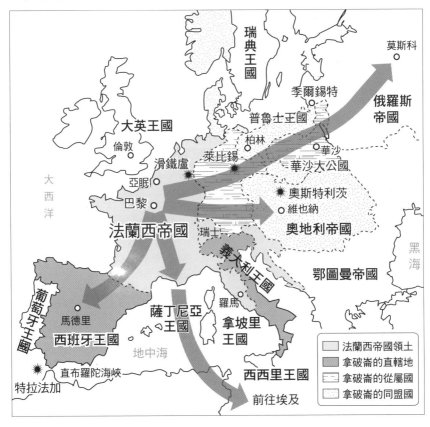

脫離民族國家架構而失勢

歐洲大陸各國日漸高漲的反感與遠征俄羅斯失敗，促使拿破崙帝國逐漸崩潰。

舊體制引發強烈反感

拿破崙雖然將歐洲納入統治下，但是農業國家法國並無法像工業國家英國那樣向歐洲各國買進穀物，各國經濟因此面臨危機，反拿破崙的情緒逐漸蔓延。

在國土被拿破崙奪走一半的普魯士，費希特（譯註：德國哲學家）於柏林連續舉行以《對德意志國民演講》為題的演講。之後，德國的民族意識高漲，政府開始實施農奴解放、徵兵制等現代化政策，急速重振勢力。

拿破崙敗給寒冬及游擊戰

一八一二年，俄羅斯無視於法國頒布的大陸封鎖令，再度與英國通商，並提高法國特產紅酒與絲製品的關稅。拿破崙為了徹底實行大陸封鎖令，遂率領六十萬大軍遠征俄羅斯。

拿破崙軍隊雖深受俄羅斯軍隊焦土戰之苦，仍於該年九月一度占領莫斯科。然而俄羅斯軍隊在撤退時放火燒毀四分之三的軍營，拿破崙軍隊因此無法度過莫斯科嚴峻的寒冬，只好在大雪中撤退。因不耐寒冬，加上追擊而來的俄羅斯正規軍與游擊軍不斷攻擊，拿破崙大軍最後有四十萬名士兵陣亡，十萬名士兵被擄，徹底地敗北。

遠征莫斯科失敗之後，拿破崙軍隊在一八一三年開始的民族戰爭（譯註：即萊比錫戰役）中又慘敗給普魯士、奧地利、俄羅斯的同盟軍，接著巴黎也於一八一四年三月淪陷。被俘虜的拿破崙於同年五月被流放到地中海厄爾巴島，爾後波旁王朝在法國復辟。之後拿破崙被賦予統治厄爾巴島的權力保有帝位，每年獲給二百萬法郎的養老金。

繁華只是一夜之夢

歷史筆記　因遠征俄羅斯失敗而沒落的拿破崙如此描述：「光輝的勝利和沒落之間的距離只不過是一小步。」

在一八一五年二月進展緩慢的維也納會議（參見P54）期間，拿破崙成功自厄爾巴島逃脫，率領一千名士兵登陸坎城，受到渴求榮光再現的國民輿論擁戴，三月時在巴黎再次登上皇帝寶座。不過拿破崙的統治只維持了三個月（百日天下），便在滑鐵盧戰役中敗給英國、普魯士與荷蘭的聯軍。當時法國被迫支付七億法郎的賠償金，以及接受十五萬名外國士兵占領要塞長達五年。

拿破崙再次被流放到聖赫勒拿島這座位於南大西洋遠海的孤島（距非洲下幾內亞海岸約兩千公里），六年後死於胃癌，結束了五十二年的人生。

●拿破崙軍隊強盛的原因

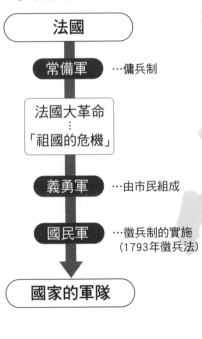

法國

常備軍 …傭兵制

法國大革命
⋮
「祖國的危機」

義勇軍 …由市民組成

國民軍 …徵兵制的實施
（1793年徵兵法）

國家的軍隊

歐洲大陸國家

常備軍

國王的私有軍隊

一般兵役義務 …1813年
（普魯士）

維也納體制下的國際秩序

維也納體制阻撓了新體制的普及，恢復舊有體系，試圖藉由大國之間的協調來維持和平。

大會不行動，大會在跳舞

稱霸歐洲大陸的拿破崙失勢之後，歐洲各王朝又開始復甦。一八一四年，九十位王國代表及五十三位公國代表召開國際性會議「維也納會議」，重新劃分拿破崙統治下的廣大領土。

不過，當時的外交在社交性質的宴會上進行，會議始終沒有開始的跡象。因為當時各國雖然都對革命抱持保守與反動的態度，但對於具體的利害關係，並未達成一定的共識。

如同「大會不行動，大會在跳舞」的諷刺，在被稱為「跳舞大會」的維也納會議中，大國之間為了取得權力平衡，在華麗宴會與舞會背後進行談判交易，但是利害關係的調整始終無法完成。

結果是一切照舊

拿破崙趁著維也納會議紛亂之際企圖東山再起，整個歐洲陷入恐怖與戰慄中，也因為如此，會議才有了急速的進展。拿破崙東山再起的野心歷經短暫的三個月便宣告失敗，維也納會議以「正統主義」與「權力平衡」為原則，調整大國之間的利害關係，訂立了維也納條約。

法國代表塔列朗提出「正統主義」，主張應該恢復法國大革命前各國君主的身分，歸還各君主對其領土的正式主權，並將所有的過錯都歸咎於拿破崙，將戰敗國法國的損失減到最低。

俄羅斯、普魯士、英國、荷蘭各國相繼收回領土，而拿破崙的主要戰場神聖羅馬帝國瓦解後，德國以「日耳曼聯邦」的姿態重新出發。

五大國主導下的舊秩序復活

維也納條約下的國際秩序被

歷史筆記 據說維也納會議的主人奧地利皇帝花費了三千萬佛羅林（換成金子約三百至三百六十噸）（譯注：義大利佛羅倫薩鑄造佛羅林金幣，成為中世紀全歐通行的貨幣），用於舉辦宴會和舞會。

稱為「維也納體制」（一八一五～一八四八），是英、俄、普、奧、法五大國藉著互相協調，期望維持現狀及和平的制度。

過去君主們為了擴大領土及繼承王位而展開外交，但在維也納體制下，俄羅斯皇帝亞歷山大一世主張強國締結軍事同盟（即「四國同盟」，後為「五國同盟」），幾乎所有的歐洲君主都參加了「神聖同盟」。每當各國企圖壓制革命運動和高漲的民族主義，或者勢力均衡出現問題時，列強便會召開會議，設法解決問題。

在四分之三人口為非德意志人的奧地利，外交部長梅特涅（一八〇九年三十六歲時上任）擔心民族主義會導致帝國瓦解，也擔憂革命會威脅到專制制度，因此巧妙地操控維也納體制與神聖同盟，扮演著維持「封建式歐洲」的中心角色，也因此維也納體制又被稱為「梅特涅體制」。

長相英俊、廣受女性歡迎的梅特涅是個精通五國（英、法、俄、義、德）語言的國際人，他認為已經跟不上時代的歐洲國際秩序必須由自己來守護。一八二〇年時他曾感嘆地說：「支撐著逐漸倒塌的建築物就是我的人生。」

以自國立場為優先的英國

正值工業革命的英國與歐洲大陸各國處於不同的生活水準，不過英國認為歐洲各國的封建狀態將有利於自己的經濟發展，且可抑止法國抬頭，因此積極地支持維也納體制。也因為如此，一直到普法戰爭爆發（一八七〇～一八七一，參見P71），歐洲建立起權力平衡為止，英國始終維持著繁榮。

此外，一八二〇年之後，拉丁美洲的西班牙殖民地興起獨立運動，英國外交大臣甘寧認為若欲將拉丁美洲納入英國的經濟圈，就必須支援拉丁美洲各國的獨立運動，於是反對始終認為拉丁美洲是歐洲的一部分、主張必須加以干涉的梅特涅，因而退出了五國同盟。結果，維也納體制也因此陷入癱瘓。

民族主義先驅希臘的獨立

希臘的獨立不單只是因為民族主義，還糾纏著歐洲列強複雜的企圖。

血洗巧斯島

受鄂圖曼帝國（土耳其）統治、活躍於黑海敖得薩與法國馬賽之間航線貿易的富裕希臘商人（法納爾人），受到西歐的影響逐漸產生民族意識。

一八一四年，由希臘商人領導的祕密結社「菲力克·希特里亞」（義語「友誼社」之意）在敖得薩成立，一八二二年希臘宣布獨立並制定憲法。不過，鄂圖曼帝國政府加強武力鎮壓，處決了當時希臘正教的教皇，大批軍隊登陸獨立運動興盛、被認為是古希臘詩人荷馬出生地的巧斯島，殘殺了二萬二千名民眾，並將四萬七千名民眾賣為奴隸。

此時，一方面擔心俄羅斯南下，一方面企圖進軍中東的英國外交大臣甘寧，號召法國與俄羅斯共同出兵干涉希臘獨立戰爭。而唯恐民族主義抬頭的奧地利則支持鄂圖曼帝國。

拜倫與德拉克洛瓦支援獨立運動

當時歐洲各地浪漫主義盛行，保護西歐文明發祥地希臘的想法在知識分子之間蔓延開來。

二十六歲的法國畫家德拉克洛瓦，於一八二四年的畫展中展出《巧斯島的屠殺》，訴說著希臘人的奮戰與土耳其人的殘暴。發表詩作〈哀希臘〉的英國浪漫派詩人拜倫，也在同年三十六歲時冒著危險前往希臘西南部的米索隆吉，送了四千英鎊給希臘軍隊，並與他們並肩作戰。不過三個月後拜倫不幸感染熱病，驟然離世。

一八二七年，英、俄、法三國組成的二十七艘聯合艦隊，在伯羅奔尼撒半島西南方的納瓦里諾灣，將埃及與土耳其的八十九艘軍艦幾乎全數消滅。一八二九年，俄羅斯

歷史筆記　成功獨立之後，希臘內部爆發紛爭，直到一八三一年迎接巴伐利亞的貴族登上王位，希臘的國家體制才得以確立。

從陸上進攻鄂圖曼帝國占領阿德里安堡，迫使鄂圖曼帝國承認塞爾維亞與希臘的自治權。

希臘的獨立激發斯拉夫民族運動

列強緊接著在一八三〇年與鄂圖曼帝國簽下「倫敦議定書」，迫使鄂圖曼帝國承認希臘的獨立。之後，希臘成為以德國貴族為君主的王國。

希臘的建國，將民族主義與民族國家體制帶入橫跨三大陸的鄂圖曼帝國。希臘的獨立也激起了同樣受鄂圖曼帝國統治的斯拉夫人的民族運動，鄂圖曼帝國在巴爾幹半島的勢力逐漸衰退。此外，歐洲各國也利用民族運動的興起，逐漸將勢力往東地中海地區擴展。

●希臘的獨立導致鄂圖曼帝國衰退

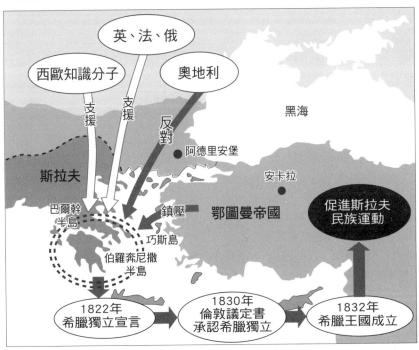

維也納體制的動搖

法國拿破崙帝國瓦解後所建立的「維也納體制」，因為法國再次爆發革命而開始動搖。

帶領民眾的「自由女神」

維也納體制因開始於法國的兩個革命（一八三〇年的七月革命及一八四八年的二月革命）浪潮而瓦解。

在維也納體制下，法國波旁王朝復辟成功，實施每三百三十三人中有一人具有選舉權的「有限選舉權」所形成的立憲王政。然而，過沒多久，想以十億法郎賠償法國大革命時被沒收財產的貴族及教會、試圖重新建立貴族權力的國王，與議會內持反對意見之自由主義者之間的對立逐漸浮上檯面。

斯湯達爾於一八三〇年完成小說《紅與黑》（紅色代表軍人榮譽，黑色代表聖職者的權威和象徵），暗喻民眾唯有成為軍人或聖職者才能邁向「成功之路」，描寫出當時社會的閉塞。

一八三〇年的選舉當中，自由主義者在議會取得多數席位。然而，同年六月派出六萬多名士兵成功遠征阿爾及利亞的國王在信心大增之後解散了議會，禁止出版自由，並加強限制選舉權。對此，七月二十七日的《國民報》呼籲民眾群起反抗，響應的民眾在巴黎揭竿起義，展開三天的巷戰（光榮的三日）後占領巴黎，而國王則逃亡海外，史稱七月革命。

革命被激起

畫家德拉克洛瓦親眼目睹民眾起義後，畫下了自由女神在高昂氣勢中舉著三色旗領導民眾的《自由領導人民》。此幅作品在隔年德拉克洛瓦的畫展中展出，現今則收藏於羅浮宮美術館。

擔心革命激化及強國介入的上層階級市民，以列強有介入革命之虞為藉口壓制共和派，迎接波旁家族旁系出身、廣為人知的自由主義者路易腓力成為新國王。路易腓力

歷史筆記 蕭邦在逃往巴黎途中得知華沙民眾起義被鎮壓的消息，極為震怒的他寫下了練習曲《革命》。

稱自己是「法蘭西人的王」，但實際上擁有選舉權的人口僅占總人口的0.6％（約二十萬人），政治主導權落入被稱為「金融貴族」的少數銀行家手中。於是，為了推翻波旁王朝，民眾發動七月革命。

有成功有失敗的比利時與波蘭革命

受到七月革命的影響，在維也納議定書下成為荷蘭領土的比利時布魯塞爾，民眾在看過描寫拿坡里人獨立戰爭的歌劇之後大為感動，即刻在革命歌聲中揭竿起義。歷經四天的巷戰，最後終於打敗荷蘭軍成功獨立。

此外，一七七〇至一七九〇年代被分割而逐漸消滅的波蘭，也曾在華沙發生民眾起義事件，後被俄羅斯的六萬大軍殘暴地鎮壓下來。

● 法國七月革命及其影響

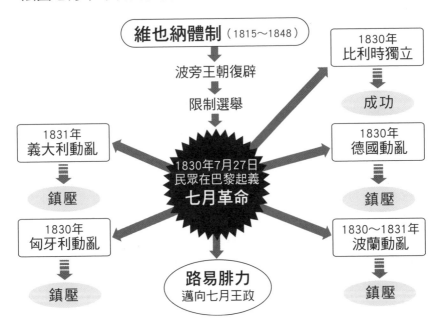

維也納體制瓦解

一八四八年，自由主義與國民主義浪潮在各國蔓延，維也納體制也因此瓦解。

維也納體制的瓦解始於巴黎

一八四八年，由於農作歉收及飢荒蔓延，且有多達五十萬名民眾失業，以法國、德國為中心的廣大地區爆發了大規模的革命與民族鬥爭，維也納體制就此瓦解。

由於一八三○年七月革命後所制定的選舉權限制極為嚴格，每一百七十人當中僅有一人擁有選舉權，這一點讓法國知識分子與勞工深感不滿，要求普遍選舉權的運動以合法的「改革宴會」方式展開（一八四七年七月以後共舉行七十次，約三萬人參加）。

一八四八年二月二十二日，在巴黎舉行的改革宴會遭到政府勒令中斷，民眾聚集到瑪德蓮廣場築起街壘。當時有數十位民眾在正規軍的掃射中喪生（卡布辛大道起義），民眾於是與正規軍展開激烈巷戰，最後由民眾獲得勝利。國王路易腓力退位並逃亡海外，揭竿起

義的勞工代表白朗等人組成的臨時政府成立，史稱「二月革命」。

臨時政府為了救濟失業的民眾，建立起國營工廠制度（對失業民眾給付日薪，讓他們從事土木工作），並實現了二十一歲以上男子的普遍選舉權。然而，全國選舉的結果由穩健派取得議會多數席次。國營工廠被迫關閉後，十萬勞工再度在巴黎起義（六月起義），但最後還是被鎮壓，造成一千五百人死亡、三千人被處決、一萬二千人遭到逮捕。

被逮捕的人大部分被送往阿爾及利亞的勞工集中營。之後，拿破崙的外甥路易拿破崙得到四分之三的議會票數，就任總統。

動搖的德國

二月革命的影響急速擴展至歐洲各國。德國的柏林與維也納發生暴動（三月革命），自由主義運

歷史筆記　梅特涅七十歲時與一位三十八歲的女性再婚，梅開三度，但七十五歲時被迫逃亡海外。俾斯麥曾拜訪梅特涅向他請教外交之道。

動、訴求德國統一的運動、科蘇特領導的匈牙利等受壓抑民族的自立運動等相繼展開。雖然制定德國統一方式及憲法的議會在法蘭克福召開（法蘭克福國民議會），但希望以奧地利為中心統一的大德意志主義，與欲排除奧地利進行統一的小德意志主義互不相讓，結果統一未能達成。

革命和民族運動逐漸高漲之際，長期以來領導著維也納那體制的梅特涅逃亡英國。至此，試圖將社會秩序恢復到法國革命前的維也納體制終於徹底瓦解。

●法國二月革命及其影響

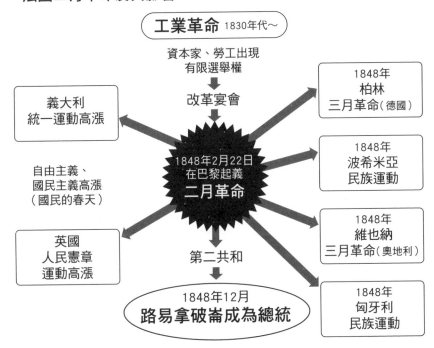

躍進世界的大英帝國

為何維多利亞女王時代的英國是如此繁榮？為什麼英國沒有暴發革命？

社會因選舉法修正而改變

一八三七年十八歲的維多利亞女王即位，成為英國史上第五位女王。從二十世紀初至八十二歲駕崩為止的六十四年歲月中，維多利亞女王生育了九名子女，強忍著四十二歲即失去摯愛丈夫的悲傷，以大英帝國君主及殖民地「印度帝國」（譯注：指英國殖民統治及印度土邦統治時期〔一八五八～一九四七〕之印度，一九四七年後分為印度和巴基斯坦）皇帝的身分，君臨霸權國家英國。

工業革命後的英國因棉工業、鐵路建設等產業，擁有了其他國家無所能及的經濟實力與技術水準，進而高揭著自由貿易主義的口號擴大市場。反觀英國國內，工業革命後出現了大規模的人口移動，但英國的選舉區卻始終沒有進行調整。在全部六百五十八個席次中，僅占二百零二個席次的貴族、地主的決定權遠超過其他四百八十七席，這

樣的情況（這種特權化的選舉區稱為「腐敗選舉區」）一直持續著，就連曼徹斯特這樣的重要工業都市也沒有下議院的席次。

一直到一八三二年，英國終於進行第一次選舉法修正，廢除了「腐敗選舉區」，將多數席次分配到重要都市。選舉法修正後，以工業資本家為主的選舉人增加為一‧五倍（約占總人口的4％），工業資本家的發言權也隨之增強。

工業資本家進入議會後，以不當保護地主利益為由，於一八四六年廢除了在拿破崙戰爭結束前（一八一五）為防止穀物價格下滑所制定的穀物法（對進口穀物課以高額關稅），並於一八四九年廢除航海條例（一六五一年頒布，用以排擠轉口貿易的條例）。

英國的兩種國民

歌頌繁華、每天過著奢華生活

歷史筆記　「兩種國民」（Two nations）是後來非常活躍的政治家迪斯累利在年輕時寫的小說中所採用的詞彙。

的「資本家、地主、貴族」，以及在噪音與煤煙包圍下悲慘地生活於都市貧民街的「勞工」，這「兩種國民」的同時存在，成為了維多利亞時代嚴重的社會問題。

這兩個階級在語言、生活、習慣等方面都有很大的差異，當時英國的政治由擁有馬車、馬夫及數匹馬的上流階級，以及有能力僱用兩三個僕人的中產階級所獨占，人數龐大的勞工則被完全排除在外。

一八三〇年代末期，勞工要求實現「人民憲章」的人民憲章運動於一八三七年左右至一八五八年期間展開，「人民憲章」包含了男子普通選舉、廢除議員財產資格、不記名投票、議員的歲費支給、選區平等、議員選舉每年舉行等六項條例。而人民憲章運動獲得許多民眾的支持，一八四八年四月有五百萬人簽署的名簿由三台馬車運到議會。不過，人民憲章運動最終仍因為「四〇年代的經濟繁榮」和政府的打壓而失敗。

雖然有著嚴重的社會問題，但英國仍以其「世界工廠」的地位，於一八五〇至一八七〇年代從「階級對立的時代」邁入「協調繁榮的時代」。

●英國的兩種國民

議會制將「兩種國民」合而為一

英國巧妙地將國民的不滿導入議會制，如此高明的政策運用也是英國繁榮的原因之一。

英國晉升世界第一

因工業革命而邁入新體系的英國獲得了龐大的「創業者利益」，其技術、機械、工業產品席捲全世界，掌握著全世界的經濟，並將印度、澳洲、紐西蘭、加拿大納為殖民地，而英國如此的盛世被稱為「大不列顛和平」。

一八六六年之後，英國在國際上的優越地位可以「印度為英國種棉花、澳洲為英國剪羊毛、巴西為英國煮香醇咖啡——世界是英國的農場，而英國是世界的工廠」來形容。

例如一八七〇年至一八七四年時，德、法、美三國的生鐵（熔解鐵礦製成的粗鐵）生產量是五百二十萬噸，而英國的生產量已經高達六百四十萬噸。

將勞工編入體制內

英國強勢的特權階級一邊維持著以自身特權為基礎的傳統體系，一邊將具有勢力的社會階級逐一引進議會體制當中。此時的英國坐擁從全世界收集而來的豐厚財富，秉持著工會主義的立場，生活環境不斷獲得改善，勞工也逐漸體制化。待勞工在社會上的發言權增強後，特權階級便積極地讓勞工參與政治。

當時英國議會採取兩大政黨制，所謂兩大政黨，分別是大商人出身的格萊斯頓所率領、由工業資本家組成的「自由黨」，以及猶太裔小說家出身的迪斯累利所領導、由地主勢力組成的「保守黨」。

自由黨階段性地讓勞工參與議會，企圖利用勞工階級與保守黨對抗。於是，一八六七年時十八歲以上的勞工被賦予選舉權（第二次選舉法修正）。一八七〇年至一八七二年，政府增設公立學校以實施普通教育，而工會合法化、不

歷史筆記　一八五一年的倫敦萬國博覽會上，由三十萬片玻璃組成的展覽會場「水晶宮」展示了英國的最新技術，吸引了六百萬名觀光客前來。

記名投票制等的實現亦更加促進了英國的民主化。一八八四年，在小選舉區制的配套下，大多數的勞工取得了選舉權（第三次選舉法修正，七百萬名成年男子中有五百萬人擁有選舉權）。

　　就這樣，分裂為地主、資本家以及勞工這兩種不同階級的英國合而為一，「國民」逐漸地形成。一九〇〇年，工會與社會主義團體組成「勞工代表委員會」，於一九〇六年的選舉中取得二十九個席次，之後改名為「工黨」。英國議會後來便由保守黨與工黨這兩大政黨所操控。

●英國選舉法修正後，有選舉權者的數量變化

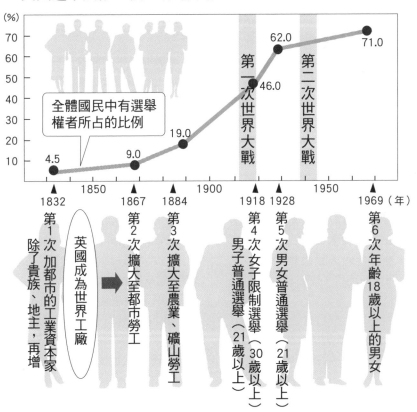

全體國民中有選舉權者所占的比例

4.5　9.0　19.0　46.0　62.0　71.0

第一次世界大戰　第二次世界大戰

1832　1850　1867　1884　1900　1918　1928　1950　1969（年）

第1次　加都市的工業資本家除了貴族、地主，再增

英國成為世界工廠

第2次　擴大至都市勞工

第3次　擴大至農業、礦山勞工

第4次　女子限制選舉（21歲以上）男子普通選舉

第5次　男女普通選舉（21歲以上）

第6次　年齡18歲以上的男女

趁亂茁壯勢力的拿破崙三世

再度走回帝政的法國，混亂依舊持續不斷。於是，法國的政治又從帝政走向共和制度。

唯有獨裁才能克服對立與混亂？

二月革命的結果，正式登上政治舞台的拿破崙一世之姪路易拿破崙，於一八四八年十二月的選舉中獲得民眾壓倒性的支持，以總投票數74％的高得票率成為第二共和的首任總統。路易拿破崙固然利用了拿破崙一世的人氣，但其「唯有強大的領導能力，才能克服政治對立與經濟混亂」的主張獲得支持也是事實。路易拿破崙於一八五一年十二月發動政變，要求保守派占多數的議會必須革新。接著，他在隔年十二月宣布實施帝政（第二帝政，成為拿破崙三世），並在事後舉行的人民投票中獲得了七百四十四萬票（反對票六十四萬餘）。

拿破崙三世於在位期間進行了巴黎大改造（參見P34），並擴大鐵路網、舉行第二次萬國博覽會（巴黎萬國博覽會）等，一八六○年代時則致力於勞工權利的擴大、養老年金的實施及教育改革。

試圖扭轉乾坤的戰爭卻毀了自己

拿破崙三世試圖效法伯父拿破崙一世，利用擴大法國的對外權力來鞏固自身的權威。

法國在克里米亞戰爭（一八五三～一八五六，參見P74）打敗宿敵俄羅斯，於一八五九年的義大利統一戰爭打敗奧地利，從薩丁尼亞取得薩伏依和尼斯，接著又與西班牙共同出兵印度支那（譯注：即中南半島，泛指中國與印度之間的各國）（一八五八～一八六七），將越南南部與柬埔寨納入統治下。

不過，利用美國南北戰爭、企圖殖民墨西哥的墨西哥遠征（一八六一～一八六七）失敗後，拿破崙三世的權威盡失。對

歷史筆記 拿破崙三世遠征墨西哥時折損了超過六千名士兵，並浪費了三億三千六百萬法郎。

出兵失敗焦慮不已的拿破崙三世隨後又發動普法戰爭（一八七〇～一八七一，參見P71），但開戰之際就在色當被德軍包圍，與十萬名士兵一起淪為俘虜。拿破崙三世以投機心理所發動的對外戰爭失敗，導致了第二帝政的垮台。

搖擺不定的第三共和初期

從拿破崙三世失勢的一八七〇年九月起到一九四〇年二次大戰法國投降德國為止的七十年，稱為「第三共和」時代。一八七五年，訂立三權分立、兩院制議會（下議院為普通選舉）、總統七年任期的第三共和國憲法，以三百五十三票對三百五十二票的一票之差通過，共和政體開始實行。掌握政權的共和派雖然致力於整頓產業基礎，然而正好遇上經濟不景氣（大蕭條，參見P148），社會的不安也逐漸擴大。

●拿破崙三世時代

第一共和

- 1848.2 「二月革命」
- 1848.12 路易拿破崙就任總統
- 1851.12 1851年政變→總統任期延長為10年，權限擴大

第二帝政

- 1852.12 「拿破崙三世宣布實施帝政」
- 1860 英法通商條約
  廢除英國產品進口限制、調降關稅
  （工業資本家的不滿大增）
- 1869 蘇伊士運河開通
  在議會壓制了2／3的反對派
- 1870 拿破崙三世在普法戰爭中淪為俘虜

第三共和

- 1870.9 「宣布實施共和政體」
- 「巴黎公社」
  （史上最初的勞工自治政府）
- 1875.1 制定第三共和國憲法

第三共和維持至1940年

拿破崙三世的外交

克里米亞戰爭（1853～1856）

亞羅戰爭（1856～1860）[注]
出兵印度支那（1858～1867）
義大利統一戰爭（1859）
出兵墨西哥（1861～1867）
成為殖民帝國

普奧戰爭（1866）

普法戰爭（1870～1871）

（譯注：即第二次鴉片戰爭）

義大利暗中獨立

義大利藉由法國的力量及歐洲政局進行統一，不過功勞最大的是加里波底。

利用拿破崙三世的野心

十九世紀後葉，「民族國家」形成的浪潮也波及處於嚴重分裂狀態的義大利。在近代義大利，追求國家統一與獨立的運動稱為「復興運動」（Risorgimento，義大利語「重生」或「復活」之意）。

義大利各都市向來擁有極大的自主性，因此長期處於嚴重分裂的狀態，而對義大利的統一造成最大障礙的，也就是在北義大利擁有廣大領土的奧地利。

加富爾是皮德蒙地區名門貴族的次男，後來成為薩丁尼亞王國首相，年輕時把時間都花費在旅行與事業上，培養出廣闊的國際視野。他一方面建設鐵路、創設中央銀行，另一方面派兵參加克里米亞戰爭（參見P74），向國際社會凸顯義大利的存在，同時也一邊接近法國，與企圖擴張領土的拿破崙三世簽下密約（內容為法國將協助薩丁尼亞），取得法國的支援。

一八五九年，薩丁尼亞得到法軍的援助，成功打敗奧地利（義大利統一戰爭）。不過後來拿破崙三世擔心薩丁尼亞會不斷壯大，於是便私下與奧地利談和，最後導致薩丁尼亞僅合併了倫巴底（譯注：義大利北部的一省）。

然而，儘管法國沒有遵守密約，加富爾還是把當初約定的薩伏依及尼斯割讓給法國（這兩個地區至今仍屬於法國），統一義大利中部的一些小國家。加富爾曾說：「歷史與人生一樣，通常都是『即興的』」，當時也多虧他做出正確的判斷，才讓義大利得以統一。

重視國家統一，無欲無求的加里波底

一八六〇年，「青年義大利黨」激進派的加里波底兩次逃亡南美後，帶領一千人的紅衫軍（千人

歷史筆記　義大利王國的威尼斯在一八六六年的普奧戰爭被占領，教皇領土則是在一八七〇年的普法戰爭中被占領，義大利後於一八七一年將首都遷至羅馬。

團）分乘兩艘船登陸西西里島。加里波底與民眾聯手打敗擁有二十倍以上兵力的兩西西里軍，解放了西西里與拿坡里。而「紅衫」則是過去加里波底在阿根廷幫助兩個州獨立，組成義勇軍作戰時，利用便宜又耐穿的紅色布料為屠宰場員工所製作的制服。

　　薩丁尼亞國王南下後，將「國家統一」視為最優先的加里波底不願意與國王正面衝突，於是打消北上的念頭，將西西里、拿坡里獻給國王後便退隱故鄉。義大利因此避免了內戰和強國的介入，除了羅馬教皇領土與奧地利領土威尼斯，一八六一年由薩丁尼亞國王統一成為義大利王國。這是在未爆發革命的情況下，由國王親自出征所達成的統一。

● 義大利統一的過程

瑞士

奧地利

未收回的義大利領土

薩伏依

倫巴底

威尼斯

割讓給法國

尼斯

科西嘉（法）

羅馬

薩丁尼亞王國

教皇領土

兩西西里王國

加里波底的進軍路徑

1861年的義大利

1858 與法國簽訂密約
　→ 法國允諾支援薩丁尼亞
1859 義大利統一戰爭
　→ 合併倫巴底，薩伏依、尼斯割讓給法國
1860 加里波底占領兩西西里王國
　→ 獻給薩丁尼亞國王
1861 義大利王國成立
　（維克托・伊曼紐爾二世）
1866 威尼斯於普奧戰爭被併吞
1870 教皇領土於普法戰爭被併吞
尚有未收回的領土
直到1919年仍無法收回

強制進行的德國統一

「如果沒有軍備與國民的獻身，就無法統一」，俾斯麥用戰爭劃定德國領土。

鐵與血推動德國統一

德國一八四八年的三月革命（譯注：柏林三月革命）失敗收場後，為了維也納體制下成立的「德意志邦聯」（由三十五個君主國與四個自由都市組成）的統一問題，奧地利（「大德意志主義」或七千萬人帝國構想）與普魯士（將奧地利排除在外的「小德意志主義」）之間的主導權之爭逐漸表面化。

一八六二年成為普魯士首相的前巴黎公使俾斯麥，於就任一星期後主張：「要解決德國的問題，需要的不是言論與多數表決，而是要用鐵和血」，提出了鐵血政策（鐵是指軍備，血是指國民的獻身）。俾斯麥首先停止了下議院的運作，時間長達四年，這段時間他致力於軍備擴充，希望以戰爭統一德國。為了讓德國成為強國，俾斯麥可說是不擇手段。

於此同時，普魯士與奧地利聯手從丹麥手中奪走有許多德國人定居的好斯敦與什列斯威，但之後為了兩地的統治權問題，普魯士與奧地利於一八六六年爆發普奧戰爭。

這時俾斯麥成功地說服拿破崙三世保持善意的中立，然後利用鐵路迅速進攻，短短七星期便打敗奧地利（七星期戰爭），將奧地利及與其同陣線的南德意志各邦排除在外，成立了「北德意志邦聯」（二十二個君主國、三個自由都市、一個帝國領土）。奧地利同意解散德意志邦聯及賠償二千萬太樂（譯注：德國舊銀幣名），並在退出邦聯後與匈牙利組成奧匈帝國。

德法之間的鴻溝

由於法國對萊茵河左岸的領土抱持著野心，俾斯麥認為若要完成統一，德國與法國之間勢必要大戰一場。於是俾斯麥利用西班牙王位繼承問題所衍生的糾紛，將電

| 歷史筆記 | 俾斯麥是位身高一百八十八公分的巨漢，大學時代曾有二十多次在決鬥中獲勝的紀錄。 |

報內容竄改得讓人以為普魯士國王受到法國大使的侮蔑，藉此陰謀刺激法國，並於一八七〇年七月巧妙地將尚未進入備戰狀態的法國捲入戰爭（普法戰爭）。日後俾斯麥曾表示：「政治是一種技術」，可見為了達成目的，他的確可以不擇手段。開戰四十天之後，普魯士在鄰近比利時邊境的色當戰役中俘虜拿破崙三世，戰爭的勝負很快便揭曉。

一八七一年一月普魯士包圍巴黎之際，普魯士國王於法國凡爾賽宮的鏡廳登基為皇帝，「德意志帝國」就此成立。敗北的法國則依照談和條約，支付五十億法郎的巨額賠償金並割讓亞爾薩斯—洛林地區。也因為如此，法國對德國的敵意也愈來愈強，之後雙方的敵對關係從第一次世界大戰一直持續到第二次世界大戰。而戰後歐盟（EU）結成的基礎便是德國與法國的和解。

●與法國對立的德國的統一

德國避開戰爭儲備國力

國家統一之後，這回為了儲備國力，俾斯麥採取避開戰爭的策略，巧妙地進行外交。

擁有雙重結構的德意志帝國

在以普魯士為中心進行軍事征服、由皇帝為首的德意志帝國中，普魯士的領土與人口便占了三分之二。而德意志帝國採取的是由普魯士國王擔任皇帝，並由普魯士首相擔任宰相的雙重國家體制。

德意志帝國採用兩院制議會體系，雖然聯邦議會（下議院）經由依照人口比例的普通選舉選出議員，然而在聯邦參議院（上議院）中，普魯士便占了五十八席中的十七席，大大限制了下議院的權限。

孤立法國的外交術

普法戰爭後，得到巨額賠償金的德國經濟起飛，不斷有新的企業成立。然而，由於一八七三年以來的經濟大蕭條（參見P148），德國經濟頓時陷入危機，企業相繼合併，在金融方面，資金也都集中到四大銀行。

在國內，德國政府實施「蜜糖與鞭子」政策，一方面鎮壓社會主義者，另一方面推行各種社會保險等勞工保護政策，並利用關稅保護扶植國內產業。此外在外交上，俾斯麥認為若要快速孕育產業就必須避免戰爭，為了防範法國進行報復，俾斯麥遂與奧地利及俄羅斯簽訂三帝同盟。後來在柏林會議上與俄羅斯交惡後，俾斯麥又與奧地利及義大利結成三國同盟。爾後為孤立法國、討好俄國，又於一八八七年與俄羅斯簽訂祕密條約（再保險條約），規定條約國的一方受到他國攻擊時，另一方必須保持中立。

在一八八四年為割據非洲所召開的柏林會議之後，德國也開始積極地投入殖民地運動，先後將東非、喀麥隆、西南非等納為殖民地。

歷史筆記　俾斯麥擔心巴爾幹問題會影響德國與奧地利的團結，於是聲明德國絕對不會介入，他說：「東方問題連一個士兵的骨頭也不值。」

以技術革新挑戰英國

　　由政府主導的德國經濟在一八七〇年至一九一四年之間快速成長了四倍，人口也從四千一百萬急速增加到六千四百萬人。相對於未能趕上十九世紀末期第二次工業革命（參見P146）的英國，德國成功開發出新技術，開始發展重化學工業，對英國造成非常大的威脅。

　　例如這個時期的煉鐵從「生鐵」發展到強韌的「鋼鐵」，德國的生產量占世界的五分之一，超越了占六分之一的英國。此時德國的實力急速增強，足以挑戰英國的霸權。

● 德國的對外政策

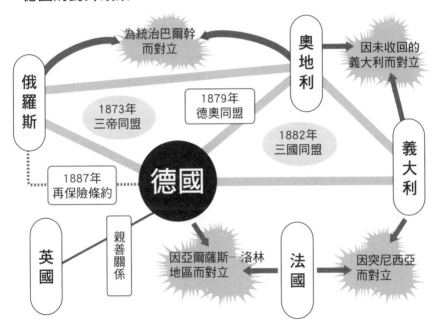

俄羅斯以地中海為目標

俄羅斯尋求輸出穀物到歐洲各國的航線，一心南下。

俄羅斯尋求兩個海峽的通行權

　　稱霸歐洲大陸的法國拿破崙帝國因遠征俄羅斯失敗而毀滅，於是俄羅斯開始以「歐洲最大的陸軍國」自居，尼古拉一世在位的三十年間，俄羅斯持續著強權政治，每年有一萬名以上的罪犯被流放到西伯利亞。不過當時俄羅斯面臨一大難題，為了讓穀物從黑海北岸的穀倉地帶烏克蘭輸出到西歐，必須取得從黑海到東地中海的航線。

　　然而，前往西歐必須經過鄂圖曼土耳其帝國領域內的博斯普魯斯海峽與達達尼爾海峽（參見P77地圖），於是俄羅斯對鄂圖曼帝國施加壓力，試圖取得通行權。另一方面，英國等擔心東地中海將淪為俄羅斯的勢力圈，因此也出面牽制。

舊式的俄羅斯軍隊

　　當時巴爾幹半島上的斯拉夫民族運動正方興未艾，於是俄羅斯便試圖利用民族運動來擴大勢力。一八五三年，俄羅斯為保護希臘正教教徒而對鄂圖曼帝國開戰，不久英國、法國、薩丁尼亞也加入戰爭，與鄂圖曼帝國站在同一陣線，最後竟演變為以黑海北岸克里米亞半島為主戰場的列強大戰（克里米亞戰爭，一八五三～一八五六）。

　　但是，當時的俄羅斯軍隊不僅沒有克里米亞半島的軍用地圖，大砲射程也遠遠落後英軍和法軍，就連軍艦也不是蒸汽船，而是以往的帆船。也就是說，俄羅斯軍隊並未活用工業革命的成果，是一支舊式的軍隊。因此，經過一年的攻防，五萬名據守在克里米亞半島南端塞瓦斯托波爾要塞的俄羅斯軍，被英、法、土耳其所組成的五萬六千名聯軍所打敗。這場激烈的戰爭讓俄羅斯折損了一萬兩千名士兵，同盟軍則失去一萬名軍力。

歷史筆記　一八七〇至一八八〇年代，對改革失望的年輕人及知識分子高喊「到民間去」口號，深入農村試圖進行改革，不過最終還是失敗。

改革未能奏效

克里米亞戰爭敗北後，沉重的負擔落到俄羅斯民眾身上，於是戰後不斷爆發農民叛亂。此時的俄羅斯皇帝亞歷山大二世認為：「與其由下而上發動革命，不如由上而下進行改革」，於一八六一年頒布了農奴解放令。

當時農奴占俄羅斯人口的六至七成（一千四百萬～一千五百萬人）、被視為地主的私有財產，而這項政令賦予了農奴自由，試圖奠定俄羅斯現代化的基礎。不過，農奴必須以年貢的十七倍價格買回人格自由及分割農地，如果先由國家代墊，則必須繳納四十九年的年賦。結果，農民被迫必須高價購買農地，生活反而變得比以前還要困苦。

●俄羅斯南下政策的成敗

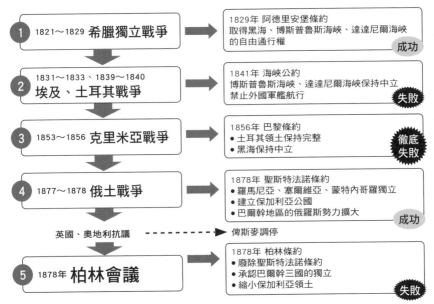

1 1821～1829 **希臘獨立戰爭**
→ 1829年 阿德里安堡條約
取得黑海、博斯普魯斯海峽、達達尼爾海峽的自由通行權　**成功**

2 1831～1833、1839～1840 **埃及、土耳其戰爭**
→ 1841年 海峽公約
博斯普魯斯海峽、達達尼爾海峽保持中立
禁止外國軍艦航行　**失敗**

3 1853～1856 **克里米亞戰爭**
→ 1856年 巴黎條約
●土耳其領土保持完整
●黑海保持中立　**徹底失敗**

4 1877～1878 **俄土戰爭**
→ 1878年 聖斯特法諾條約
●羅馬尼亞、塞爾維亞、蒙特內哥羅獨立
●建立保加利亞公國
●巴爾幹地區的俄羅斯勢力擴大　**成功**

英國、奧地利抗議 ------→ 俾斯麥調停

5 1878年 **柏林會議**
→ 1878年 柏林條約
●廢除聖斯特法諾條約
●承認巴爾幹三國的獨立
●縮小保加利亞領土　**失敗**

75

俄羅斯的南下政策不斷受挫

俄羅斯的南下之所以多次受到英國與奧地利阻撓，原因在於東地中海微妙的地理位置。

受到全歐洲矚目的東方問題

歐洲列強介入多民族構成的鄂圖曼帝國內部紛爭，彼此都想藉此機會擴大勢力範圍。因此，列強競相爭奪鄂圖曼帝國統治下的東地中海周邊，成為歐洲最大的外交問題，而這便是歐洲所謂的「東方問題」。

「東方問題」起源於希臘獨立戰爭（一八二一～一八二九）。當時希臘得到俄羅斯、英國、法國的援助成功獨立，而俄羅斯也因此取得連結黑海與愛琴海的兩個海峽（博斯普魯斯海峽、達達尼爾海峽）的自由航行權。

此外，擁有強大軍隊的埃及得到法國援助，開始進行歐化，為了成功自鄂圖曼帝國獨立並擴大領土，先後發動了兩次戰爭（土埃戰爭）。歐洲列強見狀又趁機介入，最後在英國的主導下問題才獲得解決，不過俄羅斯前進地中海受

阻，法國援助下的埃及的獨立也受到阻撓。之後，俄羅斯發動克里米亞戰爭，試圖實現南下政策（參見P74），但終究無法如願。

俄羅斯再次藉俄土戰爭南下

農奴解放後，俄羅斯仍繼續大量輸出穀物到西歐，以換取工業化必要的外幣。工業化在農民的犧牲下持續進行，資本需求則大幅度地依賴法國的銀行。

俄羅斯利用巴爾幹半島上以泛斯拉夫主義（追求斯拉夫民族的統一）為基礎的斯拉夫民族運動，企圖藉此擴大勢力圈。一八七五年波士尼亞赫塞哥維納發動叛亂，接著又發生殘殺保加利亞人的事件，俄羅斯於是以保護基督教徒為藉口發動俄土戰爭（一八七七～一八七八），勢如破竹地南下。英國擔心鄂圖曼帝國瓦解，宣布若俄羅斯占領伊斯坦堡或不願即時撤兵，便要向俄羅斯宣戰，之後英

歷史筆記　俄羅斯皇帝聲稱「（柏林）會議是俾斯麥所主導的對俄歐洲同盟」，因而對德國抱持著怨恨之心，三帝同盟也因此解散。

國便直接派遣艦隊前往伊斯坦堡海域。

俄羅斯認為在有利的情勢下締結和約才是上策，於是於一八七八年與土耳其在伊斯坦堡近郊的聖斯特法諾締結條約，承認塞爾維亞、蒙特內哥羅、羅馬尼亞的獨立，及領土從多瑙河延伸至愛琴海的「保加利亞公國」（人口四百萬人）的建國。此時俄羅斯將保加利亞納入實際的統治下，終於實現了南下政策。

柏林會議擦出世界大戰的火花

然而，聖斯特法諾條約卻引起英國和奧地利的強烈反對。為了避免列強之間發生戰爭，「誠實的仲介人」俾斯麥居中協調，於一八七八年舉行「柏林會議」。這次的會議締結了柏林條約，內容載明（一）承認巴爾幹三國（羅馬尼亞、塞爾維亞、蒙特內哥羅）的獨立；（二）大保加利亞的領土縮小為三分之一；（三）英國擁有塞浦路斯島；（四）奧地利取得波士尼亞赫塞哥維納的行政權等，歐洲列強的勢力取得平衡，俄羅斯的南下政策再次挫敗。

●因柏林條約而結束的俄羅斯南下

77

俄羅斯取得大殖民地

不只是地中海，俄羅斯的勢力還擴及西伯利亞和中亞。究竟俄羅斯何以能夠成為一個大帝國呢？

前往西伯利亞尋求「毛皮」

由約一百個民族組成、統治世界六分之一的陸地、擁有約兩億五千萬人口的「蘇聯」於一九九一年解體，分裂成俄羅斯、烏克蘭等共和國，時至今日，這個地區仍不斷有民族紛爭發生（參見P332）。

過去俄羅斯帝國以軍事征服人口稀少的西伯利亞狩獵民族和中亞的回教徒世界，在歐亞大陸北部建立起廣大的殖民地帝國。然而一九一七年俄羅斯革命之後，殖民地問題並未獲得解決，俄羅斯當局僅以社會主義意識形態含糊帶過，這便是造成日後民族紛爭不斷的原因。

一四八〇年自蒙古人長達兩百年的統治中獨立時，莫斯科大公國的領土只有八萬平方公里，但到了十六世紀前葉，已經擴大為四百三十五萬平方公里。而從十六世紀後葉至十七世紀，為了尋求提供俄羅斯主要出口產品「毛皮」材料的黑貂，許多俄羅斯人紛紛移居西伯利亞，遷移人口從一六二二年的二萬三千人增加為一七〇九年的二十三萬人。

為何俄羅斯需要將領土擴展至如此大的規模？這是因為俄羅斯長期持續農奴制，民眾的生活困苦導致國內市場規模過小，拓展市場遂成為當務之急，因此俄羅斯才會計畫以軍事征服擴大領土。若以平均值計算，一七〇〇年到一九〇〇年之間，俄羅斯的領土平均一天以一百平方公里的驚人速度持續擴大。

取得中國沿海地區

當俄羅斯南方的中國清朝正為了太平天國及第二次鴉片戰爭（參見P122）忙得不可開交之際，欲利用黑龍江做為水路的俄羅斯以

歷史筆記 十八世紀中葉以後，俄羅斯為尋求高價的海獺皮，橫跨北太平洋從阿拉斯加南下至加利福尼亞，然後前往北千島。

外交策略取得了中國廣大的領土。一八五八年，俄羅斯以武力威脅黑龍江的清朝地方官，強迫其在同意割讓外興安嶺和黑龍江之間六十餘萬平方公里領土的璦琿條約上蓋章。一八六〇年，俄羅斯又要求清朝割讓烏蘇里江以東的四十萬平方公里，做為俄羅斯公使在第二次鴉片戰爭時居中調停，協助英法兩國與清朝談和的報酬。

吞噬中亞的伊斯蘭圈

接著，俄羅斯將居住於中亞廣大草原的哈薩克族納入自己的保護下。之後，在與明治維新同一時期的一八七三年，又併吞土耳其血統烏茲別克族的布哈拉、希瓦兩汗國，一八七五年併吞中亞的費爾干納地區，一直到一八八〇年，成功取得廣大的土地做為殖民地。

當俄羅斯逼近阿富汗時，英國為了保護在印度的權益，於第二次阿富汗戰爭（一八七八～一八八〇）時取得阿富汗做為保護領，正面與俄羅斯對抗（參見P115）。

● 工業革命時期的世界貿易

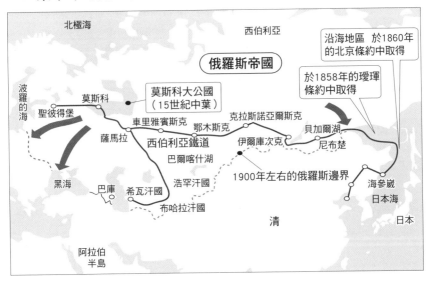

北愛爾蘭紛爭的發展

　　歐盟（EU）的成立象徵著歐洲無國界時代的來臨。在英國，蘇格蘭要求獨立的聲浪增強，過去「民族國家」形成時期被強行處理掉的民族問題逐漸浮上檯面。在如此的時代趨勢中，北愛爾蘭紛爭也終於有了轉機。

　　一九四九年，自十七世紀以來便一直是英國殖民地的南部二十六州獨立成為愛爾蘭共和國（天主教），但居民以英國移民（新教）為主的北愛爾蘭（六州）則仍屬於英國領土。占此愛爾蘭多數派的「聯合派」（主張與英國維持統一，占60%）與主張與愛爾蘭統一的天主教「民族派」（占40%）之間紛爭不斷，三十年來已經造成了三千多人死亡，英國卻始終坐視不管。

　　一九七二年，有十四名天主教徒遭到英軍槍擊（血腥星期日事件）。事件發生後，天主教激進組織愛爾蘭共和軍（IRA）以炸彈恐怖攻擊與暗殺展開對抗。另一方面，新教也組織「阿爾斯特防衛協會」與英軍共同致力維持現狀，雙方的紛爭愈演愈烈。

　　一九七三年，英國與愛爾蘭同時加入歐盟，直到一九九八年四月之後，英國首相布萊爾及愛爾蘭首相艾恆終於同意北愛爾蘭建立自治政府，而這項決議也獲得公民投票的支持，於是由新教、天主教兩勢力共組的北愛爾蘭自治政府於同年十二月成立。

　　不過，以二〇〇〇年一月為限的IRA武裝解除並未完成，因此北愛爾蘭尚未達到真正的和平（譯注：本文截至作者截稿，IRA武裝解除命令已於二〇〇五年七月生效）。

第 3 章

世界強權美國的誕生

十三殖民地團結一致，
快速茁壯的美國

銜接南北美洲大陸的歐洲文明

　　大航海時代（十五～十六世紀）以來，南北美洲大陸被歐洲各國征服，成為了「第二個歐洲」。美洲大陸的資源被橫越大西洋而來的歐洲各國所掠奪，一次又一次地淪為殖民地，語言、社會制度、生活習慣等皆移植自歐洲，美洲的大地與人民被迫臣服於歐洲各國。

　　當時美洲大陸成為廉價資源的大型供應地及高價手工業產品的廣大消費市場，支撐著歐洲世界的快速成長。一般認為，「世界資本主義」便是在這個環大西洋世界之中開始萌芽、成長。

美利堅合眾國的誕生

　　十八世紀後葉，英國開始加強對殖民地的統治，此時由英國移民所建設的「十三殖民地」（參見P84）團結一致發動獨立戰爭。他們以參照基本人權、主權在民、社會契約說等思想所擬定的獨立宣言為基礎，建立起在歐洲也未曾有過的新型態國家。

拉丁美洲各國也紛紛獨立

　　此外，受到美國獨立與法國大革命後歐洲世界開始動搖的影響，從一八一〇到一八二〇年代，拉丁美洲各國也相繼從西班牙的統治中獨立。

　　不過，由於拉丁美洲各國獨立的主要推手是歐洲移民後裔克里奧爾人（參見P100），封建式的社會秩序並未改變，加上軍閥爭奪統治權，政情非常不穩定。也因此，即使奴隸貿易已經廢除，拉丁美洲各國依然淪為工業革命之後工業產品的消費市場及農產品的供應地，從屬於英國的經濟之下。

美國不斷向西擴展

　　成功獨立之後，美國向法國買下路易斯安那州，並在與墨西哥的戰爭中取得西部的廣大領土，欺壓西部地區原住民「印第安人」，逐漸將美洲大陸美國化。在加利福尼亞發現金礦後，美國更積極進行西部開拓，不過卻也因此導致北方和南方的紛爭，引發了南北戰爭。

　　然而，也因為南北戰爭的發生，美國得以完成了「民族國家」體制的建構。之後美國進行橫跨整個大陸的鐵道建設，並接受大量移民，西部開發因此有了急速進展，一八九〇年時美國的邊境（Frontier）消失。此時，美國的工業生產力已經超越英國成為世界第一。

　　西部開拓告一段落後，美國接著又以海洋帝國為目標。在贏得美西戰爭，接收了西班牙在加勒比海及太平洋的殖民地之後，美國便開始朝巨大市場中國前進。

●不斷擴張的美國

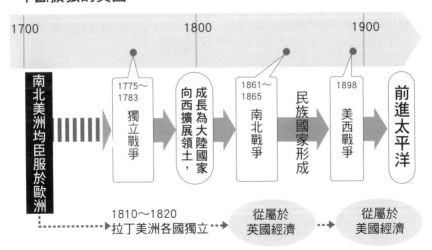

紅茶挑起美國獨立戰爭

紅茶的專賣規定讓一直是英國殖民地的美國決定脫離宗主國獨立。

起因於稅金問題

十六至十七世紀時，美國本土居住著一百萬名以上的印第安人（美國原住民），廣大的美洲大陸原是屬於原住民的土地。之後這片土地在「民族國家」之名下變成持有槍枝的白人國家，而這個轉變的契機便是美國獨立戰爭（一七七五～一七八三）。

一六〇〇年前葉開始，英國人移居美國東岸，在此建設了十三個殖民地，而宗主國英國對美國始終採取「有利的放任」政策。然而英國在法國印第安人戰爭（一七五五～一七六三）中打敗法國，取得在北美殖民地的優勢之後（譯注：法國聯合印第安人試圖阻止英國繼續在美洲擴張殖民地，但最後仍敗給英國，並割讓出殖民地加拿大），為了籌措統治殖民地的費用便開始對美國課徵比照英國國內的稅賦。

英國頒布「印花稅法」，規定報紙、宣傳手冊、證券、支票、遺囑、畢業證書、紙牌等印刷品都必須貼上印花。對此，以報刊發行者、法律專家、實業家為中心的殖民地代表高喊「無代表，不納稅」（英國議會中並沒有殖民地代表，所以殖民地人民沒有納稅義務）口號，展開抵制英貨的運動，致力廢除不平等的法律。不過，英國政府堅持國內議會擁有殖民地的立法權，因此與認為英國議會對殖民地進行不當統治的殖民地之間產生了嚴重的對立。

波士頓茶會事件加劇了對立

一七七三年，為了拯救因大量囤積紅茶而陷入經營危機的東印度公司（半官營半民營），英國政府祭出「茶葉法令」，決定讓東印度公司的茶葉以免稅方式進入美國，獨占殖民地市場。對此，占美國茶葉消費市場九成的走私商人群起反抗，極力阻止

 英國軍派駐殖民地所需的費用大約為三十六萬英鎊，英國打算讓殖民地負擔三分之一的費用，因此開始對殖民地課稅。

東印度公司的茶葉卸貨。

同年，東印度公司的茶船「達特茅斯號」載滿茶葉，停泊在波士頓港。十二月十六日夜晚，六十名假扮成印第安人的激進派人士偷襲達特茅斯號，將三百四十二箱（價值七萬五千美元）紅茶丟入海中，這便是所謂的「波士頓茶會事件」。

事件發生後，英國封鎖波士頓港，並採取禁止一切集會等對策。而殖民地也舉行第一次大陸會議，否決宗主國英國的立法權，雙方的對立愈演愈烈。

英國正規軍與殖民軍正面衝突

一七七五年，英國正規軍與麻薩諸塞殖民地的民兵（又稱「瞬息民兵」，因一分鐘之內即可改變戰鬥隊形而得名）在勒星頓和康科特爆發武力衝突，英國正規軍中了民兵的埋伏，死傷二百七十三人。也因為這次的衝突，美國獨立戰爭正式展開。

麻薩諸塞殖民地議會決定派出一萬三千六百名民兵，並在第二次大陸會議時組織起由喬治·華盛頓擔任總司令的大陸軍。美國獨立戰爭因殖民地為了反抗宗主國的無理要求而開始。

●英國的十三殖民地

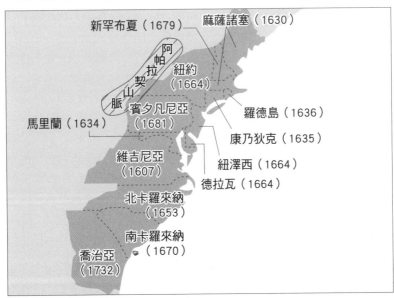

新罕布夏（1679）
麻薩諸塞（1630）
阿帕拉契山脈
紐約（1664）
馬里蘭（1634）
賓夕凡尼亞（1681）
羅德島（1636）
康乃狄克（1635）
紐澤西（1664）
維吉尼亞（1607）
德拉瓦（1664）
北卡羅來納（1653）
南卡羅來納（1670）
喬治亞（1732）

從獨立宣言到美國的成立

英國在美國的十三個殖民地原是各自為政，而「獨立宣言」將這十三個殖民地結合起來。

《常識》改變了常識

一七七六年，湯姆斯·佩恩主張「從宗主國獨立，從君主政體走向共和政體」的八頁小冊子《常識》出版，短短三個月就暢銷了十二萬冊（當時總人口約二百五十萬人）。受到這本小冊子的影響，戰爭的目的也轉變為「脫離英國獨立」。同年，由傑佛遜草擬、取得十三殖民地同意的「獨立宣言」在費城通過表決，殖民地宣布以擁護基本人權為主旨獨立。

一七七六年，美國參考華盛頓家家徽，設計出藍底上有十三顆白星呈圓形排列的星條旗。之後，隨著合眾國的州數增加，白星及紅白條紋也陸續增加。到了一八一八年，由於旗面上的紅白條紋已經變得太細，因此改以紅白條紋代表建國時的十三州，白星則代表全部的州數。

連結鬆散的十三州

獨立戰爭期間的一七七七年，十三個殖民地制定了「邦聯條例」，十三邦（合眾國憲法成立後稱為「州」）組成聯合體，各自擁有不同歷史的十三個殖民地結合在一起。

依據邦聯條例，聯合政府雖然擁有軍事、外交、州際的權限，但沒有課稅權及通商規制權，有關人與財的權限掌握在州政府手中。當時聯合政府的角色就有如現在的國際機構，由各州代表（薪水由各州負擔）組成，採取各州一票的票數表決方式，重要的議題必須有三分之二的贊成票才能通過。

一七八七年，聯合政府根據「邦聯條例」又制定了「西北法令」，讓印第安人居住的西部擁有和東部相同的權限，並規定當西部的白人超過一定人數時必須成立「州」。

歷史筆記　獨立初期美國的人口還不到三百萬，建國兩百年來已壯大為擁有五十州及兩億人口的超級大國。

拜法國所賜的勝利

獨立戰爭初始之際，由於殖民地過去一直被禁止製鐵，武器短缺問題嚴重，加上內部分裂，美國因此陷入苦戰。不過，美國派遣曾說過「時間就是金錢」這句至理名言的富蘭克林前往歐洲，一七七八年時成功地與法國締結同盟，帶回大量印有百合家徽的波旁家族槍枝，扭轉了戰局。

歐洲各國認為這是牽制霸權國家英國、實現「權力平衡」的最好機會，於是法國、西班牙、荷蘭紛紛支援殖民地作戰，而俄羅斯也聯合多國（參見下圖）結成「武裝中立同盟」，間接支援殖民地。特別是法國，於一七七八年與美國簽訂美法同盟條約，不只提供武器，還派遣了陸軍及海軍支援。

由於美國將英國主張的「內亂」轉化為國際戰爭，逼得英國在國際上陷入孤立。

●美國獨立戰爭時各國的關係

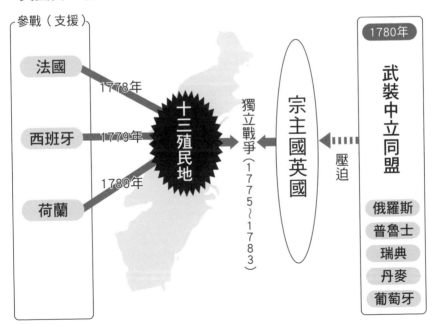

參戰（支援）

法國 ——1778年——

西班牙 ——1779年——

荷蘭 ——1780年——

十三殖民地

獨立戰爭（1775～1783）

宗主國英國

壓迫

1780年

武裝中立同盟

俄羅斯
普魯士
瑞典
丹麥
葡萄牙

以太平洋為目標持續擴大

美國往西部擴張領土的背後，有著原住民受到迫害的苦難。

新白人國家的誕生

一七八一年，華盛頓在約克鎮圍城戰役中率領九千名美軍和七千八百名法軍，攻陷七千兩百名英軍據守的要塞，獲得了決定性的勝利。一七八三年，英國在巴黎條約中承認十三州的獨立，並割讓密西西比河以東的路易斯安那。美國巧妙地將內戰轉變為國際戰爭，終於完成獨立。

被迫害的原住民

美國獨立戰爭同時也是一場穩固以白人為國家基礎的戰爭。為此，白人使用各種手段奪取印第安人的居住地，陸續開放給白人農民。

一七八七年，五十五位代表起草的美利堅合眾國憲法制定完成，一個立法、行政、司法三權分立、各州擁有強大權限的聯邦國家成立。一七八九年，喬治·華盛頓被選為首任總統（國家元首及行政領導人），然而獨立初期美國的財政非常艱苦，華盛頓甚至還曾退回自己的薪水。

合眾國憲法第三條規定，聯邦議會眾議院的議員名額按照人口比例在各州進行分配，但是不列為課稅對象的原住民必須排除在外，他們不被認為是合眾國的成員。此外，黑人也被規定只能占自由人的五分之三，並未被視為正式的國民。而獨立宣言的起草者傑佛遜本身是擁有一萬多英畝土地及大約兩百名奴隸的資產家，他個人並沒有解放黑奴的意願。

一八○三年，美國第三任總統傑佛遜以一千五百萬美元（一英畝〔約每四千零四十七平方公尺〕不到美金三分的價格）向法國拿破崙一世購買密西西比河以西的路易斯安那（國土擴大為兩倍），統治領土廣及落磯山脈。

 歷史筆記　印第安人中最強大的切羅基族，被迫在冬季從居住地密西西比遷移到奧克拉荷馬，一萬二千人當中有四分之一在途中倒下。

轉型為大陸國家

　　之後，美國又於一八一九年以五百萬美元的低價向西班牙買進佛羅里達，一八四五年時併吞墨西哥領土德克薩斯，一八四八年美墨戰爭時戰勝墨西哥，併吞加利福尼亞（以武力戰勝，但形式上仍支付了一千五百萬美元），美國成為橫跨大西洋及太平洋的大陸國家。

　　這些地區原本是原住民印第安人的居住地，美國人以「天命」為由強迫印第安人遷移到貧瘠的土地（居留地），不服從者便以武力鎮壓。特別是一八三○年傑克森總統任內成立的「印第安人移居法」，更是強制要求印第安人遷移至規定的區域。

　　哥倫布登陸美洲大陸時，據估計當時北美地區的印第安人大約有一百萬人，然而一八六○年人口普查時只剩下四萬四千人。

●往西擴張領土的美國

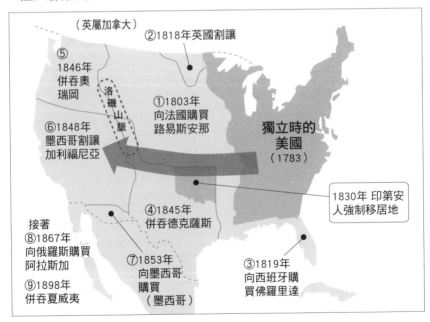

（英屬加拿大）

②1818年英國割讓

⑤1846年併吞奧瑞岡

洛磯山脈

①1803年向法國購買路易斯安那

⑥1848年墨西哥割讓加利福尼亞

獨立時的美國（1783）

1830年 印第安人強制移居地

接著⑧1867年向俄羅斯購買阿拉斯加

⑨1898年併吞夏威夷

④1845年併吞德克薩斯

⑦1853年向墨西哥購買（墨西哥）

③1819年向西班牙購買佛羅里達

南北方為了西部問題而對立

講求自由主義的北方與屬行奴隸制的南方，雙方為了堅持自己的立場而僵持不下，此時新州對於立場的表態更激化了雙方的衝突。

淘金熱帶動西部開拓

一八四八年，在加利福尼亞發現金礦的消息傳到東部後，短短一年之間有八萬多個期望一獲千金的男性（四十九人隊）分別從海路及陸路來到加利福尼亞。之後，邊境的開發急速展開。

一八五三年，佩理將軍為了尋求捕鯨船的停靠港而抵達日本浦賀，那正是淘金熱之後不久的事。當時在美國，擷取鯨油做為街燈燃料的捕鯨是一大產業，而捕鯨船一出港便有兩年無法回港，因此必須尋找可以供給水、蔬菜、煤炭的補給基地。此外，一八六七年時美國以每公頃約五分、總計七百二十萬美元的超低價向財政惡化的俄羅斯買下阿拉斯加，此舉被反對派譏為買下「北極熊的動物園」。

北方的自由主義與南方的奴隸制

獨立戰爭後，十三州（殖民地）鬆散連結組成美國，但國家的整體雛形仍未完整。當時美國北方雖亟欲確立強大的集權體制並整建「民族國家」結構，與做為英國的棉花供應地而依附在英國經濟體系下、提倡州權主義的南方僵持不下。

南方栽種棉花動員了大量的黑人奴隸，然而北方堅決反對奴隸制，雙方的對立愈來愈嚴重。由於棉花的栽種會導致土地貧瘠，同一塊土地無法重覆栽種，因此南方的奴隸制便逐漸往西部擴展。

當時美國北方試圖將奴隸制封鎖在南方，但是南方卻想要將奴隸制普及到西部。不承認奴隸制的「自由州」與承認奴隸制的「奴隸州」州數，成為北方與南方角力的指標，以西部問題為主的南北對立愈演愈烈。

特別是美墨戰爭（一八四六～

歷史筆記 史托夫人長期援助從肯塔基逃亡的奴隸，她出版的《湯姆叔叔的小屋》是一年賣出三十萬冊的暢銷著作。

一八四八）時從墨西哥手中奪取的加利福尼亞、猶他、新墨西哥等地要成為奴隸州或自由州，對南方而言是重要的問題，也成為南方與北方之間持續不斷的火苗。

南北對立隨著西部開拓而激化

隨著西部開拓持續進行、不斷有新的州成立，為了讓新成立的州成為自由州或奴隸州，南北之間的對立越發激烈。在自由州與奴隸州同為十一州的一八二〇年，南北方締結密蘇里妥協案，以劃定北緯三十六度三十分以北為自由州為條件，承認密蘇里州成為奴隸州。不過，一八五二年史托夫人以人道立場描寫奴隸制罪惡的《湯姆叔叔的小屋》發行後，北方開始為奴隸制感到可恥，認為必須廢除奴隸制的聲浪也隨之高漲。

一八五四年，當美國準備批准堪薩斯、內布拉斯加兩地區建州時，在南方的積極推動之下，密蘇里妥協案遭到撤消，各州要成為自由州或奴隸州必須由州民投票決定的新原則成立。之後，南方和北方的對立關係再度緊張。

●南北對立從自由州與奴隸州開始

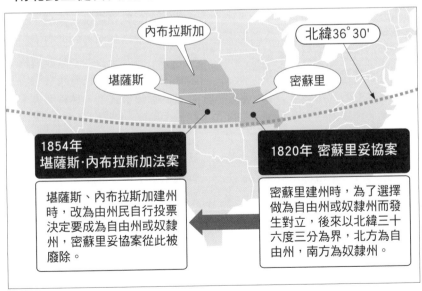

內布拉斯加

北緯36°30'

堪薩斯

密蘇里

1854年 堪薩斯・內布拉斯加法案

堪薩斯、內布拉斯加建州時，改為由州民自行投票決定要成為自由州或奴隸州，密蘇里妥協案從此被廢除。

1820年 密蘇里妥協案

密蘇里建州時，為了選擇做為自由州或奴隸州而發生對立，後來以北緯三十六度三分為界，北方為自由州，南方為奴隸州。

自悲慘內戰重生的美國

南北戰爭讓美國幾乎就要一分為二。在歷經美國史上死傷最慘重的內戰之後，美利堅合眾國終於再度統一並重生。

出身北方的林肯總統

一八六〇年的總統大選，從肯塔基州貧窮農民子弟一躍而起的林肯獲得約59％的選民支持贏得大選，以往由南方獨占的總統寶座首度由北方取得。林肯採取穩健的立場，認為棉花的栽種會造成土地貧瘠，若沒有辦法取得新農地，奴隸制終有一天會自然消失。

不過，懷抱著強烈危機意識的南方六州（後來增至十一州）於隔年一八六一年成立「美利堅邦聯」，另行選出總統試圖脫離合眾國。不過林肯極力維持聯邦，他引用聖經當中的一句話：「若一家自相紛爭，那家就站立不住」，拒絕國家分裂。於是，南方軍攻擊位於南方勢力圈內查理斯敦港的薩姆特堡，一八六一年四月，南北戰爭正式爆發。

持續四年的悲慘內戰

北方認為南方如此主張分離的行為是對美利堅合眾國的「背叛」。南北戰爭初期，南方居於優勢，但後來林肯封鎖南方海岸線，並於一八六三年頒布「解放奴隸宣言」解放黑人奴隸，此舉獲得歐洲及國內的支持，北方取得政治上的優勢，而此時英國也停止干涉美國內戰。

歷經南北兩軍共陣亡二萬三千人的蓋茨堡戰役之後，人口、工業等各方面都超越南方的北方處於優勢，一八六五年，北方終於取得了最後的勝利。之後在蓋茨堡戰役戰亡者的追悼儀式上，林肯發表了著名的「民有、民治、民享」主張。

一八六四年，林肯再次當選總統。當時林肯表示：「惡無對人，善施眾生」，以仁厚之心對待南方軍。然而，內戰結束後不久，在戲院看戲的林肯總統被激烈的南方主義者從背後射殺身亡。

 歷史筆記　南方以擁有英國式傳統而自豪，輕視受到其他文化影響的北方人，稱他們為「Yankee」。因此，也有人將美國內戰看成是一場傳統保衛戰。

當時美國的人口大約三千萬人，南北戰爭時死傷了六十二萬人（北軍約三十六萬人，南軍約二十六萬人），高達總人口的2％（男性的4％），所耗費的戰爭費用為五十億美元，真是一場極為悲慘的內戰。

這場內戰是美國史上最大的戰爭，不過由於這場戰爭，美利堅合眾國終於成為一個由北方領導的統一國家。

● **南北戰爭的結構**

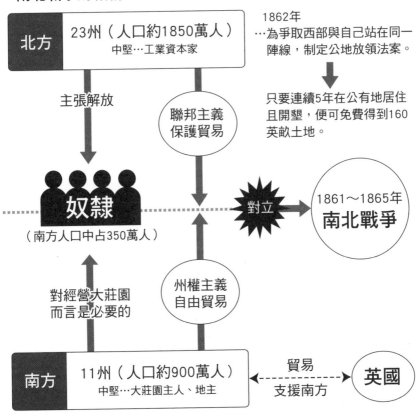

移民和鐵道讓美國急速成長

來自各國的移民湧入美國，移民人潮成為推動美國工業和農業的強大動力。

半調子的黑人政策

南北戰爭後，憲法增修第十三條（解放奴隸宣言明文化），黑人奴隸獲得解放。然而，得到解放的黑人沒有土地，只能向白人地主承租狹小土地成為佃農，繳交二分之一到三分之一的農作物充做租金，或者流入都市淪為遊民。而根據一八六七年通過的「重建法案」，南部各州被北方軍軍事占領，並被迫必須賦予黑人普通選舉權，不過這些最後都被廢除了。

開拓西部的動脈—橫越大陸的鐵道

從南北戰爭期間一直到戰後，美國北方已逐漸具備了經濟發展的條件。一八六二年保護國內產業的高稅率「莫里爾法案」及一八六三年的「國家銀行法」提高了美國的產業競爭力，而一八六二年的「公地放領法案」規定二十一歲以上的公民只要移居西部並耕種五年，就可以免費獲得一百六十英畝（約二十萬坪）的土地，促進了西部的開拓。

不過對於西部的開拓，最重要的莫過於交通動脈——鐵道的建設。由於鐵道建設成為國家級計畫，政府也提供了許多方便給鐵道建設公司。一八六九年，聯合太平洋鐵路和太平洋鐵路在猶他州的普羅蒙特里接軌，第一條貫穿美國大陸的鐵道完成。當時兩家鐵路公司每建設一英哩（約一‧六公里）鐵路，便可免費獲得二十平方英哩（約五十一‧八平方公里）的土地。

美國政府免費提供高達一億八千萬英畝的土地（相當於法國、比利時、荷蘭的總面積）給鐵路公司，並給予低利率貸款，使得美國鐵路的總距離在一八八〇年之後的十年間，從十五萬公里延伸到

歷史筆記 一八九〇年，美利堅合眾國鐵路公司的收益高達十億美元，是聯邦政府歲收的兩倍半。

二十六・二萬公里，加速了西部的開發。

從歐洲湧入的移民

美國成長的原動力是為數眾多的移民。從一八五〇年到第一次世界大戰為止，歐洲四億人口的一成移居美洲大陸，其中的四分之三流入美國。美國的人口從一八五〇年的二千三百萬人，急速增加到一九一〇年的九千二百萬人，而邊界（一平方英哩的人口不到兩人的地區）也在一八九〇年時消失。

伴隨西部開發而來的美國國內市場的擴大，以及成為廉價勞動力的移民持續流入，讓美國工業得以急速成長。一八九四年，美國的工業生產力已經晉升為世界第一，一九一四年時更是遠遠超過英、德、法三國的總合。靠著調度軍需在南北戰爭發跡的洛克斐勒家族，成為掌握全美95％的石油、並擁有鐵路及銀行的大財閥。同樣地，摩根家族也因南北戰爭而致富，旗下擁有鐵路、電信電話、電燈、銀行、鋼鐵公司、奇異公司等企業。一九〇三年，美國五成的財富掌握在1％的國民手中。

●南北戰爭後美國急速成長

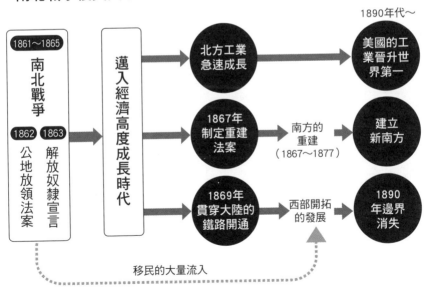

美國進軍太平洋的契機

古巴問題引發了美國與西班牙的戰爭，之後美國急速地將版圖伸向太平洋。

愈發重要的加勒比海

截至一八八〇年代為止，美國一直是個內陸國家，到了邊界消失後的一八九〇年代，在馬漢將軍的主張之下美國創立艦隊與海軍部隊，開始覬覦海上的霸權。因此，取得位於美國與南美洲之間、同時又與西部連接的加勒比海的統治權，成為美國最重要的政治課題。

加勒比海海域內最大的島嶼古巴是西班牙的殖民地，但實質上卻為美國資本所支配（美國資本家投入五千萬美元資金，島上生產的砂糖有四分之三銷往美國）。當時古巴發生由馬蒂等人所領導的反西班牙叛亂，而主張膨脹主義的美國第二十五任總統馬京利以保護島上的美國人為藉口，派遣最新型的戰艦「緬因號」前往哈瓦那港。

一八九八年二月十五日，緬因號突然離奇爆炸沉沒，造成船上二百六十六名人員死亡，「勿忘緬因號」的黃色新聞（譯注：指利用聳動標題和大量圖片以吸引讀者並增加銷路的報紙）席捲美國。同年四月，美國政府以緬因號事件為由向西班牙宣戰（美西戰爭）。

輝煌的小戰爭及合併夏威夷

議會決議發動戰爭後，在正式發出宣戰通告之前，由杜威將軍指揮的美國遠東艦隊從香港出發，攻擊發動獨立叛亂的西班牙殖民地菲律賓，占領了馬尼拉。

正如美國國務卿海約翰所形容的「輝煌的小戰爭」，美西戰爭僅歷時四個月就結束。之後西班牙承認古巴的獨立，甚至割讓波多黎各、關島，並將菲律賓以兩千萬美元賣給美國。美國成功地鎮壓住阿奎納多領導的菲律賓獨立運動，連結起夏威夷、關島和馬尼拉，確保了前進東亞的路徑。

需要為巨大的生產力尋找出

歷史筆記　阿奎納多發起獨立運動後，孫文說服日軍運送一萬隻短槍到菲律賓，不過運送的船隻不幸沉沒，計畫因此失敗。

口的美國，將中日戰爭戰敗後逐漸衰弱的中國看成是一個擁有三億人口的廣大市場。一八九九年，美國國務卿海約翰提出「門戶開放政策」，要求均等的通商機會，向世界各國昭告自己在中國擁有利權，打算以中國的廣大市場取代邊界。

此外，也有許多美國人移居夏威夷，一八九一年主張民族主義的利留卡拉尼女王（譯注：統治夏威夷群島的最後一位君主）即位時，夏威夷的

土地有三分之二為美國移民所有。後來，美國移民得到美國海軍部隊援助，於一八九三年發動政變，推翻卡米哈米哈王朝建立共和國，並要求與美國合併。

美西戰爭中的一八九八年，馬京利總統將戰爭時做為補給基地、扮演著重要角色的夏威夷納入美利堅合眾國，當時夏威夷的人口中有兩成是日本移民。

●美國藉著美西戰爭前進太平洋

巴拿馬運河的建設讓美國成為海洋帝國

在巴拿馬建築運河，解決了美國西岸到東岸遙遠的航線問題。

東西岸距離太過遙遠

美國在美西戰爭中贏得勝利，搖身一變成為海洋帝國。而由於馬京利總統遭到暗殺，老羅斯福於一九〇一年就任美國總統，開始積極投入連結大西洋與太平洋的水路建設，稱霸加勒比海。

美西戰爭時，美國戰艦「奧瑞岡號」從舊金山回航加勒比海，途中經由南美的麥哲倫海峽，整個過程竟耗費了六十八天。因此對美國而言，在中南美洲建設運河絕對是必須之舉。

運河建設促使巴拿馬獨立

巴拿馬運河的建設計畫由當年在埃及開通蘇伊士運河的七十六歲法國人雷賽執行，於一八八一年開始動工。但由於工程困難重重，雷塞背負了十四億法郎的債務後宣布破產，計畫在一八八九年宣告失敗。之後美國買下建設運河的權利，與哥倫比亞政府簽訂條約，以押金一千萬美元及每年二十五萬美元的租金取得運河地帶九十九年的租借權。不過，哥倫比亞上議院要求加額，所以沒有批准條約。

於是美國支援巴拿馬州大地主發動約千名私人兵進行叛亂，一九〇三年時巴拿馬州自哥倫比亞獨立，成為巴拿馬共和國。當時，美軍派遣軍艦前往巴拿馬海岸，阻止哥倫比亞政府軍上岸。

連結兩大洋的海洋帝國出現

美國與巴拿馬共和國簽訂「海約翰—比諾—瓦里亞條約」，以押金一千萬美元及每年二十五萬美元的租金取得運河的建設權和運河地帶的租借權（寬十六公里、面積八百九十平方公里）之後，於一九〇四年開始著手建設運河。美國投

歷史筆記 雷賽失敗的主要原因是瘧疾，於是美國花了三年時間鏟平運河地帶的叢林，將濕地的蚊子驅除之後才開始建設運河。

入三億七千五百萬美元的鉅額及四萬名以上的人力，終於在十年後的一九一四年，也就是第一次世界大戰爆發後的兩星期，完成了閘門式全長六十公里的巴拿馬運河。

運河開通的結果，舊金山經麥哲倫海峽到紐約之間的一萬三千六百英哩縮短為五千三百英哩。巴拿馬運河的建設不僅連結起美國的東部與西部，在軍事方面，美國也因此成為橫跨大西洋與太平洋的海洋帝國，正式登上世界史的舞台。而今巴拿馬運河已於一九九九年底從美國手中歸還給巴拿馬。

古巴成為加勒比海的據點

美西戰爭結束後，美國於一九〇一年承認古巴獨立，在古巴憲法中加入承認美國的介入權及同意美國建設海軍基地的修正條款。美國在古巴建設了巨大的關塔那摩基地，古巴實質上成為美國的保護國，也是美國在加勒比海的據點。

● **巴拿馬運河**

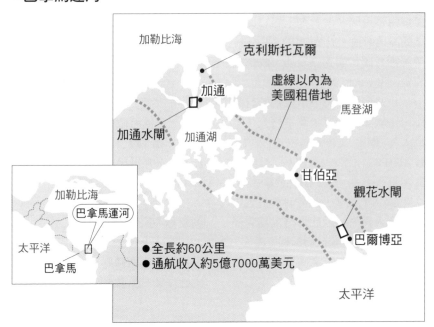

民族國家熱潮也吹至拉丁美洲

拉丁美洲各國雖然試圖效法美國獨立，但由於社會體系尚未成熟，只是徒增混亂而已。

南美洲各國致力成為民族國家

　　拉丁美洲在過去是西班牙及葡萄牙的殖民地，受到美國獨立、法國大革命以及啟蒙思想的影響，一八一〇到一八二〇年代之間不斷出現獨立運動，陸續成為獨立國家，而各國獨立運動的中堅分子是歐洲移民的子孫克里奧爾人。拉丁美洲幅員遼闊，占有全世界15％以上的陸地面積，以及6％的人口。拉丁美洲各國相繼獨立成功，成為世界史上重要的歷史事件。

　　一八〇〇年時，殖民地的行政由宗主國派遣的三十萬本國人（半島人）（譯注：意指出生於伊比利半島、移居或任職於南美洲的歐洲人，半島人的社會地位高於在中南美洲出生的歐洲後裔克里奧爾人）執掌，貿易的利益也由本國商人獨占，因此，殖民地對輕視殖民地的宗主國政府深感不滿。

　　一八一〇年，拿破崙軍隊占領西班牙，陷入政治危機的宗主國無暇顧及殖民地，於是拉丁美洲各國開始展開獨立運動。一八一一年委內瑞拉宣布獨立，一八一三年起，委內瑞拉出生的西蒙・玻利瓦爾成為獨立運動的領導者。

　　西蒙・玻利瓦爾十二歲時前往西班牙留學，後來轉往法國及英國，接觸到啟蒙思想的相關著作，還學習了拿破崙的兵法。他於一八一九年建立大哥倫比亞共和國並就任總統，接著解放了祕魯、上祕魯（後來稱為玻利維亞），被譽為「解放者」，「玻利維亞」就是為了紀念他而命名的。此外，葡萄牙殖民地巴西也達成了不流血的獨立，到十九世紀中葉為止，拉丁美洲共誕生了十八個共和國。

獨立成功之後

　　將拉丁美洲視為歐洲世界一部分的維也納體制（參見P54），試圖派遣干涉軍鎮壓一連串的獨立

歷史筆記 拿破崙入侵葡萄牙之際，葡萄牙國王逃往巴西建立了亡命政權。當國王返回葡萄牙後，獨立運動席捲巴西，於是留在巴西的王子加冕稱帝，宣布巴西獨立。

運動。對此，美國第五任總統門羅於一八二三年的年度國情咨文中主張：「歐洲各國與美洲大陸各國互不干涉，歐洲各國的干涉是對美國和平及安全的威脅」（門羅宣言），免除了歐洲各國的干涉。英國外交大臣甘寧也為了取得在中南美洲的經濟優勢而承認各國的獨立。

不過，拉丁美洲各國雖然完成獨立，社會改革卻是毫無進展。英國於是利用這一點，將拉丁美洲當成糧食、原料的供應地及工業產品的消費市場，納入英國的經濟圈中。

完成獨立的拉丁美洲新興獨立國都擁有效法美國憲法所制定的卓越憲法，但是富裕的地主階級利用私人武力將國家體系私有化的傾向愈來愈嚴重。此外，貧窮的民眾也對具軍事實力的軍閥懷有救世主的幻想。因此，拉丁美洲的政局極不安定，政變不斷發生。

● **拉丁美洲獨立的結果**

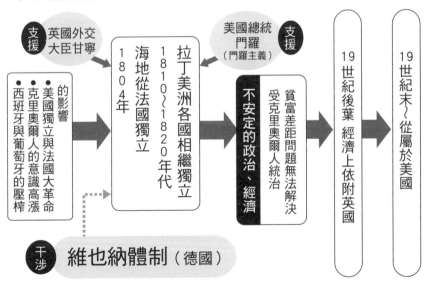

拉丁美洲政局為何持續動盪不安？

剛完成獨立的拉丁美洲各國由於缺乏國家的整體感，因此部分具有軍事實力者把國家視為私人財產。

被私有化的國家

在拉丁美洲各國，以來自歐洲的共和思想為基礎組成的「自由黨」與以天主教教會為核心的「保守黨」紛爭不斷，「民族國家」的建設始終無法步上正軌。再者，殖民地時代的人民自治組織和殖民地議會並不發達，因此各地以都市為中心的地方分離主義傾向愈來愈強烈，地方大多不會理會中央政府的指揮。

在如此徒有「國家」形體卻無法實際運作的情況下，「軍閥」（擁有私人武力及部屬的有力人士，政治首腦）開始運用私人武力掌握政權，恣意妄為地統治各地區。所謂的國家體系被這些具有軍事實力的軍閥當做私人財物，這樣的情形一直持續到一八七〇年左右為止。

各國隨著投資熱潮與出口急增而改變

到了一八七〇年代，拉丁美洲各國終於意識到自己與歷經工業革命、社會脫胎換骨的歐洲比較之下相形「落後」，於是開始致力追求「進步」。當時正值歐洲經濟的新成長期，歐洲對拉丁美洲各國原材料及糧食的需求急速增加。於是，來自國內外的投資熱潮興起，外銷的初級產品（米和石油等未經加工的產品）的生產量急速成長。

例如巴西的里約熱內盧與聖保羅陸續興起咖啡熱潮（一九一三年左右，巴西的咖啡生產量占全世界的60%），阿根廷羊毛、小麥、冷凍牛肉的出口量增加，平均每人國民所得已經與東歐相等，而布宜諾斯艾利斯也成為物資的出口港，發展極為迅速。

各國出口產品的產量大幅成長，開始左右國內的經濟。例如墨

歷史筆記 統治阿根廷的羅薩斯是典型的軍閥，他規定每個家庭都要掛上他的肖像，不遵守者必須接受處罰。

西哥建設鐵路並開發銀礦和銅礦、智利開採硝石、古巴生產砂糖、中美洲種植香蕉、厄瓜多爾出口可可亞等，各國的單一栽作經濟逐漸形成。

新政治勢力的出現

不過，一九二九年經濟大蕭條發生後，向來依賴出口初級產品的拉丁美洲經濟由於出口量減少及出口價格暴跌而受到很大的打擊。在如此的局勢中，因過去經濟繁榮而崛起的勞工階級和白領階級成為新的政治推手，開始致力於實現社會公正和經濟的多角化、自立化。而既存的統治階級也不得不採取擴充社會福祉、強化對外資的規範等政策來對應，有時甚至必須採取強權政治，利用軍隊力量來鎮壓對抗勢力。

●政局不安定的拉丁美洲

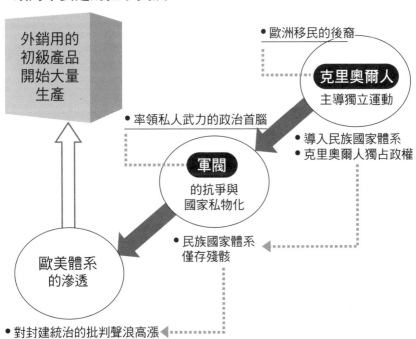

外銷用的初級產品開始大量生產

● 歐洲移民的後裔

克里奧爾人
主導獨立運動

● 率領私人武力的政治首腦

● 導入民族國家體系
● 克里奧爾人獨占政權

軍閥
的抗爭與國家私物化

歐美體系的滲透

● 民族國家體系僅存殘骸

● 對封建統治的批判聲浪高漲

脫離歐美統治的大洋閘口
——巴拿馬運河

　　一九○三年巴拿馬共和國與美國締結巴拿馬運河條約（譯注：即海約翰—比諾—瓦里亞條約），劃定運河地帶（運河兩岸寬十六公里）為美國屬地，巴拿馬每年收取二十五萬美元的租金。

　　由於巴拿馬位於美國戰略的重要地域上，因此美國在巴拿馬建設美軍基地，實質上將巴拿馬全土納入統治。不過第二次世界大戰之後，巴拿馬的反美抗爭日趨激烈，強烈要求美國歸還美軍基地。於是美國於一九四六年撤除運河周邊以外的基地，並於一九五○年成立巴拿馬運河公司，採取獨立核算制的經營，兩國的關係得到改善。

　　然而，一九五六年埃及總統納瑟宣布將經營權屬於英國的蘇伊士運河改為國營，排除以色列、英國及法國軍隊的干涉，成功取回蘇伊士運河。受到這件事的影響，巴拿馬也開始致力於運河的國有化，反美運動再度燃起。於是，美國不得不坐到談判桌前，一九七七年時與巴拿馬簽訂新巴拿馬運河條約，約定於一九九九年十二月三十一日全面歸還巴拿馬運河。

　　由於美軍擔心失去在中南美洲的戰略據點，遂以巴拿馬軍事強人諾瑞加將軍參與毒品交易為由，在一九八九年進攻巴拿馬，將他逮捕回美國處以四十年的有期徒刑。之後巴拿馬雖然短暫地建立起親美政權，但主權被美軍侵犯的巴拿馬國民反美情緒依然強烈，不久後選出支持諾瑞加將軍的民主革命黨籍總統。

　　最後美國不得不在一九九九年底全面撤出巴拿馬，並交出巴拿馬運河的管理權。

第 4 章

受盡災難的亞洲

世界所有地區淪為歐洲邊陲

歐洲蠶食世界

十九世紀的歐洲因結合工業革命所帶來的新技術以及「民族國家」這項新體系而擁有了壓倒性勢力，並藉助強大武力逐步吞噬亞洲、非洲各地區，將這些地區納為自己的殖民地及勢力圈。

日益擴大的工廠聚落需要原料與糧食，也急需拓展市場，於是成為推動歐洲勢力的助力。而被殖民的各地區則在不斷對變化感到困惑、力圖抵抗，或嘗試接受歐洲文明的反覆過程中，逐步地被納入歐洲的國際秩序中。

鄂圖曼帝國的衰亡

橫跨歐、亞、非三大陸的鄂圖曼帝國原是以伊斯蘭教統合的宗教帝國，但卻被歐洲的民族主義壓倒並毀滅。逐漸衰弱的鄂圖曼帝國雖然也嘗試導入歐洲體系，但是效果不彰。一八七八年「柏林條約」簽訂後，鄂圖曼帝國在歐洲的領土幾乎消失殆盡。

自位於埃及的蘇伊士運河開通後，鄂圖曼帝國領土的戰略地位越發重要，當時歐洲各國為了擴張在鄂圖曼帝國領土的勢力，不斷爆發激烈的爭奪戰。

印度成為英國的殖民地

在此時期，印度已經完全淪入英國的統治下。趁著統治印度的蒙兀兒帝國混亂之際，英國東印度公司利用印度傭兵在十九世紀中葉左右完全征服印度。

一八五七年發生的印度反英暴動被鎮壓的同時，蒙兀兒帝國也被滅亡。之後英國撤除東印度公司，印度變成「印度帝國」，徹底成為英國的殖民地。

遭歐洲各國瓜分的中國和非洲

即便是在具有獨特的區域國際秩序、且自主性極強的東亞世界，中國清朝也在鴉片戰爭之後被套入世界市場體系中。此外，中國又在英法兩國趁著太平天國造成動盪之際所發動的鴉片戰爭中戰敗，於是被編入歐洲的民族國家體制中。

之後，日本的明治維新及清朝的洋務運動等都設法導入歐洲文明。不過，當清朝在中日甲午戰爭敗給日本之後，歐洲各國察覺清朝已經逐漸衰弱，於是開始積極「瓜分中國」，急速地在中國劃定各自的勢力範圍。

另一方面，受到嚴苛的自然條件影響，列強對非洲內陸的征服雖一度受阻，但被稱為「黑暗大陸」的非洲最後還是無法逃離歐洲的魔掌。在為了調停爭奪剛果的糾紛所召開的柏林會議中，歐洲各國明訂出「瓜分的原則」，之後在一八八〇年代中期開始的二十年之間，非洲幾乎已被分食完畢。

●歐洲對亞洲及非洲的征服

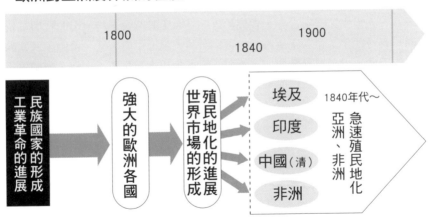

歐洲自以為是的使命

認為只有自己不斷在進步的歐洲仗著壓倒性的軍事力，以自以為是的理論征服亞洲各地區。

「文明化」是歐洲的使命？

　　工業革命的結果，取得壓倒性生產力的歐洲開始對新體制和固有「進化主義」的價值抱持過度的自信，他們輕視停滯不前的亞洲文明，認為必須救助比自己「文明」落後的亞洲。而歐洲各國高揭的「自由主義」只是「自由貿易」的前提，這是已經成為經濟強者的歐洲，企圖讓亞洲各國從屬於自己的經濟體系下的藉口。

　　自拿破崙戰爭結束後的一八一五年到第一次世界大戰開始的一九一四年為止，在這將近一百年的時間，世界貿易額從二十億美元增加到四十倍的四百億美元（人口增加兩倍），其中三分之二為歐洲各國所有，歐洲經濟以猛烈的氣勢不斷發展。

進化論的另一個影響

　　將自身的文明普及到各地之後，歐洲人傲慢地將征服亞洲當成「崇高的使命」，將反抗自己的行為視為「野蠻」並加以鎮壓，而支撐這種想法的科學根據便是達爾文所提出的、論述自然界中「適者生存」及「優勝劣敗」的「進化論」。特別是十九世紀末葉以後，「國家」與「民族」也被視為生物界的一個「種」，強者征服弱者的行為被合理化。

亞洲深為歐洲勢力所苦

　　工業革命之後出現的技術革新及大規模生產方式，帶動了武器的進步和大量生產。大砲、來福槍不斷改良，子彈大量生產，美國在南北戰爭中使用了最早的機關槍──格林機槍。

　　當英國的維客思和阿姆斯托朗、法國的克勒索・盧瓦爾、德國的克魯伯等兵器公司開始大量生產槍枝和大砲，歐洲的軍事力量遠遠

歷史筆記 歐洲人自詡為背負「白人重任」的菁英，具有讓地球文明化的責任，將侵略行為合理化。

勝過亞、非等其他各洲，亞洲各國已無力阻擋歐洲的侵略。要對抗在軍事、經濟、政治各方面都具有壓倒性實力的歐洲，對亞洲各國而言是極為艱難的事。

當時的亞洲有三個擁有強大勢力的巨大帝國，分別是由外部民族征服建立的鄂圖曼帝國（土耳其）、蒙兀兒帝國，以及大清帝國。歐洲巧妙地利用三個帝國本身的矛盾使其衰亡，然後將他們置入自己的經濟及政治體系中。許多國家和地區利用宗教的力量動員民眾，試圖對抗歐洲的侵略，但最終都臣服在歐洲各國壓倒性的軍事力量之下。

十九世紀到二十世紀初對亞洲和非洲各部落而言是個「屈辱的時代」，歐洲各國進入亞、非各地區之後，為了自身的利益開始建設鐵路、開發礦山和農場，並導入歐洲體制，將這些地區編入自己的世界。

●歐洲的使命

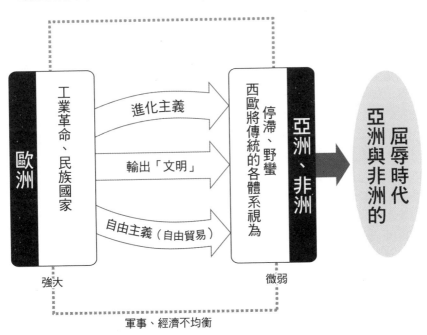

鄂圖曼帝國因民族主義抬頭而解體

曾經輝煌一時的大伊斯蘭帝國鄂圖曼也因為民族運動與歐洲各國的干涉而走向滅亡。

自立更生的埃及和巴爾幹半島

由許多民族構成的鄂圖曼帝國（土耳其），因為埃及的獨立運動、巴爾幹半島各族的民族運動，以及歐洲列強的干涉而急速地衰退。民族運動的起點是希臘獨立戰爭（一八二一～一八二九），希臘得到俄羅斯、英國、法國的援助，一八〇三年時成功地脫離鄂圖曼帝國獨立（參見P56）。

當時埃及接受法國的援助推行富國強兵及殖產興業政策，擁有了強大的軍力。埃及的大公穆罕默德·阿里為了向鄂圖曼帝國要求獨立及擴張領土，一共發動了兩次戰爭（土埃戰爭），紛爭最後在英國的主導下獲得解決。在一八〇四年的「倫敦條約」中，鄂圖曼帝國承認埃及大公的世襲制，埃及脫離帝國實現了獨立。

而在列強的援助和干涉下，巴爾幹半島的民族運動愈演愈烈，

十九世紀中葉之後，羅馬尼亞、塞爾維亞、蒙特內哥羅、保加利亞相繼獨立成功。最後在俄土戰爭之後的「柏林會議」（一八七八）中，鄂圖曼帝國大幅失去了在歐洲的領土（參見P76）。

由上而下的改革並非易事

受到因工業革命而急速茁壯的歐洲各國的威脅，以及為了阻止穀倉地帶——西歐化的埃及分離出去，鄂圖曼帝國開始效法埃及由上而下進行西歐式改革，試圖重建體制。

一八二六年，鄂圖曼帝國廢除傳統軍隊，編制西歐式的軍隊。一八三九年開始實行稱為「坦志麥特」（Tanzimat，土耳其語「改革」之意）的西歐化政策，試圖實現（一）專制政治的改革；（二）公平課稅；（三）徵兵制；（四）公開審判等事項，不過改革終究沒

 歷史筆記　鄂圖曼帝國在一八五四年開始接受外債之後，二十年間共獲得十七次的貸款，但大部分都浪費在宮廷費用上。

有成功。而勉強施行的改革以及因俄羅斯南下所發動的克里米亞戰爭等，相繼的戰爭費用也讓鄂圖曼帝國的財政破產。再加上一八七五年時英、法等六國的債務管理局取走鄂圖曼帝國的徵稅權做為抵押，其衰退的慘狀被形容為「苟延殘喘的病人」。

　　危機之中鄂圖曼帝國仍推行立憲運動，一八七六年頒布仿效歐洲做法的「米德哈特憲法」，規定信仰自由、兩院制議會、責任內閣制等，然而之後發生的俄土戰爭又讓蘇丹專制政權再度復活。於是，知識分子和軍人組織「青年土耳其黨」，展開恢復憲法的運動，後來發展成第一次世界大戰後凱末爾將軍帶領的「土耳其革命」。

●受到各種壓力而逐漸衰退的鄂圖曼帝國

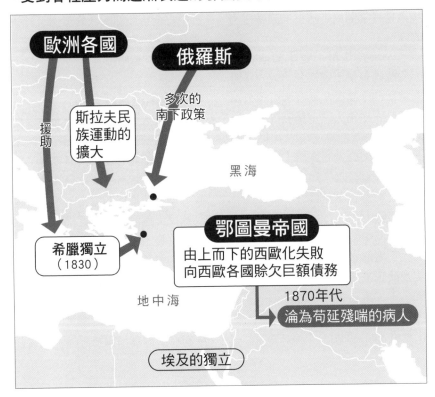

歐洲各國

俄羅斯

多次的南下政策

斯拉夫民族運動的擴大

援助

黑海

鄂圖曼帝國

由上而下的西歐化失敗
向西歐各國賒欠巨額債務

希臘獨立
（1830）

1870年代
淪為苟延殘喘的病人

地中海

埃及的獨立

蘇伊士運河經營權的轉移

蘇伊士運河是從歐洲前往亞洲的入口，取得運河的經營權代表著握有對亞洲通商的鑰匙。

到亞洲的距離縮短四成

一八五四年，法國的外交官雷賽從埃及大公塞德手中取得連結地中海和紅海的蘇伊士運河開鑿權，以及蘇伊士地峽的租借權，並於兩年後獲得鄂圖曼帝國批准開鑿運河的許可。

一八五八年，資本額兩億法郎的萬國蘇伊士運河公司成立（股票總數四十萬股，埃及大公十七萬六千股，法國人二十萬股以上），隔年開始動工。一八六九年，長一百七十四公里的蘇伊士運河（寬六十至一百公尺、深約八公尺，現今寬度約一百至一百三十五公尺）終於開通。

沙漠中的開鑿工程極為艱鉅，工人們喝的水必須利用駱駝運送。埃及農民被迫在熱難耐的烈陽下勞動，十二萬名農民因為運河的建設犧牲性命，而建設費用也比預估多出兩倍，高達四億五千萬法郎。

過去要從歐洲前往亞洲必須繞非洲南端而行，蘇伊士運河的建設讓整個航線縮短了四成。不過，由於運河公司的總部設於巴黎，由法國人掌握經營權，因此對以印度洋為中心統治亞洲海域的英國而言並非樂事，因為通過運河的船隻有六至八成是英國船。

埃及放棄運河經營權

埃及大公趁著美國南北戰爭期間美國南部銷往英國的棉花銳減之際，栽種棉花外銷英國而獲得了莫大的利潤，接著又向歐洲各銀行借款，急速地推展西歐化。然而，建設蘇伊士運河和推行近代化使得埃及財政陷入困境，為了支付龐大的利息，埃及大公不得不在一八七五年賣出手中所持的蘇伊士運河公司股份。而英國首相迪斯累利在與猶太人財閥羅斯柴爾德共進晚餐時得知這個消息，當場便說：「我買

歷史筆記　蘇伊士運河的債務讓埃及必須支付年利率12.5%的利息。

了！」

　　迪斯累利於隔天的內閣會議取得各大臣的委任，未諮詢休會期間的議會便逕自向羅斯柴爾德借了四百萬英鎊，買下約二分之一被拋售的運河公司股份，而迪斯累利向羅斯柴爾德借錢時所說的「就用英國做抵押」也成為了名言。

蘇伊士運河落入英國手中

　　然而，賣掉運河公司股票對負有龐大債務的埃及而言只是杯水車薪。一八七六年，埃及的財政破產，再也無力支付二十五億法郎的利息，於是以英國為中心、由法國、義大利、奧地利代表組成的債務管理委員會接掌了埃及的財政管理權。不過，一八八二年阿拉比帕夏（譯注：帕夏是昔日奧斯曼帝國和北非地區高級文武官員的爵位稱呼）領導的排外民族運動興起後，英國軍領先法國單獨占領運河地帶，將埃及納入自己的勢力圈內。

　　蘇伊士運河加速了以英國為首的歐洲各國對亞洲的進軍。蘇伊士運河完成後，從倫敦到印度孟買的距離為五千三百公里，航行日數縮短為二十四天，歐洲與亞洲之間的貿易量因此急速增加。

●蘇伊士運河通行貨物量的推移

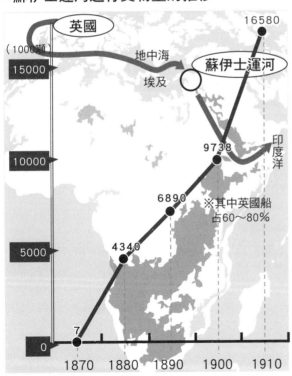

英國
（1000噸）
15000
地中海
埃及
蘇伊士運河
16580
印度洋
10000
9738
6890
※其中英國船占60～80%
5000
4340
7
0
1870　1880　1890　1900　1910

在英俄之間擺盪的伊朗和阿富汗

由於俄羅斯的南下和英屬印度的北上，夾在互鬥的兩大國之間的伊朗和阿富汗動彈不得。

夾在英俄之間受苦的伊朗

在西亞的波斯（伊朗），什葉派（伊斯蘭教的兩大教派之一）的卡札爾族以德黑蘭為首都所建立的卡札爾王朝（一七九六～一九二五）被捲入英國和俄羅斯的對立中。

拿破崙失勢的一八一四年，在殖民地爭奪賽中急速竄起的英國與伊朗締結條約，約定（一）受到侵略時互相援助；（二）與俄羅斯之間的國界由伊、英、俄三國協議決定；（三）英國給予伊朗資金援助。一八二五年，俄羅斯軍隊占領伊朗西北部的中心都市，在一八二八年的「土庫曼恰伊條約」中，伊朗將阿拉斯河以北的土地割讓給俄羅斯（現今伊朗與俄羅斯的國界），並承認俄羅斯人的治外法權。此後，歐洲其他的國家也開始對伊朗要求治外法權。

一心要收復國土的伊朗雖然於一八五六年收回原有的領土赫拉特，但是英軍從波斯灣入侵要求伊朗撤退，伊朗屈服後撤出赫拉特，並被迫承認英國的治外法權及貿易上的特權。

一八七二年，英國的路透（路透社創辦人）從伊朗政府手中取得鐵路建設權、七十年的礦山及油田開發權、二十四年的海關經營權等。但是俄羅斯對此表示不滿，於是伊朗收回給與路透的權利，改給銀行開設權和紙鈔發行權。而俄羅斯也在伊朗軍隊中設立由俄羅斯將校指揮的連隊，並設立可以辦理票據貼現的銀行。最後，俄羅斯與英國在伊朗的勢力圈於一九〇七年的「英俄協約」中劃定。

夾在英俄之間奮鬥的阿富汗

由多民族組成的阿富汗趁著伊朗衰退之際，於十八世紀中葉左右建國。然而阿富汗地處於英、俄的

歷史筆記　從北邊進入波斯的俄羅斯獨占海沿岸的關稅收入，而從南邊進入的英國則獨占菸草的販賣權。

勢力圈之間，北邊受到俄羅斯、南邊受到英國（英屬印度）的威脅。一八三八年，英軍進攻阿富汗（第一次英阿戰爭）占領喀布爾，但一八四二年時英軍受到阿富汗人攻擊，全軍覆沒。

接著在一八七八年，英軍發動第二次英阿戰爭，取得了阿富汗的外交權，不過最後仍因敵不過阿富汗人的游擊戰，不得不再度撤軍。於是，英國放棄對阿富汗的軍事占領，與俄羅斯協議劃定阿富汗的國界，讓阿富汗成為兩國勢力圈的緩衝地帶。在一九〇七年的「英俄協約」中，俄羅斯宣布將阿富汗排除在勢力圈外，而英國也宣布不占領或併吞阿富汗領土。

第一次世界大戰後的一九一九年，阿富汗為爭取完全獨立派兵進軍英屬印度（第三次英阿戰爭），同年在雙方的談和條約中從英國手中取回外交權。

●英國、俄羅斯進軍西亞

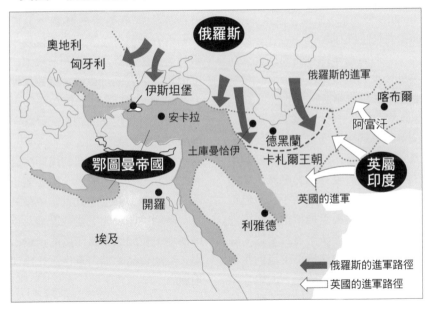

俄羅斯

奧地利
匈牙利

伊斯坦堡

安卡拉

鄂圖曼帝國

開羅

埃及

俄羅斯的進軍

喀布爾

阿富汗

德黑蘭

土庫曼恰伊

卡札爾王朝

英屬印度

英國的進軍

利雅德

■ 俄羅斯的進軍路徑
◁ 英國的進軍路徑

支撐大英帝國的印度殖民地

英國打敗法國取得印度的統治權，將印度當成大英帝國的基地，充分地利用。

策略致勝的普拉西戰役

十七世紀後葉之後，急速發展的伊斯蘭化導致印度的蒙兀兒帝國分裂成數個酋長國。於是，在沿岸地區開設商行從事貿易的英國東印度公司和法國東印度公司巧妙地利用印度傭兵「Sepoy」（波斯語的Sipahi演變而來，原意「士兵」），將勢力延伸到內陸。

一七五七年由英國東印度公司發動普拉西戰役，法國與孟加拉納瓦布（譯注：「納瓦布」是印度、巴基斯坦回教對貴族的尊稱）軍隊雖然聯合對抗，但英國東印度公司仍然獲勝，奠定了英國東印度公司在印度的地位。最初由於雙方軍力懸殊，英國東印度公司的處境極為不利。但英國東印度公司與孟加拉納瓦布軍隊的將領米爾·加法爾簽訂密約，約定只要米爾·加法爾倒戈協助英國就封他為納瓦布。於是，開戰之後納瓦布軍隊的主力軍按兵不動，英國東印度公司輕易地獲得了壓倒性的勝利。

印度的財富支撐大英帝國

普拉西戰役之後，英國東印度公司占領孟加拉，一直到一七六五年為止，共從孟加拉國庫搜刮了五百二十六萬英鎊的財產，並於一七六五年取得孟加拉的徵稅權。當時孟加拉的農產品有90％被東印度公司以武力強行徵收，導致當地發生嚴重的飢荒，一七六九年至一七七〇年這段期間約有三分之一的孟加拉民眾餓死。

之後，東印度公司利用印度社會的對立、分裂與紛爭，將各藩王國一一擊破，截至十九世紀中葉為止，陸續將印度的主要地區納為英國屬地，並開始發展印度的消費市場，英國貨品的進口量也因此急速地增加。

歷史筆記 英國建立印度帝國，每年從印度帶走的財富遠遠超過六千萬印度人的收入。

印度完全被英國吸收

　　十九世紀中葉左右的東印度公司，其二十三萬八千人的軍隊中大約85%是印度傭兵。在東印度公司的統治下，印度農村共同體衰退、重稅、強制栽種商品作物以及手工業衰退等情況導致嚴重的社會不安，印度傭兵不滿的情緒也愈來愈高漲。就在此時，東印度公司開始採用新式槍枝

（恩菲爾德步槍），這種新式槍枝必須用牙齒咬掉子彈殼，再從槍口填入子彈，不過士兵之間傳言彈殼上塗有印度教徒視為神聖的牛及伊斯蘭教徒討厭的豬油脂。

　　一八五七年，米拉特地區的傭兵發動叛亂占領德里，被東印度公司奪走實權的年邁的蒙兀兒皇帝宣布將收復印度的統治權。印度傭兵雖然一度將英國勢力逐出印度，但東印度公司隨後得到英國和波斯的援助，加上善用印度統治階層的分裂，最後於一八五九年獲勝。

　　之後，英國廢除蒙兀兒皇帝，解散東印度公司建立直接統治體制。一八七七年，英國女王兼任印度皇帝，以維多利亞女王為皇帝的「印度帝國」成立，印度徹底成為英國的殖民地。

●印度淪為英國殖民地的過程

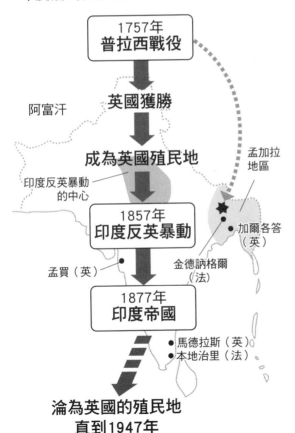

1757年 **普拉西戰役** → **英國獲勝** → **成為英國殖民地** → 1857年 **印度反英暴動** → 1877年 **印度帝國** → **淪為英國的殖民地 直到1947年**

阿富汗　孟加拉地區　印度反英暴動的中心　加爾各答（英）　孟買（英）　金德訥格爾（法）　馬德拉斯（英）　本地治里（法）

被列強細分的東南亞

東南亞各國無奈地被歐洲瓜分及統治,近年來的許多紛爭便是因此而起。

荷蘭在爪哇島大賺一筆

一八二〇年代爪哇島發生反荷蘭的大叛亂（爪哇戰爭），荷蘭為了鎮壓叛亂耗費不少軍事費用，導致財政出現困難。於是，一八三〇年就任的荷蘭東印度總督博斯伯爵對爪哇島居民實施新制度，強制所有農地的五分之一必須栽種東印度政府指定的咖啡、砂糖、木藍、菸草等作物，然後由政府廉價收購運往宗主國荷蘭。

荷蘭因此獲得龐大的利潤，並以此收入在國內建設鐵道和公共事業。然而爪哇島上卻因為稻米的收穫量銳減，飢荒不斷發生，最後荷蘭終於在一八七〇年廢除這項制度。到了這個時期，爪哇島附近的蘇門答臘、婆羅洲、新幾內亞也已經成為荷蘭的殖民地。

英國以新加坡為戰略據點

一八一九年，英國的萊佛士注意到位於麻六甲海峽東邊入口處的新加坡島的經濟及軍事價值，便向柔佛王買下新加坡，建設成英國在東南亞最大的據點港。一八六七年，由檳榔嶼、新加坡島、麻六甲所形成的海峽殖民地成為英國的直轄領，一八九五年時英國將馬來半島南部組成馬來聯邦，納入統治下。此時，對英國統治印度感到威脅的緬甸國王給予法國各種特權，藉以拉攏法國。英國於是對緬甸下了最後通牒，派出一萬名士兵進攻緬甸，一八八六年時強行將緬甸併入英屬印度。

英國以澳洲為監獄

英國探險家庫克在一七七〇年發現澳洲，之後澳洲便成為英國的殖民地。英國將遠離本國的此地當成流放犯人用的殖民地，一七八八年將七百一十七名犯人流放至此。隨著流放工作持續進行，以監視犯

歷史筆記 一九七三年白澳主義政策廢除以來，亞洲人已經多達移民的三分之一，可見澳洲已經轉變為一個多民族國家。

人的軍人為統治階層的社會在此形成，一八二九年之後也開始有自由民移居此地。一八五一年淘金熱潮興起之後，移民更是急速地增加。

法國統治印度支那半島東部

　　在東南亞沒有殖民地的法國，以法國傳教士遭受迫害為由於一八五八年進軍越南，一八六二年時越南被迫割讓東部三個省及開放西貢（譯注：現在的胡志明市）等三個港口。隔年一八六三年，法國將柬埔寨納為保護國，接著又在一八八四年的「順化條約」中將越南納為保護國。而法國與握有越南宗主國權的中國發生中法戰爭（一八八四～一八八五），法國海軍攻擊中國沿海地區後獲勝，強迫清朝承認法國對越南的統治權。一八八七年，法國在亞洲最大的殖民地「印度支那聯邦」成立。

　　一八九三年，法國又將連接柬埔寨與東京（越南北部）地區、及安南（譯注：越南中部舊稱）與湄公河的寮國納為保護國，印度支那半島（譯注：即中南半島）東部完全成為法國的殖民地，也為日後的越戰種下遠因。

●十九世紀末被瓜分的東南亞

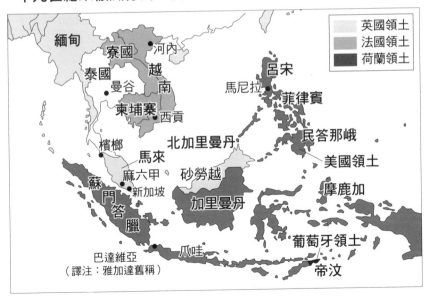

喝茶習慣引起的鴉片戰爭

英國為所欲為地進行走私貿易，結果引發了鴉片戰爭。自鴉片戰爭開始，清朝逐漸被帶入資本主義市場當中。

鴉片是必要之惡？

到了十八世紀後葉，英國的東印度公司幾乎獨占了與中國的所有貿易。當時英國非常盛行喝便宜的紅茶，每年必須從唯一的茶葉輸出國中國清朝進口大量的紅茶。由於紅茶是發酵過度的烏龍茶（一星期左右停止發酵），在中國被視為劣等茶，因此價格非常低廉，英國每年都大量進口。

當時清朝的對外貿易港口只有廣州，並且是由十三公行（海外貿易特許商人的組織）獨占對外貿易，因此英國對中國的出口成績不佳，購買紅茶時也需要大量的銀。於是，十八世紀之後，英國東印度公司將國內生產的棉布出口到印度，然後在印度的孟加拉大肆搜購罌粟子房乳汁乾燥後所提煉出的麻藥「鴉片」，藉由地方商人走私到中國，再從中國購買紅茶運回英國，開始了所謂的「三角貿易」。

清朝因鴉片和銀而毀滅

清朝政府雖然多次禁止鴉片走私進口，但由於地方官員接受賄賂，對此睜一隻眼閉一隻眼，因此吸食鴉片的習慣逐漸在中國擴大開來（一八三〇年代中葉，吸食者超過兩百萬人）。結果，一八三〇年代之後，每年有大量的銀流出中國，導致銀的價格翻漲兩倍，由於當時中國規定農民被規定必須用銀納稅，農民的生活於是陷入困境。麻藥「鴉片」流入導致銀的大量流出，動搖了清朝的體制。

道光帝認為要防止銀的流出就必須杜絕鴉片，而為了根除鴉片貿易，道光帝重用主張嚴禁鴉片的林則徐，任命其為欽差大臣（特命全權大使）前往廣州。

清朝被迫支付戰爭費用及賠償金

林則徐帶領千名士兵包圍

歷史筆記 走私進入中國的鴉片量，從一八二一年的六千箱（一箱大約六十公斤）激增到一八三九年的四萬箱，造成很大的社會問題。

外國商行，切斷他們的水和糧食，逼迫英國的貿易監督官交出一千四百二十五噸暗藏的鴉片。林則徐花了二十三天將生石灰水加入鴉片中，再倒入海中焚毀，並要求英國商人發誓不再從事鴉片貿易，否則就要禁止他們從事貿易。對此，英國下議院議會決議通過支出戰爭費用，英國在一八四〇年發動「鴉片戰爭」。不過，中國這個擁有廣大人口的巨大市場，才是促使英國發動戰爭的真正動機。

當時清朝使用的是二百四十年前鑄造的大砲等過時武器，根本無法抵擋擁有強大軍力的英國海軍的攻擊。一八四二年，英國派遣二十五艘軍艦及一萬名陸軍逼近南京，想在南京尚未被占領之前就結束戰爭的清朝政府於是急忙登上英艦「康華麗號」，簽下了「南京條約」。條約中同意割讓香港島給英國、開放上海等五個港口、廢除公行、賠償沒收鴉片的補償金六百萬銀元、支付英國要求的戰事費用等，清朝全面地讓步。

此外，英國又利用清朝對國際局勢的陌生，於隔年逼迫清朝給予茶葉以外一律5％的關稅（關稅自主權的喪失）、領事裁判權、最惠國待遇等。

●英國與清朝貿易的變化

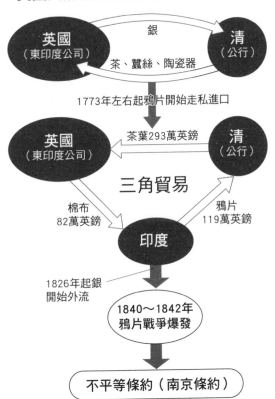

英國（東印度公司）　銀　清（公行）

茶、蠶絲、陶瓷器

1773年左右起鴉片開始走私進口

英國（東印度公司）　茶葉293萬英鎊　清（公行）

三角貿易

棉布82萬英鎊　　鴉片119萬英鎊

印度

1826年起銀開始外流

1840～1842年鴉片戰爭爆發

不平等條約（南京條約）

被強制打開的中國對外窗口

英國和法國趁著中國國內混亂之際宣戰，將清朝置入民族國家體制中。

利用基督教的太平天國

鴉片戰爭後，銀的價格持續上漲，再加上清朝政府為了支付鴉片戰爭的軍費及賠款而加重稅賦，民眾的生活更加惡化。在這樣的背景之下，一八五一年至一八六四年間，以結合基督教和儒教平等主義為理念、動員貧窮農民起義的農民叛亂爆發，有一段期間這股勢力甚至還統治了中國的南半部。

一八五一年，廣東農民子弟洪秀全組織基督教性質的結社「拜上帝會」，聚集了一萬至一萬五千人的農民（太平軍），在廣西省金田村高揭「滅滿興漢」（打倒滿族清朝，建立漢族王朝）的口號誓師起義，接著開始轉戰各地。一八五三年，拜上帝會又吸收了前進長江流域試圖打倒清朝的天地會成員，以及因遭逢大洪水而為飢荒所苦的貧困農民，很快地壯大為五十萬人大軍，占領南京（後來改稱天京）建

立起「太平天國」。

此時虛有其表的清朝正規軍八旗軍已經無力鎮壓太平軍，曾國藩、李鴻章等漢人官員組織的義勇軍（鄉勇）成為維持體制的主力。此外，接受歐式訓練的常勝軍（歐洲人指導的軍隊）具有壓倒性的優勢，也令人注目。不過，習慣奢華生活的領導階層之間的抗爭問題導致了太平天國的衰退。一八六四年，洪秀全自殺，天京也跟著淪陷。

清朝被置入歐洲秩序中

鴉片戰爭後簽訂的南京條約雖然將清朝納入世界資本主義之中，但是英、法的經濟卻無法順利打入內陸國家中國。見到太平天國的建立引起清朝的分裂與混亂，英國和法國認為這是再好不過的機會，開始積極策劃擴大自己的權益。

一八五六年，廣州發生英國

歷史筆記　後來率領共產黨軍（紅軍）、以農民運動為中心革命成功的毛澤東，將太平軍美化為服務民眾的軍隊，奉為紅軍的模範。

走私船「亞羅號」被逮捕時、英國國旗遭到污辱的事件（亞羅號事件），於是英國提起法國傳教士馬賴在廣西省被知縣逮捕入獄並處死的一事，邀請法國一起發動戰爭（第二次鴉片戰爭，又稱英法聯軍之役）。

在北京遭到約一萬七千名英法聯軍占領之後，清朝政府於一八六〇年簽訂「北京條約」，同意開放天津等十一個港口、承認苦力（勞工）貿易及外國公使常駐北京等。而清朝准許外國公使常駐北京，也就等於被納入了民族國家體制模式的歐洲國際秩序中。一八六一年，清朝設立相當於外交部的總理衙門，實質上放棄了中華世界傳統的國際秩序。

第二次鴉片戰爭後，清朝割讓香港島對岸的九龍半島南部給英國，而這也成為香港日後發展的基礎。此外，俄羅斯也趁著清朝混亂之際，以公使伊格那季耶夫調停中國與英法簽訂北京條約有功為由，要求清朝政府割讓沿海土地（參見P79）。

●門戶漸開的中國

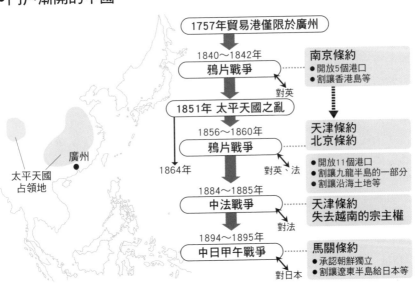

1757年貿易港僅限於廣州

1840〜1842年
鴉片戰爭
　　對英

南京條約
● 開放5個港口
● 割讓香港島等

1851年 太平天國之亂

1856〜1860年
鴉片戰爭
1864年　　對英、法

天津條約
北京條約
● 開放11個港口
● 割讓九龍半島的一部分
● 割讓沿海土地等

1884〜1885年
中法戰爭
　　對法

天津條約
失去越南的宗主權

1894〜1895年
中日甲午戰爭
　　對日本

馬關條約
● 承認朝鮮獨立
● 割讓遼東半島給日本等

廣州
太平天國
占領地

急速歐化的日本

從佩理來航到明治維新再到近代化，日本急速地歐美化。但是，「民族國家」真的適合日本嗎？

受於外力而快速開國

十七世紀中葉以來，日本一直堅持鎖國政策，然而到了十九世紀中葉，在尋求捕鯨根據地的美國施壓下，日本不得不開國。一八五三年，美國東洋海域艦隊司令官佩里率領四艘黑船（譯注：美國軍艦，因船身塗滿黑色而有此稱）組成的艦隊出現在浦賀，以武力威脅日本開國，當時日本國內的輿論分為「尊王攘夷」和「佐幕開國」兩派。不過幕府最後於隔年與美國簽下「美日親善條約」，同意開放下田和箱館兩個港口，並允許美國在兩港派駐領事。

一八五八年，禁不起派駐下田的美國總領事哈利斯多達數十次不屈不饒的交涉，缺乏外交經驗的幕府與美國締結包括：片面最惠國待遇、領事裁判權（治外法權）、無自主權的關稅制度（輸出品一律定為5％，輸入品定為20％，一八六六

年以後降為5％）等內容的「日美修好通商條約」。接著，荷蘭、俄羅斯、英國、法國也要求締結相同的不平等條約。

開國導致日本經濟面臨危機

開國之後，日本的對外貿易逐漸活絡，一八六七年的貿易額便達到了中國的五分之一。此外，當時國際的金銀比價是一比十五，而日本的比價是一比三。由於日本的金子太過便宜，以致大量流向海外，於是幕府實行金幣改鑄，結果卻引起日本國內的通貨膨脹。

一八五七年至一八六七年間，日本米價暴漲九倍，導致下級武士、下層階級民眾及農民的生活惡化，民眾對實行開國的幕府日益反感，攘夷論的聲浪也隨之高漲。之後，日本從「尊王攘夷」轉為「討幕」，薩摩和長州兩藩國推翻幕府，於一八六七年進行「大政奉

歷史筆記　當時日本的輸入品是棉織品、砂糖，輸出品是生絲、茶葉。開國之後，生絲和茶葉因為缺貨，價格高漲將近十倍。

還」（譯注：將被幕府奪走的政權交還朝廷），一八六八年時推動明治維新。

　　不過，由於地方上仍有三百個藩國割據，因此明治政府實行「版籍奉還」（譯注：「版」指土地，「籍」指戶籍〔人口〕，意指要藩主等交出對土地和人民的封建領主所有權）及「廢藩置縣」，將全國劃分為三府七十二縣，建立起以天皇為頂點的集權體系。之後，日本積極導入歐洲的各項制度與文明，實施徵兵制並解散武士階級，到了一八八〇年，日本變身為強大的主權國家。

●日本的開國與近代化

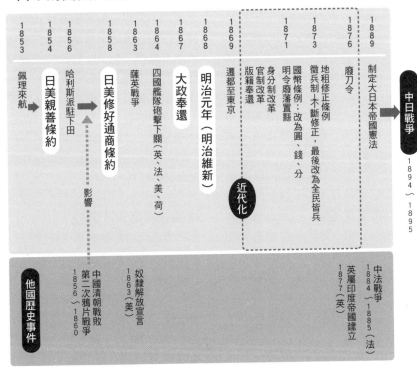

做為一個國家的領土劃定

日本的國土範圍到底在哪裡？歷經過各項條約和措施，日本的領土逐漸劃定。

困難的領土劃定

對一個民族國家而言，隨著各項國家制度的確立，接下來最重要的課題便是領土的劃定。由於日本和北方大國俄羅斯之間的國界尚未確定，為了改善如此不安定的狀況，日本於一八七五年與俄羅斯簽訂「樺太千島交換條約」，約定樺太全島（譯注：即庫頁島）為俄羅斯領土，千島列島群島為日本領土，完成了北方國界的劃定。

此外，臣服於薩摩藩的琉球同時也對清朝進貢，中日之間於是爆發琉球的歸屬問題。一八七四年，日本出兵台灣，藉此向清朝表示琉球屬於日本。接著在一八七九年，日本派遣軍隊前往琉球，廢除藩與藩王府，將琉球改為沖繩縣（琉球處分），明確地表示琉球是日本的領土。

早俄羅斯一步前往朝鮮

在國界確定之後，日本接下來的重要外交課題就是必須提防俄羅斯的南下。十七世紀以來一直是清朝屬國的朝鮮，雖然因為統治者的權力鬥爭（黨爭）和農村的荒廢導致國力衰弱，但仍始終維持鎖國狀態。而日本為了確保國家安全，於一八七六年領先俄羅斯一步，以武力逼迫朝鮮簽訂不平等的「日朝修好條規」。日本企圖將朝鮮納入自己的勢力圈，卻也因此與清朝及俄羅斯發生對立。

富國強兵從人才開始

明治政府認為若要「自立」，就必須在短時間內達到富國強兵的目標。於是日本在一八七三年公布徵兵令，開始實施凡年滿二十歲男子皆須入伍的統一兵制，進而設立軍隊。此外，日本還在約聘的外國人的指導下設立官營模範工廠，由政府主導推動近代產業的養成工

歷史筆記　日本以測量沿海海域名義派出軍艦「雲揚號」，後以雲揚號受到位於首爾入口的江華島砲台攻擊為由，逼迫朝鮮開國。

作。

日本快速地確立了國家的近代體制，例如一八六九年時將蝦夷地改名為北海道，設置開拓使；一八七一年官營郵局制度開始；一八七二年東京到橫濱的鐵路開通；同年公布學制，嘗試制定完善的教育制度等。

要推行如此一連串的近代化需要有能力的人才，於是明治政府聘請許多外國人，企圖移植國外的技術和制度。一八七五年明治政府聘請的外國人有七百二十五人，其中一百四十四人是學校教師，可見培育人才的確是「富國強兵」的重要支柱。

●民族國家體制的形成

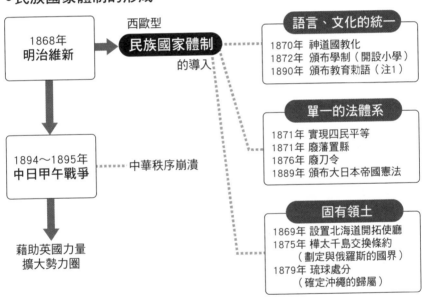

注1：內容以儒教的家族主義為基礎，強調「忠君愛國」、「忠孝一致」為教育之本。因此，天皇不僅是政治上的主權者，也是國民道德與思想的中心。

導入歐洲體系失敗的中國

無法跳脫中華思想的中國，因為半調子的近代化，反而大幅地落後其他先進國家。

無法捨棄自己的文明

太平天國（參見P122）被鎮壓後，率領鄉勇（義勇軍）建功的曾國藩、李鴻章等漢人官員為了拯救衰退的清朝，提出必須導入歐洲兵器和科學技術以擴充軍備的「洋務論」。清朝政府接受了建言，開始建設兵器製造、製鐵、纖維、製紙等工廠，並挖掘煤礦、建設鐵道、設立造船公司，以及培育陸海軍軍人的軍學堂和外語學校等，這些由官方主導的歐洲體系移植運動稱為「洋務運動」。

不過，由於主導洋務運動的官員對中華文化深感自負，無法拋去中華思想的框架，洋務運動有如其口號「中體西用」（以中國的學問修身養性，用西洋的學問應對世事）一般，依然保留中國的王朝體制和傳統文化，只擷取歐洲的技術，所以無法像全面導入歐洲民族國家制度的日本一樣樹立近代體制。

不容許效法明治維新

中日甲午戰爭後，日本從東亞內部摧毀了中華秩序，於是以康有為中心的年輕官員主張必須學習早一步西歐化的日本，實行政治改革。一八九八年，二十多歲的光緒帝頒布「明定國是」詔令，開始進行「變法」（政治改革）。

光緒帝啟用康有為、梁啟超等人，著手推動科舉改革、近代化學校制度的建立、工商業和農業的振興等。不過，唯恐失去既得利益的保守官員（頑固派）以慈禧太后為中心設法反擊，結果光緒帝遭到軟禁，六名變法派的領導者被處決（戊戌政變），康有為和梁啟超逃亡日本，政治改革僅只一百日便宣告失敗（百日維新）。

留日人數急增

自從日本在日俄戰爭（參見P154）中打敗俄羅斯之後，清朝終

歷史筆記　主導洋務運動的地方官以國防為名義強化私人武力，暗中加強自己在地方的權力，成為中日甲午戰爭清朝戰敗的主因。

於在一九○六年同意效法日本實施憲政。一九○五年時清朝政府廢除科舉制度,任用受過新教育的人才擔任官員,學校制度也漸趨完整。一九○五年時前往日本留學的人數大約是八千人,隔年激增到一萬八千人。此外,也有許多日本教師渡海前來中國,協助清朝建立教育制度。

到了一九○八年,清朝政府雖然效法日本的歐化,頒布以日本明治憲法為範本的憲法大綱,在各省設置地方議會,並約定於一九一六年開設國會,但是成效卻不彰,而這也為之後的辛亥革命埋下了伏筆(參見P132)。

●清朝末期的改革運動

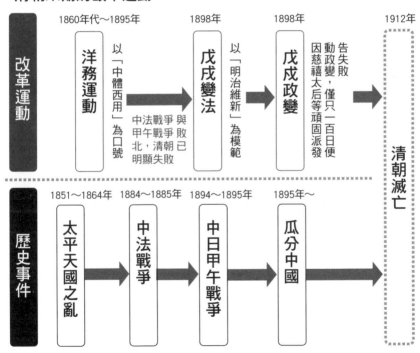

中日甲午戰爭後遭受侵略的清朝

過去中國是令歐洲各國戒慎恐懼的「沉睡的獅子」，然而中國比想像中衰弱的實態，在中日甲午戰爭中敗露無遺。

由內開始瓦解的中華秩序

朝鮮西南部貧窮的農民在「東學黨」（提倡眾人平等，預告天國即將到來的新興宗教。東學是朝鮮固有宗教的總稱，與被稱為「西學」的基督教形成對立）的領導下，以驅逐歐洲和日本為口號大規模地揭竿起義，而無法鎮壓叛亂的李氏朝鮮只好向清朝請求援助。清朝出兵後，日本也派兵對抗，七月二十五日的海戰揭開了中日甲午戰爭的序幕（一八九四～一八九五）。

日本在廣島設置大本營，集結民眾參與戰爭，以擁有近代化裝備的陸軍與小型高速軍艦所組成的艦隊，打敗了將朝鮮視為勢力範圍、由李鴻章率領的北洋軍，並占領海軍據點旅順和威海衛。結果在一八九五年四月，中日雙方簽訂「馬關條約」，日本逼迫清朝承認朝鮮獨立，割讓遼東半島、澎湖群島、台灣，及開放重慶、蘇州、杭州等港口，並同意日本在這些港口自由投資。日本從該條約中得到清朝三年份的國家預算（二億兩，相當於三億六千五百二十五萬日圓，明治二十六年的歲出大約一億五千萬日圓）做為賠款，九州的八幡製鐵廠就是用這筆賠款建設而成的。

中日甲午戰爭後，日本從東亞內部瓦解中華秩序，組成獨自的勢力圈，取得了正式進行工業革命的資金。另一方面，清朝已經無法維持中華帝國的世界秩序，其敗相在列強前面暴露無遺，因而遭到列強覬覦侵略。

中國瞬間遭受侵略

看到大清帝國將廣大的領土送給日本之後，致力進軍朝鮮半島和清朝北部的俄羅斯邀集德國、法國於一八九五年進行「三國干涉」，以清朝支付四千五百萬日圓給日

歷史筆記　一八九五年法國取得鐵道鋪設權後，列強競相租借中國沿海地區的要地，鋪設由沿海通往內陸的鐵道，以築起自身的勢力圈。

本為條件，要求日本歸還進軍中國之際的要地遼東半島。由於當時英國保持中立，日本只好接受三國的干涉，日本國內的反俄情緒因此高漲。之後，俄羅斯租借遼東半島南部的旅順、大連二十五年，德國租借山東半島的膠州灣九十九年，英國租借山東半島東北部的威海衛二十五年，日本則鎮壓建立台灣民主國、反對殖民地化的漢人，一年之後占領台灣全島。

列強藉由在中國取得租界地設定勢力範圍，並因建設鐵道、開發礦山、設置工廠等取得利益，很快地劃定好各自的勢力圈。就連晚一步進軍中國的美國也在一八九九年由國務卿海約翰提出要求通商機會均等的「門戶開放宣言」，企圖以經濟進軍中國。

黃海風雲告急

歐洲列強在中國的勢力圈爭奪戰廣及山東和遼東地區，甚至在渤海和黃海也可見到列強激烈的勢力爭奪。在這樣的情況下，英國顧慮到歐洲各國在世界各地的複雜對立，為了抑止俄羅斯南下，想出與在其他地區沒有利害對立的日本聯手的對策，於一九〇二年與日本締結「英日同盟」。

●逐漸被瓜分的中國

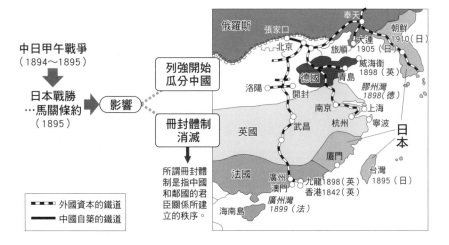

中日甲午戰爭
（1894～1895）

↓

日本戰勝
…馬關條約
（1895）

→ 影響

列強開始瓜分中國

冊封體制消滅
↓
所謂冊封體制是指中國和鄰國的君臣關係所建立的秩序。

▪▪▪外國資本的鐵道
──中國自築的鐵道

俄羅斯　張家口　奉天　朝鮮 1910（日）
北京　大連　旅順 1905（日）　威海衛 1898（英）
德國　青島
洛陽　開封　膠州灣 1898（德）
英國　南京　上海
武昌　杭州　寧波
日本
廈門
法國　廣州　九龍1898（英）　台灣 1895（日）
澳門　香港1842（英）
海南島　廣州灣 1899（法）

辛亥革命後中國的混亂

各地軍閥亂立不斷割據，中國混亂的時代開始於辛亥革命。

革命從赤坂開始

一九〇五年，興中會等三個革命團體在日本東京（赤坂的富士見樓）大團結組成「中國同盟會」，被推為總理的孫文揭示了由（一）民族的獨立；（二）民權的伸張；（三）民生的安定所構成的「三民主義」，致力打倒大清帝國建立共和政權。當時中國同盟會發行機關刊物《民報》，藉以推廣革命思想，雖然透過華僑捐款獲得資金不斷武裝起義，但均告失敗。

日俄戰爭（參見P154）時日本大敗俄羅斯的結果讓清朝政府錯愕不已。之後清朝政府於一九〇五年廢除維持傳統體制的科舉制度，接著於一九〇八年仿照日本明治憲法，頒布「皇帝的萬世一系」和「神聖不可侵」等內容的憲法大綱，並公開允諾將在一九一六年設立國會。但是，必須支付給日本的賠款及對外借款的利息已使得中國財政窘困，要重新建立體制實為困難。

分別成立十四個獨立政府

一九一一年，清朝政府採取的財政改革對策之一就是導入更多外資（借款）藉以重整財政，於是將民間建設的鐵道收為國有做為借款的抵押。對此，社會各階層的民眾在被迫收為國有的民間鐵道沿線展開反對運動，特別是在四川，發生了以四川保路同志協會為中心的暴動（四川暴動）。

在這樣的局勢之下，十月十日三千名「新軍」（清末設立的西式軍隊，其中三分之一是革命派）在長江中游流域的軍事據點都市武昌起義，成功建立革命政權（武昌起義）。以此為開端，在短短兩個月之間，相當於全國十分之六的十四個省分陸續宣告獨立，使得清朝面臨瓦解。而政變的這一年正好是辛亥年，所以稱為「辛亥革命」。

歷史筆記　孫文在歐洲的逃亡生活中發覺到提升民眾生活品質的「民生」主義的必要性，後將其與「民族」、「民權」結合，完成三民主義理論。

辛亥革命後中國開始分裂

一九一二年，宣告獨立的省分代表聚集到南京，推舉緊急從美國回國的孫文為臨時大總統建立「中華民國」，頒布了中國史上最初的共和制憲法「臨時約法」。此時清朝政府派遣北洋軍閥首領袁世凱與革命政府交涉，但是袁世凱以就任臨時大總統為條件，要求清朝皇帝退位。一九一二年，年僅六歲的宣統帝（溥儀）退位，大清帝國正式滅亡。

革命派藉由壓制議會試圖與袁世凱對抗，中國同盟會改名為「國民黨」，並取得議會大多數的席次。然而，獲得列強高額援助的袁世凱派人暗殺議會領袖宋教仁，強化了自己的獨裁政權。一九一三年，國民黨雖然興兵討袁（二次革命），但很快就被鎮壓下來。之後，成為正式大總統的袁世凱覬覦皇帝的寶座，於一九一五年發起帝政運動。不過當時雲南發動起義反對，反對運動很快地擴展到中國各地，帝政運動不久即宣告失敗（三次革命），袁世凱也於隔年病死。之後大總統之位雖然由軍閥首領占據，但始終沒有出現真正具有實力者，中國於是進入了受列強援助的軍閥在各地割據的時代。所謂的「中華民國」只是虛有其名，中國事實上處於分裂的狀態。

●辛亥革命開啟的混亂時代

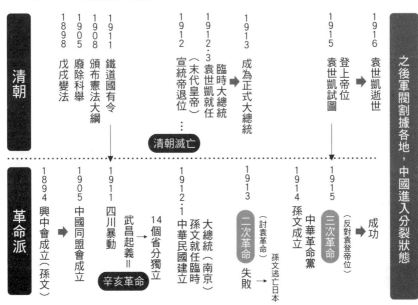

取代奴隸貿易的苦力貿易

歐洲雖然停止奴隸貿易，但隨後又從中國和印度調度新的勞動力以取代奴隸。

奴隸雖不可有，但勞動力需求不變

在環大西洋這個世界資本主義成長的舞台，由於歐洲人帶來天花等疾病，使得美洲大陸原住民印地安人的人數銳減。十七世紀之後長達兩百年以上的時間，有超過一千萬名的黑人奴隸被運到美洲大陸做為勞動力。

然而，歐洲是根據「擁護眾人所擁有的基本人權」的前提所建立的近代國家（民族國家），如果繼續非人道的奴隸制度和奴隸貿易，等於是在否定自己的「文明」。於是英國在一八〇七年廢除奴隸貿易，一八三〇年代廢除奴隸制度。之後歐洲其他國家陸續跟進，美國也於一八六三年由林肯總統廢除奴隸制度。

在這樣的情況下，被用以取代奴隸的廉價勞動力「苦力」登場，超越奴隸貿易的大規模勞動力的移動就此展開。

分散到世界各地的亞洲勞動力

英國和法國在世界各地建立殖民地，逐步擴大勢力範圍，由於在各地的農場、礦山開發以及鐵道建設需要大量的勞動力，於是便將目光轉向印度和中國的貧民身上。十九世紀中葉之後，為數龐大的印度、中國貧窮外出勞工和移民勞工分散到世界各地，印度語稱這些貧窮的勞工為「Coolie」，中文則音譯為「苦力」。

苦力在嚴苛的環境下奮鬥、在世界各地扎根，建立起華僑、華人社會及印僑社會。特別是人數多達兩千萬人以上的東南亞華僑，其強大的經濟力支撐著中國的改革及開放政策，對世界的經濟與政治也極具影響力。

歷史筆記 英國買下新加坡後，為了將此地建設成自己的據點，於一八二〇年至一八三〇年間運送了六千至八千名中國苦力至此，這便是新加坡華人國家的起源。

中國勞工被強行帶走？

　　清朝在簽訂「北京條約」（第二次鴉片戰爭的談和條約）之前並不允許國人前往海外，因此在此之前，各國通常是先借支旅費及短期間的生活費，再利用近乎詐欺的非法手段將勞工帶出中國。而這些中國勞工被帶往馬來亞、印尼等東南亞，以及澳洲、南非、古巴、祕魯、美國等地的礦山、農場、鐵路建築工地工作。十九世紀後葉的五十年間，大約有三十六萬中國人流入美國，也曾有兩萬人在加利福尼亞的金礦場勞動。

　　一八五〇年至一九一〇年的六十年間，英國的殖民地印度也有大約一千六百萬名的苦力流入英國、法國、荷蘭的殖民地，其中多數人都懂得英文，對歐洲人而言實在是非常地方便。附帶一提的是，印度民族運動的領導者甘地，在年輕的律師時代致力於擁護南非印度人的權利運動，也因此廣為人知。

●世界華僑與印僑的人數

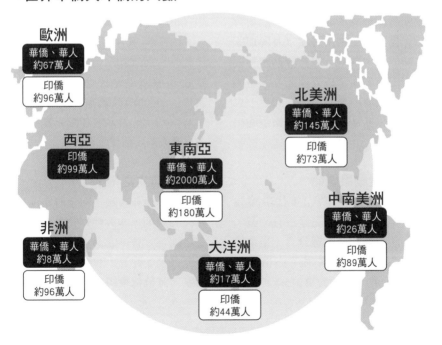

歐洲
華僑、華人
約67萬人
印僑
約96萬人

西亞
印僑
約99萬人

東南亞
華僑、華人
約2000萬人
印僑
約180萬人

北美洲
華僑、華人
約145萬人
印僑
約73萬人

非洲
華僑、華人
約8萬人
印僑
約96萬人

大洋洲
華僑、華人
約17萬人
印僑
約44萬人

中南美洲
華僑、華人
約26萬人
印僑
約89萬人

短短二十年間被分食殆盡的非洲

被認為是無主之地的非洲，在「先統治者先贏」的主張下被歐洲各國瓜分殆盡。

非洲的瓜分瞬間展開

一八七〇年時歐洲各國所統治的非洲領土，不過是擁有世界第二大面積的非洲大陸沿岸的十分之一而已，因此非洲被稱為「黑暗大陸」。不過，一八八〇年代之後各國競相分食非洲，到了一九〇〇年左右，非洲已經被瓜分完畢。當時歐洲各國無視於非洲各地的歷史背景，僅針對自國的方便以及與他國之間的角力關係，以直線劃定形式上的界線，而這些界線在非洲各國獨立後變成非常不自然的國界，也成為今日非洲各民族爆發紛爭的主要原因。

瓜分，從剛果開始

一直到一八八〇年代中葉為止，非洲內陸幾乎完全沒有開發，而如此的非洲會慘遭分食，是源於非洲大陸中央剛果河（亦稱薩伊河）流域所引發的紛爭。

一八七八年，美國的新聞記者史坦利前往剛果河流域探險，指出了其潛藏的經濟價值。沒有殖民地的比利時國王利奧波德二世於是雇用史坦利成立「國際剛果協會」，假借學術探險之名與當地土著酋長簽訂條約，設置了二十個據點，祕密地進行準備，後於一八八三年突然宣布占領剛果。

由於英國和葡萄牙強烈反對比利時片面宣告占領，於是同樣希望在非洲取得殖民地的德國居中調停，在十四個國家參加下，於一八八四至一八八五年間召開長達一百多天的「柏林西非會議」。

非洲是無主之地？

柏林西非會議上明確訂定瓜分非洲的規則，非洲被列強視為「無主之地」，會中通過「先占權」，即先占領並建立「有效統治權」的國家，其統治權將會得到承認。此

歷史筆記　一九〇〇年時非洲鐵道的總長度為兩萬公里，大幅落後於亞洲的六萬公里及澳洲的兩萬四千公里。

外，列強還以剛果河流域的中立及自由貿易為條件，於一八八五年承認利奧波德二世的先占權，批准他在九十萬平方英哩的私人領土上建立「剛果自由邦」。

英法兩國分割非洲

歐洲各國雖然加入瓜分非洲的隊伍，但其中真正的主角是一八七五年從埃及取得蘇伊士運河經營權、並於一八九八年征服蘇丹展開連接埃及到開普殖民地的縱斷政策的英國，以及從阿爾及利亞橫切薩哈拉沙漠到非洲東岸，展開橫斷政策的法國（統治一百四十萬平方英哩、人口兩千萬人）。一八九八年，英法兩國勢力在蘇丹的法紹達發生衝突（法紹達事件），不過隔年法國讓步，英國保有蘇丹完成了縱斷政策。

●非洲被瓜分的狀況（20世紀初）

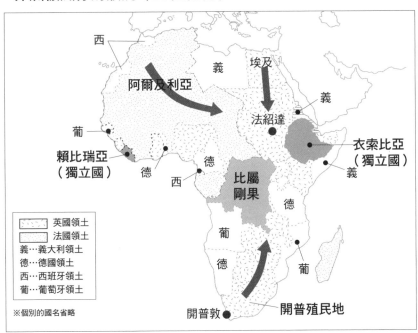

荷蘭裔移民建立南非

開普殖民地是南非地區的貿易重鎮，其歷史因黃金與鑽石而大幅改寫。

令人垂涎的黃金與鑽石

一八六九年蘇伊士運河完成前，非洲最南端的開普殖民地是連接歐洲與亞洲航線的補給基地，地位非常重要。此地先後成為葡萄牙和荷蘭（十七世紀）的殖民地，而荷蘭裔移民被稱為「波爾人」（意指農民）。依據一八一四年的「維也納條約」，開普殖民地變成英國領土，波爾人被迫遷移內陸，他們征服黑人原住民建立起特蘭士瓦共和國（一八五二～一九〇二）和奧蘭治自由邦（一八五四～一九〇二）。

不久，奧蘭治自由邦的慶伯利於一八六七年發現世界首屈一指的鑽石礦山，接著特蘭士瓦共和國的約翰尼斯堡也在一八六八年發現世界最大的金礦。於是，開普殖民地總理羅德茲（任期一八九〇～一八九六）將領土擴張到兩國的北方（以其名命名為「羅得西亞」），並干涉兩國的內政，企圖併吞兩國。

羅德茲十七歲時為了調養肺病而投靠在南非的兄長，爾後因為黃金和鑽石的開採累積了巨大財富，在經營事業的同時也完成了大學學業。羅德茲曾說：「所謂的帝國是民生問題，如果各位不想發生內亂，就必須成為帝國主義者」，由此可見他是一個道地的帝國主義者，而提供資金給他的便是資本家羅斯柴爾德。

困擾大英帝國軍隊的波爾人

一八九九年，波爾人建立的兩個國家終於向明顯施壓的英國宣戰，展開與英國之間的戰爭（南非戰爭）。英國認為以堪稱世界之冠的大英帝國軍隊，只要短短六週時間就可以結束戰爭並取得莫大的黃金和鑽石，於是派遣二十萬人以上的軍隊抵達非洲，一九〇〇年時占

歷史筆記　一八八八年，羅斯柴爾德在南非成立的德比爾斯聯合礦業公司，成長為掌管全世界八成鑽石的大公司。

領特蘭士瓦共和國的首都普勒多利亞，宣告勝利。

不過之後波爾人改採游擊戰，英國接著又派遣二十五萬大軍，在世界的責難聲中展開焦土作戰。英國將波爾人關進集中營、燒光他們的田地、大量屠殺他們的羊隻，耗費了龐大的戰費及兩年七個月的時間，終於在一九〇二年將兩國納為直轄殖民地。一九一〇年，開普殖民地與取得自治權的兩地區及納塔爾的四個州組成自治領「南非聯邦」。

種族隔離政策

南非聯邦的第一任總理波塔，拉攏人口占多數的波爾人協助自己，為了共同統治原住民的黑人，實行建立白人至上體制的「種族隔離政策」。南非聯邦在成立不久後的一九一三年制定「原住民土地法」，將13％的不毛之地劃分給占人口四分之三的黑人，而白人則坐擁其他87％的土地。

●南非的變遷

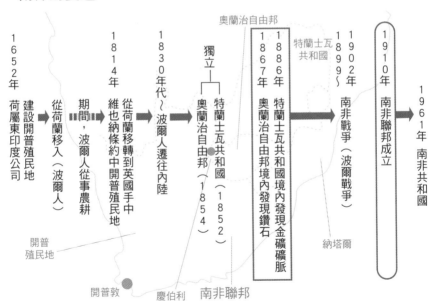

新加坡的實驗是否會成功？

　　日本驚人的工業成長，是二十世紀後葉世界史上的重要事件之一。一九七〇年代之後，亞洲四小龍（韓國、台灣、香港、新加坡）以日本為範本，實現了快速的工業化和經濟成長。日本與四小龍（世界面積的1%、人口的4%）成長為與美國、歐盟並駕齊驅、支撐世界經濟的三大支柱之一。而如此的轉變也影響到馬來西亞、泰國、中國、越南，帶動了大幅的經濟成長。

　　英國的工業革命在十九世紀擴展到歐美各國，迅速完成了西方世界的工業化，日本與四小龍的工業化則帶來了讓亞洲一舉改變的「第三波」（譯注：一九八〇年代末期中國沿海各區和東南亞所展現的強勁成長潛力）。不過，太過急速的工業化也造成了許多負面影響，日本的泡沫經濟和泰國的泰銖暴跌等，使得亞洲的經濟陷入低迷。對於亞洲經濟的發展，我們必須將其意義放在較寬的視野上來討論，而對於致力成為開發中國家中的「綠洲」、以成為國際城市為目標的新加坡，其動向更是特別值得注意。

　　一九四八年從馬來人占多數的馬來亞聯邦脫離的新加坡（面積相當於京都市，人口的77%是華人），是個缺乏資源的貧窮島國。不過新加坡以加工貿易及優惠稅制吸引高科技產業、石油精製等外國企業的投資，充分利用其地利建設交通據點（新加坡港的貨物處理量為世界第二）並推動國際金融中心化等政策，成功搭上經濟世界化的潮流，成為亞洲國民生產總額僅次於日本的東南亞國協中堅國。

　　包括建設美麗的生活環境、民族融合政策等，新加坡仍持續進行著做為國際網絡國家的實驗。新加坡如果成功，也將會成為中國開放政策的最佳範本。

PART

2

二十世紀的世界

第五章　在世界各地相互衝突的帝國主義
第六章　第一次世界大戰後嶄露頭角的美國
第七章　開始動盪的亞洲與非洲
第八章　從經濟危機開始的第二次世界大戰
第九章　冷戰與新國家的誕生
第十章　全球化的新考驗

在世界各地相互衝突的帝國主義

德英對立造成世界高度緊張

新技術出現後，社會體系逐漸改變

　　世界規模的鐵道網普及後，社會結構有了大幅度的改變，都市規模也隨之膨脹。到了一八七〇年代，電氣、石油等新能源出現，帶動了新技術體系的開發及重工業的急速成長（第二次工業革命），股份公司、銀行、證券公司進行資金調度的新經濟體系也伴隨出現。在這樣的背景下，所謂的白領階級增加，社會呈現出新的風貌。

世界的勢力版圖急速改變

　　不過，第二次工業革命也帶來了一些新問題。從世界各地大量輸入的農作物導致農業不景氣，而產品的生產過剩也引發了嚴重的工業不振。自一八七〇年代開始，長達二十年的「長蕭條」席捲歐洲。

　　當時國際間的競爭十分激烈，較晚導入新技術體系與新制度的英國和法國在競爭中落敗，國際地位因而下降，於是兩國開始加強對海外的投資。當時的工業生產美國居世界之冠，德國則是第二。在經濟不景氣的情況下，必須照顧許多失業者的各國以民族主義統合國家並擴張軍備，使得彼此之間的對立愈演愈烈。

德英兩國的世界政策激烈衝突

　　德國藉由三國同盟（德、奧、義）孤立處於敵對關係的法國，採取了強化自國產業的政策。不過，在重工業急速成長的一八九〇年以後，德國開始積極擴充軍備，試圖以名為「3B政策」（參見P150）（譯注：3B為柏林〔Berlin〕、布達佩斯〔Budapest〕、巴格達〔Baghdad〕）的世界政策擴大勢力圈。

相對於此，英國提出「3C政策」（譯注：3C為開羅〔Cairo〕、加爾各達〔Calcutta〕、開普敦〔Cape Town〕）），一方面與法、俄協調，同時極力維持廣大的殖民地和勢力圈。

英、法、俄聯合包圍德國

當時英國必須在巴爾幹半島、東地中海對抗德國的進軍，並在渤海、黃海對抗俄羅斯南下，因此採取了避免與俄羅斯正面衝突、改與日本聯手的戰略（英日同盟）。

日俄戰爭開始後，英國與法國簽訂「英法協約」，又於俄羅斯戰敗後與其簽訂「英俄協約」，建立英、法、俄三國協約體制。這些協約意味著擁有眾多既得權利的英、法、俄三國建立起包圍新興勢力德國的體制。

於是，德國開始建造威脅英國制海權的大艦隊，而英國也卯足全力對抗，軍備擴充競爭愈演愈烈（建艦競爭），巴爾幹半島便成為兩勢力對立的舞台。

●日趨激烈的歐美勢力競爭

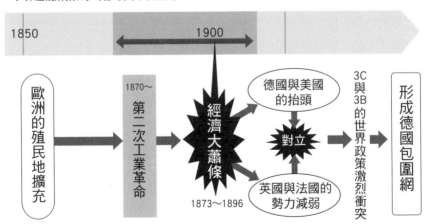

股份公司體系的普及

第二次工業革命之後,高額的設備投資成為必要,於是股份公司的結構開始擴展到世界各地。

工業逐漸轉型

一八七〇年代以後,是個歐洲的「光明」與「黑暗」極為明顯的時代。直至一九一三年為止,歐洲有大約四千萬人移民到世界各地,貿易量也成長了四倍。然而到了一八七〇年代中葉之後,生產過剩引起了稱為「長蕭條」(一八七三～一八九六)的世界性不景氣,持續了大約二十年,世界的經濟結構出現了很大的變化。

在此時期,纖維工業以外的產業急速機械化,提供機械製造原料的煉鐵法也明顯進步。為了大量製造堅硬的鋼,熔爐和煉鋼法不斷創新,十九世紀末時,世界一年已經可以生產三千三百萬噸的鋼。廉價且堅硬的鋼鐵大量供給,促進了機械生產的多樣發展。

隨著可以提高蒸汽機30％效率的蒸汽渦輪機、瓦斯爆發後傳達到活塞的內燃機(引擎)、發電機以及馬達的發明,電氣能源被廣泛地用來做為推動機械的動力源。一八六〇年代,德國將電動馬達實用化,很快地普及至各地。電氣可以經由送電線將能源傳送到遙遠的地方,是個劃時代的發明。一八八〇年代之後,世界各地陸續建起傳送高壓電用的電塔,「電力的時代」就此展開。此外,人造絲等人造纖維、合成染料、蘇打等化學工業也有所發展。隨著鋼鐵、電氣、化學等領域的新技術誕生(第二次工業革命),新的產業領域也陸續開發出來。

股份公司的普及

新的產業領域需要高額的設備投資,於是「股份公司」體系以世界規模逐漸擴展開來。股份公司發行股票,透過銀行、證券公司等籌措巨額資金,並以買賣股票的方式收購企業。一八七五年之後,銀行

歷史筆記 美國的大企業領先群倫,標準石油公司的三個煉油廠共負責了世界四分之一的石油精製。

因為借貸高額資金給企業而快速成長，以摩根、羅斯柴爾德等五大銀行為代表的國際投資銀行也相繼出現。

需要巨額資金的產業領域，在資金日益巨大卻遇上嚴峻經濟環境的情況下，企業紛紛以卡特爾（聯合壟斷）、托拉斯（企業壟斷）等方式建立壟斷狀態，試圖確保自己的利益，也因此與消費者之間形成對立。

將國內的不安外移

長蕭條期間，許多民眾的生活面臨危機，各國政府試圖將不安外移，藉以緩和國內的緊張，於是開始強化民族主義和排外主義，積極地推展對外擴張政策。

這時各國致力於利益的取得，以經營工廠、鐵道、礦山、農場等各種方式對殖民地進行龐大的投資。一九一〇年，英、美、德、法四國擁有的有價證券共占世界總額的80%。

●捲入新浪潮的美國與德國

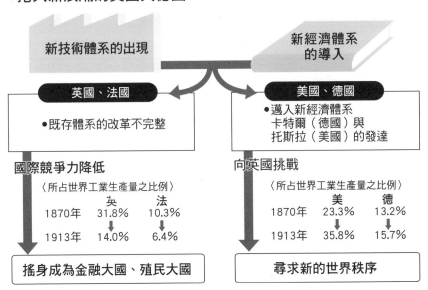

新技術體系的出現

新經濟體系的導入

英國、法國
- 既存體系的改革不完整

美國、德國
- 邁入新經濟體系
  卡特爾（德國）與
  托斯拉（美國）的發達

國際競爭力降低

〈所占世界工業生產量之比例〉

	英	法
1870年	31.8%	10.3%
1913年	14.0%	6.4%

向英國挑戰

〈所占世界工業生產量之比例〉

	美	德
1870年	23.3%	13.2%
1913年	35.8%	15.7%

搖身成為金融大國、殖民大國

尋求新的世界秩序

列強的殖民地競爭

經濟不景氣總是會帶來新的問題，席捲世界的經濟大蕭條激化了各國之間的殖民地競爭。

長期的經濟大蕭條席捲歐洲

　　一八七三年，到景氣復甦為止長達二十年以上的經濟不景氣（長蕭條，一八七三～一八九六）襲擊歐洲和美國。

　　汽船運行的海運、鐵道網、蘇伊士運河的開通、冷藏技術的改良等發展，將美國、南俄羅斯、印度的穀物及北美洲與阿根廷的肉類廉價且大量地運往歐洲，使得歐洲的農業受到很大的衝擊。此外，工業革命的影響造成工業產品生產過剩，也成為長期經濟不景氣的原因之一。

英國成為金融大國

　　在這樣的環境下，各國為了保護自國的產業而競相設立關稅障礙，企業也紛紛採取合併或聯合壟斷的方式來因應，但是英國卻無法處理這樣的危機，其原因如下：（一）以自由經濟主義管理國際市場，所以無法轉變為保護主義；

（二）以個人資產為中心的企業經營占大多數，所以經營規模很難擴大；（三）勞工的生活水準較其他國家高。

　　在這個危機的時代，英國卻依賴工業革命的遺產，因此未能即時趕上新技術體系出現所帶來的第二次工業革命及經營體系的革新，工業基礎的鋼鐵生產量被美國和德國迎頭趕上。因此，英國不得不選擇成為金融大國，將之前累積的資金投資海外，擴充殖民地和勢力圈。一八九三年，英國投資海外的資本大約占國家財富的15％，以利息收入支撐國家經濟。

　　英國選擇了與擁有許多殖民地的俄羅斯、法國等國採取共同步調。此外，急速擴充工業力的美國和德國也為了取得市場、原材料供應地及資本投資對象，開始積極擴充殖民地，於是地球上前所未有的殖民地競爭激烈展開。

歷史筆記　安德魯卡內基（譯注：美國著名鋼鐵大王）將鐵道開發的大規模組織原理應用在製造業上，結果一舉成功，建立了世界最大的煉鐵公司——美國鋼鐵（US Steel）。

●從長蕭條到列強的激烈衝突

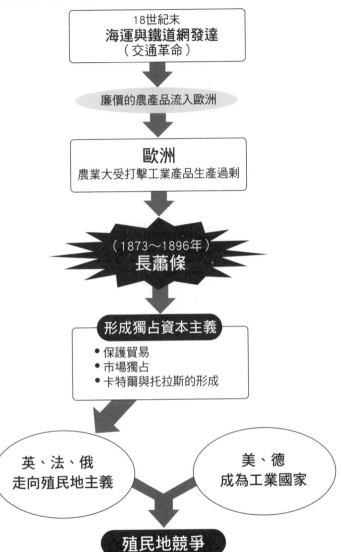

18世紀末
海運與鐵道網發達
（交通革命）

廉價的農產品流入歐洲

歐洲
農業大受打擊工業產品生產過剩

（1873～1896年）
長蕭條

形成獨占資本主義

- 保護貿易
- 市場獨占
- 卡特爾與托拉斯的形成

英、法、俄
走向殖民地主義

美、德
成為工業國家

殖民地競爭

英國與德國激烈衝突

壯大後的德國開始挑戰殖民地帝國英國，世界的緊張局勢逐漸升高。

帝國主義時代

「帝國主義」（Imperialism）一語源自「Imperium」，意指古羅馬帝國利用軍隊統治其他民族及擴張領土的國家活動。長蕭條當時，國際貿易交易的七成以上被歐洲與美國的出口所占據。

從一八七〇年到第一次世界大戰為止，英、法、俄、德等大國各持理由瘋狂掠奪殖民地，完成「世界的瓜分」。接著又利用其軍事背景試圖進行「再瓜分」，這個時代在世界史當中稱為「帝國主義時代」。

歐洲分為兩大陣營

新興工業國德國的世界政策，與英國、俄羅斯等早已擁有廣大殖民地及勢力圈的國家對立，日俄戰爭後，歐洲的大國分為「三國同盟」（德、奧、義）和「三國協約」（英、法、俄）兩大陣營。

「世界帝國」一語源自於威廉二世在一八九六年德意志帝國建國二十五週年紀念日上發表的演說內容。他說：「德意志帝國將成為世界帝國，世界所到之處皆有我國國民居住，德意志的商品、學術、產業輸出世界各地，我國外銷商品的數量將成長數十倍。」

德國的世界政策（3B政策），主要是建設巴格達鐵道（一九一八年為止完成三分之二）連結柏林（Berlin）、拜占庭（Byzantium，即伊斯坦堡）、巴格達（Baghdad）三個都市，並於巴格達外港巴斯拉建設港灣設施，具有撼動英國勢力圈印度洋的意味。而工業生產量被德國超越、居於防守地位的英國則是高揭3C政策（連結開普敦〔Cape Town〕、開羅〔Cairo〕、加爾各答〔Calcutta〕，統治非洲與印度之間的廣大領域），無論如何也要守住勢力圈。

自俾斯麥退休、德意志皇帝威

歷史筆記　一九一四年，德國因為英國的抗議，放棄了巴格達鐵道巴斯拉到波斯灣的鋪設權，一星期之後世界大戰展開。

廉二世即位後，德國於一九〇〇年通過造艦計畫，努力建設由三十八艘戰艦及五十二艘巡洋艦組成、實力超越英國的大艦隊。對此，英國建造大型艦以示對抗，兩國的造艦競爭使得歐洲的危機愈來愈深重。

英國因掌握制海權才得以取得並維持廣大的殖民地，德國從海洋世界所下的挑戰，著實撼動了英國的根基。

●英國和德國的政策對立

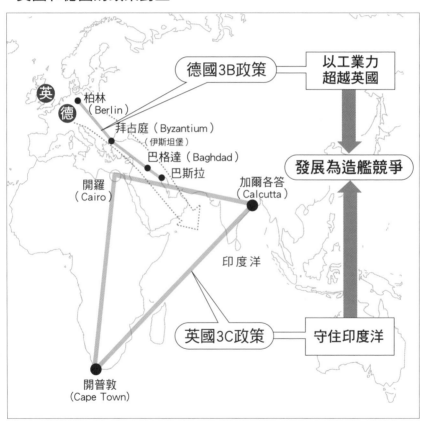

德國3B政策 — 以工業力超越英國

英 德
柏林（Berlin）
拜占庭（Byzantium）（伊斯坦堡）
巴格達（Baghdad）
巴斯拉
開羅（Cairo）
加爾各答（Calcutta）
印度洋
發展為造艦競爭
英國3C政策 — 守住印度洋
開普敦（Cape Town）

民族主義的浪潮

在長蕭條的時代，歐美各國皆採取提高民族主義意識的政策。當時各國只顧慮自己的利益，並為此互相競爭。

民族主義需要口號？

　　長蕭條導致國內經濟惡化後，歐美各國的統治階層告訴民眾，要解決問題及增加國民所得就必須對外擴張。為了將國內的問題外移，各國紛紛祭出提高民族主義意識的口號，試圖統合國內，英國的「大英帝國」、德國的「世界政策」、法國的「對德復仇」、義大利的「未收復的義大利」等便是這樣的例子。不過，軍事費用的膨脹壓迫到民眾的生活，當大戰的危機逼近，開始有人注意到狂熱民族主義的危險，於是致力於避免戰爭及守護和平的活動。

國際危機下誕生的奧林匹克

　　隨著各國的軍備擴張競爭無止境地持續，歐洲列強分成兩大陣營相互競爭，勉強維持的和平讓許多人的危機意識愈來愈強烈。當時法國教育家顧拜旦希望年輕人可以透過運動加強彼此之間的交流與理解，以消彌民族主義製造出來的鴻溝，於是努力讓「奧林匹克祭典」在近代重生。過去古希臘每四年舉行一次奧林匹克競技會，舉行期間城邦之間不得發生戰爭。

　　一八九四年，國際奧林匹克委員會在瑞士洛桑設立，一八九六年第一屆國際奧林匹克大會於雅典舉行。不過，奧林匹克的精神終究沒能超越民族主義，就在代表五大洲的奧林匹克五輪會旗完成的一九一四年，第一次世界大戰爆發。

　　俄國沙皇尼古拉二世為了緩和日漸緊張的國際局勢，也呼籲各國召開國際和平會議。於是，一八九九年「萬國和平會議」在荷蘭海牙召開，為了能夠以非武力的和平方式解決國際紛爭，會議決議設置「國際仲裁法院」，一九〇一年設立於海牙。不過，這樣的努力依然無法阻止戰爭發生。

歷史筆記　進化論被機械式地運用於人類社會，媒體和教育不斷教導民眾必須以國家民族的利益為優先，藉以提高民族主義意識。

社會主義敗給民族主義

各國的工業化和長蕭條，使得社會主義運動氣勢高昂。一八八九年，以勢力最龐大的德國社會民主黨為中心，結合歐美十九國勞工政黨的「第二國際」（一八八九～一九一四）在巴黎成立。

第二國際認為無論如何都要避免各國勞工自相殘殺，於是不斷呼籲反對戰爭、縮小軍備。但由於國際間的對立仍舊激烈，社會主義者唯恐被孤立，最終還是接受了民族主義，無法阻止戰爭發生。

在當時，戰爭被視為英雄的表現，沒有人會料想到二十世紀的戰爭會發展成連女性、老人和小孩都被捲入的悲慘的「總體戰」。

●列強的軍事費用急速增加

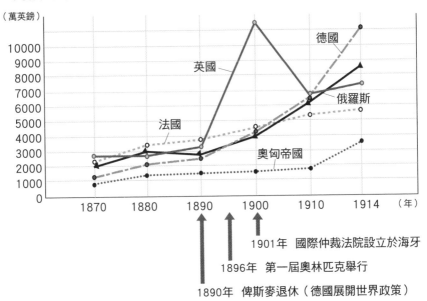

（萬英鎊）

| | 1870 | 1880 | 1890 | 1900 | 1910 | 1914 | （年） |

英國
德國
俄羅斯
法國
奧匈帝國

1901年　國際仲裁法院設立於海牙

1896年　第一屆奧林匹克舉行

1890年　俾斯麥退休（德國展開世界政策）

持續苦撐的日本與俄羅斯

日本以英日同盟為後盾與俄羅斯作戰，不過，物資缺乏的日本與俄羅斯在最後都露出了疲態。

受列強壓制的大清帝國

中日甲午戰爭後，歐洲勢力急速前進中國，保守的中國民眾陷入嚴重的不安。在山東地區擴大勢力的義和團（排外的宗教結社）組織民眾，舉著排除基督教、「扶清滅洋」（幫助大清帝國擊退歐洲人）的口號北上。

一九○○年，當義和團進入北京城殺害德國公使之後，清朝政府也正式向列強宣戰。列強派遣約四萬七千人的八國聯軍（其中日軍二萬二千人）占領北京，一九○一年與清朝簽訂「辛丑條約」，取得了北京駐兵權及龐大的賠款。另一方面，俄羅斯以義和團的活動擴及東北地區（滿州）為由，派遣軍隊南下。戰後又以保護東清鐵路為藉口讓軍隊繼續駐守，藉此強化在東北地區的統治體制，並逐漸將勢力延伸到朝鮮。

震驚世界的英日同盟

俄羅斯占領中國東北地區一事讓日本和英國備感威脅。雖然英日兩國與德國簽訂「英德協定」（譯注：日本稱為「揚子江協定」，英國與德國先簽訂，後來日本應兩國要求加入），試圖阻止俄羅斯南下東亞。不過英國首相索爾斯伯利認為，要阻止俄羅斯南下就應該利用日本的海軍，於是放棄「光榮的孤立」政策，於一九○二年與日本締結「英日同盟」。霸權強國英國與東亞小國日本結成同盟一事震驚了世界，當時甚至還出現「王子與麵粉店女兒結婚」的新聞報導。

筋疲力盡的日本與俄羅斯

日本認為外交交涉無法避免俄羅斯進軍朝鮮、渤海、黃海海域，於是以英日同盟為後盾，積極準備展開對俄作戰。俄羅斯雖然在英日締結同盟後答應從滿州撤兵，但

 歷史筆記 英日同盟的成立，意味著過去以壓倒性經濟力為後盾、致力成為歐洲世界帝國的英國在外交策略上的大轉變。

一九〇三年時不但沒有撤兵，反而在旅順設置遠東總督府加強對滿州的統治。

日本認為開戰必須選在西伯利亞鐵路完成之前，於是在一九〇四年二月八日突襲停泊在仁川沿岸和旅順港的俄羅斯艦隊，二月十日發出宣戰公告。這場戰爭是擁有最新武器裝備的大軍對決，也是顛覆以往世界所有軍事學的大規模物資作戰。也因此，經濟基礎薄弱的日本與俄羅斯很快就陷入苦戰。例如在奉天會戰的二十四天戰役中，日軍使用的砲彈有兩千一百五十六萬發之多，相當於一八七〇年普法戰爭中普魯士所用的全數砲彈。

因為打的是物資戰，日本和俄羅斯的財政開始惡化。當時日本在英國和美國發行債權，借得了60％的戰費，約為十二億日圓。之後日本又向克魯伯、維客思等兵器公司購買武器，最後終於在旅順攻陷戰（一九〇五年一月）及奉天會戰中打敗三十二萬人的俄羅斯大軍，獲得勝利（一九〇五年三月）。

●日俄戰爭背景

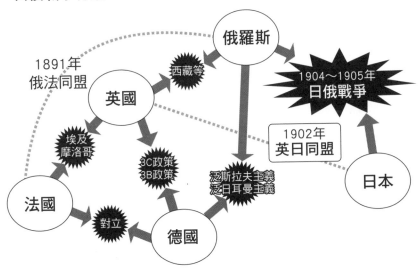

從內部自行毀滅的俄羅斯帝國

由於俄羅斯的國內問題（糧食短缺），日俄戰爭總算結束。日本雖然在這場戰爭中勝出，但事實上雙方可謂是平分秋色。

國內的叛亂讓俄羅斯無法繼續作戰

俄羅斯雖然也向法國調度戰費，但糧食問題依然日益嚴重。一九〇五年一月，俄羅斯首都聖彼得堡發生「流血的星期日」事件（俄羅斯軍隊對前往冬宮〔今艾爾米塔齊博物館〕請願的十四萬名勞工開槍，造成兩千多人死傷），之後俄羅斯發生全國規模的罷工和農民運動。

基於如此的國內情勢，俄羅斯已難再繼續對日戰爭。在一九〇五年五月的日本海海戰中，從波羅的海繞行非洲、印度洋返航的「太平洋第二艦隊」（譯注：日本方面稱為「波羅的海艦隊」）被日本打敗，六月時黑海艦隊的旗艦「波坦金號」發動叛亂，俄羅斯國內反政府的動向愈來愈明顯，也因此促使俄羅斯的態度轉為與日本簽訂談和條約。

俄羅斯帝國真的戰敗了嗎？

美國總統羅斯福認為調停日俄兩國維持勢力均衡，將有利於自國的利益，於是居中斡旋讓日俄兩國在樸次茅斯舉行和平會談，於九月簽下「樸次茅斯和約」。

由於日本要求戰爭賠款，而俄羅斯又不承認戰敗，兩國的主張嚴重對立，和談一度陷入膠著。不過日本仍然成功地取得對朝鮮的優越權（譯注：亦稱屬地最高權）、遼東半島南部的租借權、樺太（庫頁島）南部、東滿州鐵路的南滿州支線等。

小國日本戰勝俄羅斯，對芬蘭、鄂圖曼帝國等直接受到俄羅斯威脅的國家，以及受歐洲入侵所苦的亞洲人民而言，無疑是極大的鼓舞。另一方面，日本在朝鮮的優越權得到美英兩國承認後，於一九一〇年逼迫韓國簽訂「日韓合併條約」，正式併吞大韓帝國（一八九七年李朝更改的國號）。

歷史筆記 在得知無法向俄羅斯索取賠款時，日本國內對政府的不滿情緒高漲，談和條約一周年當天國民大會發生暴動。

日俄戰爭期間英法兩國接近

一九〇四年日俄戰爭開始之後，法國和英國在開戰兩個月後於倫敦簽訂「英法協約」。根據這項協約，雙方互相承認懸案已久的英國在埃及以及法國在摩洛哥的優越權。兩國結束上一世紀以來的殖民地紛爭，建立起和善的關係。

日俄戰爭意味著俄羅斯在歐洲的勢力已經衰退，因此，法國認為早日結束這場戰爭才能得到利益。於是在英法兩國希望日俄戰爭儘快落幕以阻止俄羅斯南下的利益考量之下，日本在「樸次茅斯和約」中未能取得賠款。

●日俄戰爭後，世界以德國為中心對立

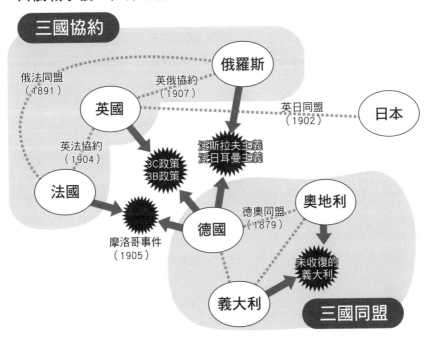

三國協約

俄法同盟（1891）

英俄協約（1907）

俄羅斯

英國

英日同盟（1902）

日本

英法協約（1904）

3C政策 3B政策

泛斯拉夫主義 泛日耳曼主義

法國

奧地利

德奧同盟（1879）

摩洛哥事件（1905）

德國

未收復的義大利

義大利

三國同盟

逐漸被孤立的德國

英法協約成立之後，德國與英國在世界政策上的衝突，使得原本就與法國交惡的德國愈來愈孤立。

三國協約孤立德國

　　日俄戰爭後，俄羅斯深受國內混亂與財政困難所苦，英國和法國於是借貸巨額資金給俄羅斯，想參照英法協約模式與俄羅斯建立友好關係。

　　不過，英國與俄羅斯建立協約關係是以日本與俄羅斯的友好為前提（因為英國與日本之間有「英日同盟」）。一九〇七年日本也分別與俄羅斯及法國締結「日俄協約」及「日法協約」，建立互助關係。同年，英國和俄羅斯簽訂「英俄協約」，劃定伊朗北部為俄羅斯的勢力範圍、伊朗南部和阿富汗則屬於英國的勢力圈。此時英、法、俄、日四國在國際政治上採取同一步調，德國完全被孤立在外。

德國與英俄兩國的對立激化

　　一八九九年德國通過造艦法案，開始建置大規模的海軍。一九〇〇年時制定二十年間常備三十八艘軍艦的計畫，企圖與實施「兩強標準」軍備政策（海軍軍力維持為第二大海軍國的兩倍）的英國對抗。對此，英國於一九〇六年建造搭載十門十二吋砲彈的新型戰艦「無畏艦」（在此之前的戰艦皆為四門）以示對抗。不過，德國新造的戰艦也全部與無畏艦同等級，於是英德兩國對海洋統治權的競爭愈演愈烈。一九一四年時，英國的無畏艦型戰艦共有十八艘，德國則有十三艘。

　　此外，德國的3B政策（參見P150）是以巴格達鐵道建設為主軸，綿長的鐵路讓德國軍隊得以前進至波斯灣，對英國統治的印度洋和印度造成威脅，同時也與俄羅斯的巴爾幹政策衝突。

紛爭的焦點——摩洛哥

　　普法戰爭的疙瘩延續著法國與

歷史筆記　一八六〇年代時世界的軍艦一般約為九千噸，到了十九世紀末，軍艦規模已增加至二萬噸，搭載砲的射程也明顯地增加。

德國之間的對立，一九〇四年法國與英國締結「英法協約」，片面決定國際政治的勢力配置引起德國極大的不滿。

由於「英法協約」承認法國在摩洛哥的優越權，正當法國開始將勢力延伸至摩洛哥時，德國皇帝威廉二世突然訪問摩洛哥的丹吉爾港，強調要保全摩洛哥的領土及主張列強在摩洛哥的地位平等，要求各國召開列國會議。另一方面，法國外交大臣也主張對德宣戰，使得歐洲的局勢陷入一觸即發的緊張狀態（第一次摩洛哥危機，一九〇五年）。

為了避免引發戰爭，各國在西班牙舉行國際會議（譯注：阿爾赫西拉斯會議），會中英國和俄羅斯支持法國，因此摩洛哥成為法國與西班牙的勢力範圍。對此深感不滿的德國在一九一一年法軍鎮壓摩洛哥首都非斯所引發的原住民叛亂後，派遣軍艦「豹號」進入阿加迪爾港，表明預備干涉的態度（第二次摩洛哥危機）。

不過，由於英國與法國締結共同作戰協定，表現出積極援助法國的態度，使得原本要求法國割讓殖民地剛果的德國改以取得一部分的領土為條件，承認法國在摩洛哥的保護權。

●兩大國的激烈衝突

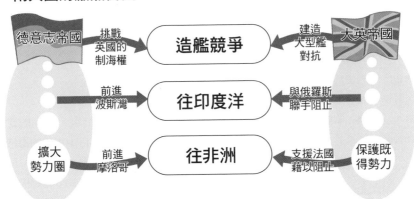

159

大眾社會的形成

傳播媒體和白領階級的出現，帶來了過去從來沒有的新文化和消費者。

何謂美好年代？

一八七三年以來持續了二十多年的「長蕭條」在十九世紀末結束，而長蕭條結束到第一次世界大戰開始為止的時期則稱為「美好年代」。在第二次工業革命的影響下，這個時期的企業逐漸大規模化。負責經營及管理一般事務的白領階級、處理多樣化技術和革新技術的工程師等專門技術人才，以及律師、醫師等專門職業和公務員等急速增加，資本家等有產階級與勞工之間出現了「中產階級」。

中產階級的人們居住在都市，營造出新的生活型態。他們上百貨公司購物、觀看運動比賽，並前往美術館、音樂廳、歌劇院、劇場等地方欣賞藝術，玩賞各式各樣的娛樂，充分地享受都市化的消費生活。

大眾社會登場

十九世紀末，勞工選舉權的許可、公會的合法化、教育的義務化及免費化等有了階段式的進展，歐洲的勞工因此能夠獲得一定程度的知識，享受新的生活文化。舉例而言，英國的成人識字率從一八七〇年的66％增加到一九〇〇年的95％。此外，在勞工運動的推展下，勞工在社會上的發言力量也逐漸增強，政府已無法再漠視勞工的想法。當時都市的新文化普及到各階層，在擁有一定共通性的消費生活背景下，有產階級、中產階級、勞工之間共通的社會狀況（大眾社會）產生。

大眾傳播的成長

高速印刷機的出現、電話的實用化、教育的普及、自由主義的滲透（出版自由的保障）等，帶動了以報紙為主的傳播媒體的成長。而過去以貴族和有產階級為對象所發行的報紙，也開始以「大眾」為目標。

 歷史筆記 從事聾啞教育的助聽器研究者貝爾，在一八七六年研發出利用電流傳達聲音、名為電話的裝置。

若欲以低廉的價格發行報紙就必須有廣告收入，於是大眾傳播與企業結合的廣告業也開始成長，倫敦的《每日電訊報》以一份一便士（譯注：英鎊的千分之一）的超低價深入社會各階層。歐洲的報紙在一八八〇年代時有六千種，到了一九〇〇年已急速增加到一萬二千種，成長了兩倍。

一八八〇年代之後，因應大眾需求、娛樂性極高的煽動性大眾報刊（黃色報紙）出現，其中的先驅者便是創設普立茲獎而留名後世的猶太裔美國人普立茲。普立茲於一八八三年收購瀕臨停刊的《紐約世界日報》，將它變成美國擁有最多訂閱人數的報紙。之後，歐洲各地也陸續有了大眾報紙。在這樣的背景之下，報紙等傳播媒體利用新聞操控大眾的情形也隨之出現。

●大眾社會的出現

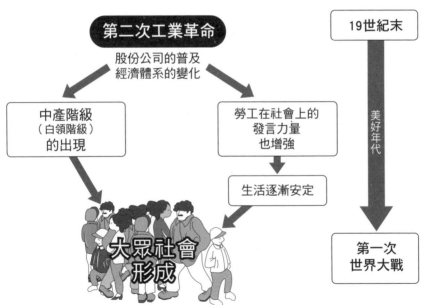

相片與電力帶來影像時代

現代生活中理所當然的「影像」，是在一九○○年代初期快速地滲透入人們的生活。

十九世紀末開始的影像革命

從相片到電影、電視、錄影機等，一連串的技術開發為人類傳遞資訊的模式帶來了革命性的變化。

圖像和影像（會動的圖像）取代文字，成為資訊傳遞的主要媒體。這些媒體深入生活中的每個角落，急速地改變了人類的文明。二十世紀可謂是「影像革命」的時代，影像帶來的「虛擬實境」深入人們的生活，具有極大的影響力。

相機的發明開啟了圖像與影像時代

將暗箱開個小洞後，外面的影像會倒映在內側的箱壁上，這個原理自古便為人所知，於是有人利用這個原理製作出稱為「Camera Obscura」的道具（obscura意指黑暗，camera意指房間）。

一八三九年，畫家達蓋爾在法國科學學會上發表達蓋爾式照相法（讓碘附著在鍍銀的銅板上，以做為感光板），取得了專利，相片就此出現。一八五三年，底片被改進為容易處理的乾版；一八八五年，以賽璐珞為基底的底片出現。緊接著，捲筒式底片出現，相片的拍攝和顯像都變得更為容易。一九三六年，攝影紀實雜誌《Life生活》發行。

影像時代開始

電燈的光源與捲筒式底片的技術結合後，電影於是出現，愛迪生於一八八九年發明的「電影視鏡」就是電影的開始。這台放映機是窺窗式，透過一個小窗可以看到窗內捲筒式底片的影像以每秒二十四格的速度放映。

受到愛迪生的影響，在法國里昂經營相片乾版工廠的盧米埃兄弟開發出「活動電影機」（譯注：同時具備攝影、印片、放映功能），

歷史筆記　結合電力能源及照相機原理所產生的影像文化──「電影」，為二十世紀的社會帶來革命性的改變。

一八九五年在巴黎發表最初的作品。據說，當時看到列車進站影像的觀眾，被畫面中急速駛來的列車威力嚇得跳離座位。

有聲電影和彩色影像令民眾著迷

可以聽見聲音的有聲電影的開發，讓電影更加充滿魅力。一九二七年，有聲電影正式出現，這項技術的開發帶動了電影全面性的改革，卓別林（譯注：英國喜劇泰斗，在無聲電影時代已是馳名世界的喜劇演員）等人雖強烈

反對這項技術的導入，但終究還是無法抵擋時代的潮流。

一九三二年，特藝彩色公司採用三原色特藝彩色（technicolor）技術，促成了彩色電影的問世。所謂三原色特藝彩色，就是用紅、藍、綠三原色的分光攝影機拍攝三捲底片，然後再將三捲底片重疊組合產生彩色影像。爾後，伊士曼柯達公司也發表新技術，彩色電影很快地普及開來。電影所開啟的影像文化，不久在第二次世界大戰後由電視繼續延續。

●從相片到影像時代

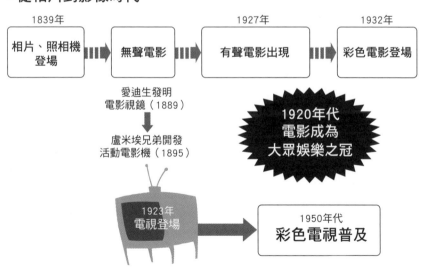

163

3C政策與3B政策導致了日後的波斯灣戰爭

　　鄂圖曼帝國以伊斯蘭教統治橫跨三大陸的廣大領土，但是隨著歐洲「民族主義」的傳入，帝國開始分裂及崩解。南斯拉夫紛爭、巴勒斯坦紛爭，以及波斯灣戰爭，都可說是鄂圖曼帝國毀滅後造成的衝突。

　　一九九○年八月二日，十萬伊拉克軍隊入侵科威特，迅速地壓制住科威特領土，震驚了全世界。不過，在這個突發的侵略行動背後，其實有著一段歷史的緣由。

　　由沙巴家族統治的科威特（兩百萬人口），是個擁有豐富石油資源的國家，原本是鄂圖曼帝國巴斯拉州的一部分。當德國取得巴格達鐵道的鋪設權及巴斯拉港築港權，表明將進軍波斯灣和印度洋的態度後（參見P150），英國為了阻止德國的勢力擴張，便將位於波斯灣口的科威特納入保護下，並在一九一三年與鄂圖曼帝國協定將科威特收為殖民地。

　　第一次世界大戰後，伊拉克全境成為英國的殖民地。後來伊拉克在一九三二年獨立，但科威特並未包括在內。一九六一年科威特雖然也獨立，但伊拉克總統卡塞姆以科威特是「英國撐起來的國家」為由，拒絕承認科威特的獨立，而這也成為伊拉克日後一貫的態度。

　　兩伊戰爭（譯注：一九八○年代伊朗與伊拉克之間的軍事衝突）後，伊拉克負債九百億美元，因而覬覦科威特豐富的油源。而當時伊拉克總統海珊看出「冷戰」體制已經瓦解的國際局勢，為了一償收復科威特領土的宿願便出兵攻打科威特。不過，美國惟恐伊拉克控制中東的石油資源及掌握伊斯蘭世界的霸權，於是組織多國籍軍隊對抗，並藉著管制媒體的策略迅速解放科威特，維持了世界秩序。

第 6 章

第一次世界大戰後
嶄露頭角的美國

第一次世界大戰讓歐洲急速沒落

第一次世界大戰的結果

英國與德國的世界政策在鄂圖曼帝國（土耳其）爆發激烈衝突，其位於歐洲入口的巴爾幹半島上發生奧地利與塞爾維亞的紛爭，導致第一次世界大戰爆發。

這場戰爭發展成連一般民眾都被捲入的總體戰，前所未有的大規模消耗戰使得淪為主要戰場的歐洲各國急速沒落。第一次世界大戰成為歐洲的輓歌，而歐洲廣及世界各地的殖民地體制也開始動搖。

大戰中誕生的社會主義國家──蘇維埃

俄羅斯由於經濟基礎脆弱，無法負擔總體戰的消耗，民眾的生活愈來愈困苦。一九一七年，歷經三月革命與十一月革命，俄羅斯轉變為人類社會中最早的社會主義國家，退出了世界大戰。當時列強雖然對蘇維埃發動武裝干涉，試圖打倒革命政權，但俄羅斯組織起「共產國際」（譯注：一九一九年在列寧指導下於莫斯科成立的共產黨國際組織，又稱第三國際），試圖藉由世界化與列強對抗。

苟延殘喘的蘇聯為了度過經濟危機便開始導入部分資本主義，藉以軟化革命路線，最後終於取得歐洲各國的認同。一九二八年之後，蘇聯實施五年計畫，期望實現一國社會主義（譯注：在自己一國之內完成社會主義）。

大債權國美國中途參戰

第一次世界大戰期間，美國成為提供武器、糧食等儲備物資的一大供應地，一舉提升了國際地位。大戰之前的美國是個債務國，後來卻成為

借貸龐大資金給歐洲各國的世界最大債權國，並且成為工業、農業都領先世界的大國。

一九一七年，高揭「無勝利的和平」口號參戰的美國雖然早已決定了戰爭的走向，但由於美國過去曾經實行「孤立外交」，因此極力避免掌握國際政治的主導權。接著，戰後美國進入有「黃金二〇年代」之稱的繁榮期，民眾沉醉於富裕的物質生活。

凡爾賽體制的矛盾

在世界大戰後的「巴黎和平會議」中，國際聯盟成立，四大帝國瓦解（參見P178），東歐各國的獨立獲得承認（凡爾賽體制）。另一方面，英國和法國將戰爭的負擔全部轉嫁給德國，德國被求償天文數字的賠款。

當時德國導入美國資金致力重建經濟，同時也加入歐美的集體安全體制，因此歐洲的協調體制一度露出進展的曙光。然而，過高的賠款阻礙了德國的經濟復甦，一九二九年世界經濟大恐慌之後，歐洲再度陷入大戰中。

●第一次世界大戰到凡爾賽體制

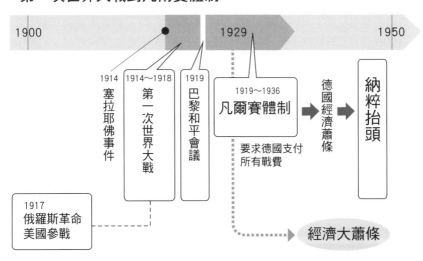

土耳其加深了巴爾幹半島的危機？

在鄂圖曼帝國，土耳其民族主義高漲，而此現象也帶動了巴爾幹半島上斯拉夫民族主義的高揚。

日本助長了青年土耳其黨革命？

英國3C政策與德國3B政策（參見P150）衝突的焦點是橫跨歐、亞、非三大陸的鄂圖曼帝國（土耳其）。在鄂圖曼帝國無止境的衰亡過程中，部分知識分子和青年的危機意識愈來愈強烈，於是致力於恢復俄土戰爭期間廢止的「米德哈特憲法」（一八七六年制定，為鄂圖曼帝國最早的憲法），希望藉著實現立憲政治讓土耳其再度重生。

一八八九年，伊斯坦堡軍醫學校的四名學生組成「青年土耳其黨」（這是歐洲方面的稱呼，正式名稱為「統一與進步委員會」），展開打倒蘇丹（伊斯蘭世界的君主）的運動。此運動很快地擴展到青年學子之間，影響甚至擴及軍隊內部。

特別是日俄戰爭時小國日本戰勝俄羅斯的消息也帶給伊斯蘭世界很大的衝擊，「Mikado」、「Togo」、「Nogi」等名字人人皆知（譯注：「Mikado」指明治天皇，「Togo」是海軍將領東鄉平八郎，「Nogi」是日本陸軍上將乃木希典，三人被土耳其人視為英雄），加入「青年土耳其黨」的青年們認為「立憲制」是日本之所以能打敗「專制」俄羅斯的主要原因，於是更加努力地推展革命運動。

一九〇八年，青年土耳其黨的將校帶領軍隊揭竿起義，要求「恢復憲法」。起義範圍從馬其頓擴展到靠近歐洲的中心都市埃迪爾內，蘇丹雖然以制壓和收買方式試圖鎮壓起義活動，但並未成功，最後於一九〇八年宣布恢復憲法，這就是「土耳其青年黨革命」。

土耳其向德國靠近，巴爾幹半島陷入緊張

青年土耳其黨領導人恩維爾帕夏將蘇丹置於自己的統治下，安置自己推薦的人選以鞏固權力中樞。

歷史筆記　俄羅斯在日俄戰爭中敗北，再加上國內局勢混亂，所以只能坐視波士尼亞與赫塞哥維納合併（譯注：合併後稱為波士尼亞赫塞哥維納，簡稱「波赫」），塞爾維亞民族主義爆發。

他主張唯有統合俄羅斯統治下的各土耳其民族，建立土耳其民族國家，才能拯救衰退的土耳其文明和土耳其民族，於是提出「泛土耳其主義」口號。

土耳其認為在日俄戰爭中落敗的俄羅斯是「不堪一擊的巨人」，只要借助德國的力量便可將之打敗，這也就是土耳其為何傾向與德國站在同一陣線的原因。土耳其向德國靠近後，俄羅斯和英國在巴爾幹的勢力基礎開始動搖，巴爾幹半島局勢也愈發緊張。

土耳其的民族運動震撼巴爾幹

青年土耳其黨加強民族策略之後，巴爾幹半島的民族運動也跟著高漲。當時土耳其屬地黎波里（今利比亞）境內的義大利移民受到壓迫，引起義大利發動義土戰爭，巴爾幹半島各民族便趁著土耳其忙於戰爭之際團結一致，共同聯合對土耳其發動戰爭，從土耳其手中奪回斯拉夫人的居住地。

就這樣，鄂圖曼帝國內的土耳其民族主義喚醒斯拉夫民族主義，急速加深了巴爾幹半島的危機。

●土耳其民族主義的抬頭

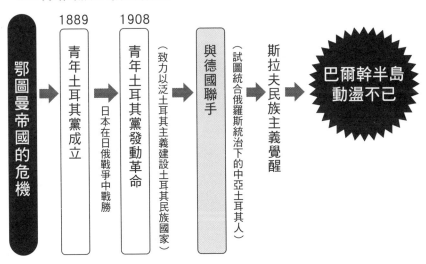

鄂圖曼帝國的危機　→　青年土耳其黨成立（1889）（日本在日俄戰爭中戰勝）　→　青年土耳其黨發動革命（1908）（致力以泛土耳其主義建設土耳其民族國家）　→　與德國聯手（試圖統合俄羅斯統治下的中亞土耳其人）　→　斯拉夫民族主義覺醒　→　巴爾幹半島動盪不已

「歐洲的火藥庫」終於爆炸！

一九〇八年奧地利併吞波士尼亞赫塞哥維納，此為所有衝突的開端。

泛斯拉夫主義與泛日耳曼主義的鴻溝漸深

新興勢力德國與英國、俄羅斯等勢力圈的彼此對立，在日俄戰爭後發展為「三國同盟」（德、奧、義）對「三國協約」（英、法、俄）的明確模式，巴爾幹半島則成為雙方對立的焦點。

此時巴爾幹半島上斯拉夫人的民族運動正如火如荼地展開，他們以俄羅斯為後盾，高揭著「泛斯拉夫主義」口號，企圖讓巴爾幹半島回到斯拉夫民族手中。對此，國內有多數斯拉夫民族的奧地利唯恐受到斯拉夫民族運動波及，於是與德國共同提出「泛日耳曼主義」（強調日耳曼民族的團結），企圖擴大在巴爾幹半島上的勢力，巴爾幹半島因而變成了「死亡的十字路口」。

一九〇八年青年土耳其黨發動革命後，保加利亞趁著局勢混亂宣布獨立，而奧地利為了與日漸高昂的斯拉夫民族運動抗衡，便在同年與俄羅斯簽訂密約併吞波士尼亞赫塞哥維納。

巴爾幹半島上的對立日漸激烈

一九一一年，爭奪土耳其屬黎波里（今利比亞）的義土戰爭爆發後，一九一二年巴爾幹同盟（保加利亞、塞爾維亞、蒙特內哥羅、希臘）在俄羅斯的守護下成立，並發動對土耳其戰爭（第一次巴爾幹戰爭）。

這場戰爭使得土耳其失去伊斯坦堡以外的歐洲領土及克里特島，不過在隔年的一九一三年，對保加利亞得到過多領土抱持不滿的斯拉夫四國又與土耳其聯手，打敗了保加利亞（第二次巴爾幹戰爭），在這場戰爭中失去許多領土的保加利亞轉而向德國、奧地利靠近。

斯拉夫與日耳曼兩勢力的競爭目標是波士尼亞赫塞哥維納，而由於此地區居住著許多塞爾維亞人，因此塞

歷史筆記　第一次世界大戰開始時，各國都認為聖誕節時戰爭應該就會有結果，但誰也沒料到戰爭竟拖延了四年之久，導致歐洲繁榮的基礎崩塌。

爾維亞人也極力地想要奪回。

悲劇自塞拉耶佛展開

　　一九一四年六月二十八日發生「塞拉耶佛事件」。為了檢閱奧地利陸軍大演習，奧地利皇太子斐迪南（五十二歲）與王妃蘇菲（四十三歲）抵達波士尼亞首府塞拉耶佛，卻遭到泛斯拉夫主義分子、十九歲的塞爾維亞大學生普林西普暗殺，而造成這場暗殺事件的起因是一九〇八年奧地利併吞波士尼亞赫塞哥維納，引發塞爾維亞的強烈不滿。

　　事件發生後的七月二十三日，奧地利在德國的承諾下對塞爾維亞發出四十八小時的最後通牒。二十五日，奧地利要求讓奧地利法官參與普林希普的審判一事遭到塞爾維亞保留，於是奧地利在二十八日對塞爾維亞宣戰。之後，「三國同盟」各國與「三國協約」各國互相對峙的第一次世界大戰爆發。

●從巴爾幹危機到第一次世界大戰

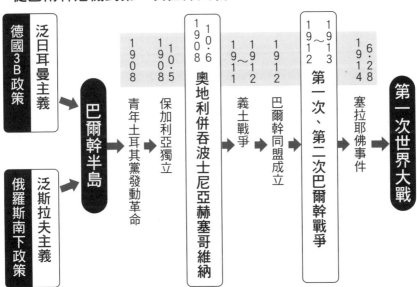

德國3B政策　泛日耳曼主義

俄羅斯南下政策　泛斯拉夫主義

→ 巴爾幹半島 →

10:5
1908　青年土耳其黨發動革命

1908　保加利亞獨立

10:6
1908　奧地利併吞波士尼亞赫塞哥維納

1911～1912　義土戰爭

1912　巴爾幹同盟成立

1912～1913　第一次、第二次巴爾幹戰爭

6:28
1914　塞拉耶佛事件

→ 第一次世界大戰

長期化的總體戰

為何第一次世界大戰會演變為一場長期戰爭，並成為全體國民都被捲入的總體戰？

德國的施利芬計畫失敗

第一次世界大戰是德國、奧地利、土耳其、保加利亞等四同盟國與二十七個協約國爆發激烈衝突的空前大戰爭。

物資匱乏的德國若想在這場戰爭中勝出，唯有選擇速戰速決一途，因此戰爭一開始，德國便採取施利芬伯爵於一九〇六年統籌的圖上作戰計畫（施利芬計畫），打算搶在動員體制遲緩的俄羅斯做好戰爭準備之前，從比利時移動到法國北部攻陷巴黎，接著從後方攻擊集合在萊茵河上游的法軍，然後再折返攻擊俄羅斯。依照計畫，德國預計六週時間就可以結束戰爭，法國參謀總部也同樣預測戰爭在短期內便會結束。

不過戰爭開始之後，由於比利時頑固抵抗，德國對法國的進攻受到拖延，再加上俄羅斯的動員體制又比想像中迅速，因此德國的作戰計畫受挫，演變成一場長期戰。

擴及戰壕後方的激烈戰爭

在長約二百八十公里的西部戰線（法國戰場）上，戰局陷入毫無進展的膠著狀態，最後演變成壕溝戰，而這場壕溝戰與後方配給制度所造成的貧乏，也將女性等全體國民捲入戰事之中。這場戰爭有別於傳統只限於軍隊的戰爭，是一場國家全體的作戰（總體戰）。此外，德國在東部戰線（俄羅斯戰場）上的占領地區雖然逐漸擴大，卻仍無法使俄羅斯屈服。

戰爭發展為戰前任誰都沒有預料到的龐大規模，第一次馬恩河會戰的彈藥消耗量足以與日俄戰爭整體的彈藥消耗量匹敵，一九一四年十月時德法兩國的儲備彈藥早已耗盡。此外，在戰爭開始的一九一四年，法國二十歲到三十二歲的男性有一半死於戰場。

歷史筆記 第一次世界大戰誘發了三個革命（俄羅斯、德國、匈牙利），也讓俄羅斯、德國、奧地利、鄂圖曼四帝國瓦解。

一九一六年凡爾登戰役頭三個月的期間，德法兩軍共射出砲彈二千七百萬發，兩軍死傷的士兵也分別多達五十萬人。而「總體戰」需要的便是大量的士兵，當時英國大約動員九百萬人、法國約八百五十萬人、俄羅斯約一千二百萬人，德國約一千一百萬人，第一次世界大戰總共動員了約七千萬人。

大量殺人武器的出現

此外，第一次世界大戰中使用的大砲較以往大型，高性能的機關槍也普遍為各國所採用，據說德國克魯伯公司製造的大砲可以攻擊距離一百二十公里遠的目標。當時開發出許多具有高殺傷力的新型武器，包括毒氣瓦斯（約四十種）、坦克（戰車）、戰機、飛行船、大型戰艦、潛水艇、魚雷等。

各國強迫士兵與後勤人員以外的國民都必須在軍需工廠工作，在法國，一九一七年時有一百六十萬人被動員到軍需工廠勞動。

●總體戰的特色

1 軍事與國家及產業的整體化

2 國家統制日常經濟活動
（配給制度、價格統制）

3 沒有前方和後方的區別
（一般民眾也被捲入戰爭中）

4 戰爭目的理念化
——徹底實行宣傳戰

俄羅斯帝國毀於糧食危機？

第一次世界大戰造成俄羅斯國民生活困頓，糧食短缺所引發的革命摧毀了俄羅斯。

要求糧食的遊行發展成三月革命

俄羅斯國內在第一次世界大戰期間爆發革命，社會有了很大的改變，其革命發生的原因在於經濟的崩潰。

第一次世界大戰開始之後，外國資本陸續從俄羅斯撤資。當時許多人民與家畜都被徵召到戰場上，以至於農產品的供給量減低，再加上運輸機關癱瘓，都市因此出現糧食危機。再者，拙劣的領導能力和戰鬥裝備使得俄羅斯連戰連敗，士兵的不滿也愈積愈深。一九一四年到一九一六年之間，就連麵包的價格也飆漲了五倍。

飢餓擊倒羅曼諾夫王朝

大戰爆發三年後的一九一七年三月八日，首都彼得格勒（Petrograd，因彼得堡〔Peterburg〕的稱呼太德國化而改名）的民眾因為糧食危機而走上街頭並發動罷工，十日時發展為具有政治目的的總罷工。

到了十二日，「蘇維埃」（勞工與士兵代表組成的革命推動機構）成立，軍隊也加入勞工的運動。

當時革命運動愈演愈烈，蘇維埃掌握了彼得格勒的統治權。另一方面，由自由主義派議員組成的臨時政府也建立，過度依賴巫僧拉斯普丁（譯注：東正教教士）而失去人民信賴的尼古拉二世在前線的大本營退位（一九一八年中旬與其家族一起被處決），而繼位的尼古拉二世之弟米哈伊爾也接著辭退，持續了三百年的羅曼諾夫王朝終究走向滅亡（三月革命）。

革命之後，俄羅斯處於臨時政府（預定不久召開憲法制定會議成立正式政府）與蘇維埃並立的雙重權力狀態，由於臨時政府選擇繼續參與戰爭，因此民眾苦難的生活也被迫繼續。

列寧登場

歷史筆記 十一月革命只有冬宮的衛兵部隊抵抗，所以戰事僅只五個鐘頭便結束。據說當時彼得格勒的電影院內客滿，看戲的民眾完全不知道外面正有革命發生。

多數派領導人列寧先是逃亡瑞士蘇黎世，之後他與約三十位同志一起回到俄羅斯並提出「四月提綱」，主張（一）把權力集中在蘇維埃手中，打倒臨時政府；（二）勞工與農民攜手合作；（三）停止戰爭等。臨時政府一方面鎮壓多數派於七月發動的起義，同時展開大攻勢企圖重建勢力，但都未成功。

●俄羅斯革命的過程

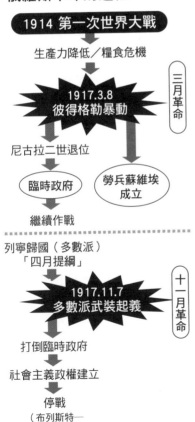

1914 第一次世界大戰

生產力降低／糧食危機

1917.3.8
彼得格勒暴動

三月革命

尼古拉二世退位

臨時政府　　勞兵蘇維埃成立

繼續作戰

列寧歸國（多數派）
「四月提綱」

1917.11.7
多數派武裝起義

十一月革命

打倒臨時政府

社會主義政權建立

停戰
（布列斯特—
立陶夫斯克和平條約）

九月時，科爾尼洛夫將軍雖發起反革命政變，但被將蘇維埃武裝化的多數派所鎮壓。

輕而易舉成功的十一月革命

當多數派掌握住主要都市的蘇維埃領導權後，發動革命的條件便已齊備。之後彼得格勒的軍事革命委員會委員長托洛斯基發動革命，由巡洋艦「阿芙樂爾號」攻擊冬宮打響第一炮，一九一七年十一月時多數派推翻臨時政府，建立起社會主義政權（十一月革命）。

革命成功之後，俄羅斯政府宣布停止戰爭（爾後簽訂「布列斯特—立陶夫斯克和平條約」終止第一次世界大戰），並在不併吞、不賠款的原則之下實現和平、無償沒收地主的土地、承認國內少數民族的自決權等。

然而，在俄羅斯首次藉由普通選舉選出代表的憲法制定會議中，屬於民粹派（一八七〇年代的民粹主義者）的社會革命黨獲得壓倒性的多數席次，多數派提議的「勤勞人民與被壓迫人民的權利宣言」遭到否決。於是在一九一九年一月，多數派以武力解散議會，開始了一黨獨裁之路。列寧將多數派改名為「共產黨」，並遷都至莫斯科。這個革命政府強制實行土地改革以及重要產業與銀行的國有化，將國外的債務一筆勾銷。

孤立主義的美國參戰的理由

自一八二三年發表門羅宣言以來，美國一路堅持孤立主義。
美國之所以加入第一次世界大戰，其實另有真正的原因。

美國參戰是為了收回債務？

　　第一次世界大戰開始之初，未參戰的美國擔任武器庫和糧食庫的角色，輸出的對象逐漸集中於英國和法國。一九一四年時英法兩國對美國的債務是七・五億美元、德國為三・五億美元。到了一九一六年，英、法的債務累積到二十七・五億美元、德國則是二百萬美元，金額增加的幅度非常驚人。

　　當時美國的摩根財團賣給英國和法國三十億美元的兵器，而美國政府也借了十億美元給英法兩國。為了能夠安然收回債款，摩根財團希望美國出面參戰。

德國的無限制潛水艇作戰逼使美國參戰？

　　英國在開戰後取得大西洋的制海權，下令封鎖海上，帶給德國很大的衝擊。為此，德國於一九一五年將英國周圍海域設為交戰海域，實行凡是進入該海域的船隻一律以潛水艇擊沉的作戰計畫。同年，從紐約出發駛往英國的英國客輪「盧西塔尼亞號」被擊沉，遇難的一千一百九十八人中有一百二十八人是美國人。一九一七年時德國的戰術更趨激烈，強制實行「無限制潛水艇作戰」，只要是進入交戰海域的船隻，一律無差別待遇、無警告地擊沉（從英國出港的船隻有四分之一遭擊沉），於是美國主張必須展開「守護民主主義的戰爭」，正式向德國宣戰。

　　盧西塔尼亞號事件雖然被利用於挑起社會主張參戰的輿論，但美國參戰的真正理由其實是為了可以確實收回借給英國和法國的龐大貸款。一九一八年，擁有壓倒性豐富物資的美軍加入西部戰線，決定了戰爭的結果。在這場大戰中，美國戰亡及病死的士兵有十一萬人以上，負傷士兵約有二十萬人。

歷史筆記　普林斯頓大學校長出身的美國總統威爾遜於一九一六年再度參選時主張「中立」，但翌年仍以自由貿易受到威脅為由參戰。

俄羅斯大幅讓步並退出戰線

由於德國的猛烈攻擊，到一九一六年為止俄羅斯陣亡的士兵有五十三萬人，傷者二百三十萬，被俘虜或失蹤者二百五十一萬人，中亞地區因此爆發穆斯林（譯注：伊斯蘭教徒）反對被徵召的叛亂事件。

當時俄羅斯國內的生活也非常困苦，就在民眾的生活陷入貧困之際，三月革命與十一月革命爆發（參見P174），俄羅斯建立起社會主義政權。政權內部經過激烈辯論之後，於一九一八年與德國簽訂「布列斯特—立陶夫斯克和平條約」，退出戰線。

俄羅斯在此條約中失去波蘭、芬蘭、烏克蘭等二百六十萬平方公里、六千二百萬人口的廣大領土，也因此失去四分之三的煤炭和鐵、二分之一的工廠、三分之一的穀物。

戰爭因德國革命而結束

一九一八年，同盟國各國紛紛退出戰線拋下德國。十一月三日，德國基爾軍港的水兵拒絕出動命令發起叛亂後，革命浪潮迅速席捲全國。九日，柏林發生革命，德意志帝國被推翻（德國革命）。十一月十一日，新政府終於決定結束戰爭。

●第一次世界大戰的經過

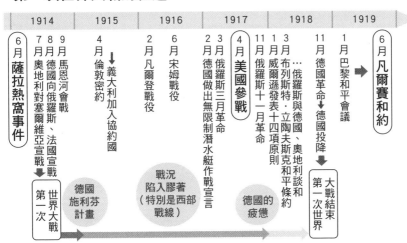

沒落的歐洲及興盛的美國

第一次世界大戰大幅改變了世界的權力平衡，其原因為何？

十九世紀霸者歐洲的沒落

　　一場以歐洲為戰場的總體戰——第一次世界大戰，對十九世紀的「歐洲時代」造成極大的衝擊。大戰的直接戰費為一千八百億五千萬美元，間接戰費為一千五百一十億六千萬美元，兩者加起來高達交戰國財富的十分之三，歐洲一口氣失去了長期累積下來的財富。

　　比起國土淪為戰場的德國和法國，英國的損失雖然較少，但也失去共計七百七十五萬九千噸的商船（其中86%是遭德國潛水艇攻擊所致）。一八七〇年左右，英國以往比美國和德國的總額還要高的出口量也銳減，美國的出口量已成長為英國的一・五倍。損失最慘重的是法國，物質上的損失高達大戰整體的13%，法國政府不得不發行數千億法郎的國債，期望重建經濟。

　　但與歐洲各國相反，美國卻在大戰中大賺了一筆，從戰前最大的「債務國」搖身一變成為最大的「債權國」，坐擁一百二十五億美元的債權。美國多達四十六億美元的黃金擁有量約占世界的一半，工業生產力足以與包括俄羅斯在內的歐洲匹敵，出口量也快速成長，戰後達到十九世紀末的四倍。

　　軍事方面，美國也維持著與英國相等的海軍軍力。如此看來，我們可以說第一次世界大戰是一場促使十九世紀從歐洲流出的移民所建造的新世界——美國超越歐洲世界的戰爭。

變化激烈的東歐

　　此外，第一次世界大戰也摧毀了霍亨索倫家族的德意志帝國、哈布斯堡家族的奧地利帝國、羅曼諾夫家族的俄羅斯帝國，以及蘇丹・哈里發統治的鄂圖曼帝國。

　　名為「帝國」的古老政治組織

歷史
筆記　第一次世界大戰讓英國賣掉五十億美元的外國證券，背負六十億美元的對外債務，並失去四分之一的對外投資，摧毀了昔日的金融帝國。

無法戰勝「總體戰」，四大帝國瓦解後的東歐有許多的新興國家成立。

國際聯盟成立

第一次世界大戰顯示出一個事實，即三國同盟、三國協約等設立假想敵國的軍事同盟間的「權力平衡」並無法維持世界和平。因此，一九二〇年由四十二個國家加盟、設立於日內瓦的「國際聯盟」成立，試圖取代以往的權力平衡，建立起集體安全保障體制。

國際聯盟加諸加盟國和平解決紛爭的義務，對於發動侵略行為的國家，聯盟整體會採取制裁措施，以期維持世界秩序。不過，參議院反對的美國、內戰中的俄羅斯以及戰敗國德國都沒有加入，加上軍事制裁必須由理事會全體通過方可執行，所以國際聯盟並無法充分發揮功能。

●第一次世界大戰的影響

① 世界的中心從歐洲變成美國

② 帝國瓦解 ── 鄂圖曼帝國、俄羅斯帝國、奧地利帝國、德意志帝國

③ 東歐各國獨立 ── 匈牙利、南斯拉夫、立陶宛、波蘭、捷克斯洛伐克、芬蘭、愛沙尼亞、拉脫維亞、

④ 國際聯盟誕生

俄羅斯鞏固起社會主義體制

蘇維埃開始儲備建設一個社會主義國家的國力，一九二二年，蘇維埃聯邦成立。

對俄武裝干涉促使俄羅斯走向戰時共產主義

　　一九一八年三月，俄羅斯革命後成立的蘇維埃政府單獨與德國簽訂「布列斯特—立陶夫斯克和平條約」，之後便從戰線退出。英、法、美、日四國擔心之前由俄羅斯支撐的東部戰線崩潰，於是以拯救在俄羅斯發動叛亂的四萬五千名捷克士兵為由，展開長達三年的「對俄武裝干涉」。

　　一九一八年七月，革命軍擔心被軟禁在烏拉葉卡捷琳堡的沙皇尼古拉二世和其家人會被反革命軍救出，於是將他們全部殺害。歐洲各國認為，輕易成功的俄羅斯革命不過是短期間的現象，他們預測革命終究會失敗，日本甚至派出七萬軍隊，打算在俄羅斯沿海各區建立遠東共和國。

　　內戰與武裝干涉讓俄羅斯失去了大半國土，於是蘇維埃政府組織紅軍展開反擊。蘇維埃政府實施對農民的強制徵糧及勞動義務制等嚴格政策，確保了物資之後才得以度過危機。武裝干涉造成俄羅斯一千萬人以上犧牲，不過一般認為大部分是餓死或病死。此外，一九一九年時蘇維埃為了保護俄羅斯的革命政權而組織「共產國際」，總部設於莫斯科。

逐漸轉換新經濟政策

　　在對抗對俄武裝干涉的期間，一九二〇年俄羅斯的農業生產量降到戰前的二分之一，工業生產量也急速降至七分之一，都市出現慢性的糧食不足，一九二一年發生大飢荒，造成三百萬人餓死。而中亞農民發起反對徵糧的反政府運動，以及燃料不足造成鐵路無法運行等，也導致都市發生嚴重的糧食不足。

　　蘇維埃政府認為要抑制民眾的不滿就必須緩和經濟統制，於是在

歷史筆記　一九二四年，蘇聯在中亞劃定民族界線。之後，烏茲別克、土庫曼、哈薩克等共和國成立。

一九二一年停止戰時共產主義，改行允許農民自由販賣穀物及認可中小企業的個人營業等新經濟政策。

史達林登場

　　一九二二年，俄羅斯、烏克蘭、南高加索聯邦、白俄羅斯四個社會主義共和國組成「蘇維埃社會主義共和國聯邦」（蘇聯，USSR）。其中俄羅斯共和國最大，占總人口的75.1％。

　　一九二四年列寧逝世後，政權落到主張社會主義專政的史達林手中。史達林將被視為列寧接班人的托洛斯基趕出蘇聯，逐漸鞏固獨裁體制。

●蘇聯的成立與其影響

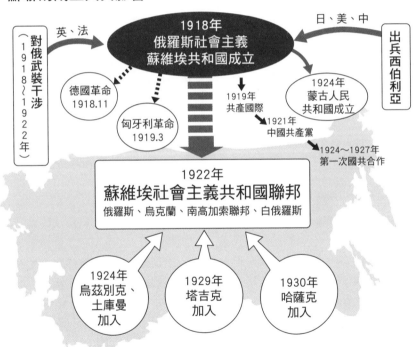

讓德國背負一切！

凡爾賽體制把戰爭的責任全部推給德國，因此埋下許多宿怨。

巴黎和平會議讓無勝利的和平落空

一九一七年高揭著「實現民主主義」和「無勝利的和平」參戰的美國總統威爾遜，在大戰末期的一九一八年一月提議包括廢除祕密外交、縮減軍備、民族自決、設立國際聯盟等項目的「十四項和平原則」，提出重整戰後世界秩序的原則。

一九一九年一月，當俄羅斯革命及對俄武裝干涉、德國革命、匈牙利建立社會主義政權等相繼發生，革命的波濤席捲西歐之際，各國召開了「巴黎和平會議」。這場會議並未邀請戰敗國以及蘇維埃政府，只允許二十七個戰勝國的代表參加。其中美、英、法、義、日五國以關係整體利害為由組成最高會議，掌握會議的主導權。

為了主張自國的利益，當時法國首相公開表示：「把責任全部推給德國」，而英國首相也說：「搾乾德國最後一滴油。」於是，威爾遜的十四項原則因缺乏現實性而成了紙上談兵，除了國際聯盟設立之外，其他沒有一項被實現。

會議的結果，戰爭責任全部推給戰敗國，受到尊重的只有戰勝國的利益而已，英國的報紙甚至還批評威爾遜是獨善其身。國際聯盟雖然在四十二國的加盟下於一九二〇年設立，但是美國並未加盟，蘇聯（俄羅斯）與戰敗國德國也沒有參加，一個無力的和平維持機構開始運作。

徹底修理戰敗國

第一次世界大戰後法國淪落為二流國家，在巴黎和平會議中，沒落的法國對德國的激烈報復尤其明顯。會議中制訂的談和條約「凡爾賽和約」共有三百二十一條，條文內容把引發戰爭的所有責任歸咎給德國與其他同盟國。

其中德國必須放棄所有的殖

歷史筆記 人口三千萬的奧匈帝國遭到瓦解，奧地利變成人口只有六百萬的小國，軍備也受到限制，並且必須支付賠款。

民地、將鐵礦石產量占世界九成的亞爾薩斯－洛林歸還法國、煤炭的寶庫薩爾歸國際聯盟管理、喪失歐洲領土的13％（人口約10％）、支付天文數字的賠款（最後決定為一千三百二十億金馬克）（譯注：德國採行金本位貨幣制度〔係指一國的本位貨幣與黃金之間維持某一特定比例的兌換關係〕，故稱金馬克），此外，德國軍備也受到限制，陸軍限制在十萬人，海軍軍艦則是十萬噸。

除了德國，其他的同盟國也遭到縮減領土的命運。此時，凡爾賽和約和一連串條約下以對德報復和敵視俄羅斯為基礎的歐洲新秩序成立，稱為「凡爾賽體制」。

在犧牲德國下重建波蘭

威爾遜十四項原則的第十三項是「承認波蘭獨立和維持海港」，不過被指定的但澤港（譯注：現名格但斯克）居民有90％以上是德國人，所以該港在國際聯盟的管理下成為自由市，波蘭只得到港灣設施的使用權。

此外，波蘭到但澤港之間的地帶（波蘭走廊）被分給波蘭，德國被切割為本土與東普魯士，這個地區的割讓對德國人的民族自尊心造成很大的傷害，也成為日後德國民眾支持納粹向東侵略的主要原因。

●第一次世界大戰後的歐洲

※粗體字為新成立的國家。

壓在德國身上的巨額賠款

依據凡爾賽和約，德國必須賠償一千三百二十億金馬克。由於這個金額實在高得嚇人，當時便出現了幾個讓步方案。

威瑪共和國結束戰爭

一九一八年十一月，基爾軍港的水兵叛亂引發的「德國革命」推翻德意志帝國，德意志共和國於是成立。掌握臨時政府主導權的社會民主黨站在議會主義的立場努力收拾革命殘局，一九一九年一月時鎮壓了以建立俄羅斯革命政權為目標而起義的斯巴達克思同盟（後來的德國共產黨）。

在革命的情勢之下，德意志共和國於威瑪召開國民會議，一九一九年六月簽署「凡爾賽和約」，八月時制定在當時被譽為最民主的「威瑪憲法」，因此德意志共和國又被稱為「威瑪共和國」。

威瑪憲法是一部包含成年男女普通選舉、國民直接投票的總統制、勞工享有經營參加權等的民主憲法，不過其中也有總統享有非常大權及徹底的比例代表制選舉（議會分裂為小黨而使力量變得薄弱）等不盡理想之處，這些制度上的缺陷，促使了日後納粹（譯注：國家社會主義德意志勞工黨的通稱）的抬頭。

法國對德國的嚴苛不變

為風起雲湧的左右勢力所困擾的德國政府面臨著沉重的負擔，那就是實在無力償還金額極為龐大的報復性賠款（一千三百二十億金馬克）。

一九二一年，德國賣掉國外資產努力償還賠款，但由於金額實在遙不可及，所以只好要求延長償還期限。一九二三年，法國和比利時不顧英美兩國的反對，以德國支付賠款延遲為由，占領了鐵和煤炭占世界產量八成、德國最大的重工業地帶魯爾，如同扣押抵押品一般。

對此，德國工人發動罷工進行「消極的抵抗」，使得已經陷入危機的德國經濟加速崩解。同年年底，德國發生一美元兌換

歷史筆記　最終結果，德國共支付十億英鎊的賠償金給英國和法國，協約國償還給美國的戰債貸款為四億英鎊。

四兆二千億馬克（一九一四年時一美元可兌換四・二二馬克）的異常嚴重的通貨膨脹，此時紙幣已經形同廢紙。

一九二三年成立的斯特來斯曼內閣設法結束魯爾的工人抵抗活動，並以相當於全國土地及企業資產4％的三十二億馬克為本金，發行新紙幣「地租馬克」，以一地租馬克兌換一兆舊馬克，才結束了通貨膨脹（譯注：地租馬克並非兌換紙幣，是以土地等不動產為擔保發行的限額地租銀行券。地租馬克發行後，貨幣價值很快地穩定，並且回復到信用階段，通貨膨脹如奇蹟般地平息，史稱「地租馬克的奇蹟」）。

爾後，成為外交部長的斯特來斯曼制訂「道威斯計畫」，在一九二四年之後的五年，以年度限額方式逐年支付賠款，並且大量導入美國資金，奇蹟式地重建了經濟。不過，就在內外情勢穩定之後，保守派也恢復勢力，一九二五年軍部推薦的前參謀總長興登堡當選總統。一九二九年，賠款支付方案改為「楊格計畫」，金額減少為三百五十八億金馬克，償還期限也延長為五十九年。

●德國賠款問題的變化

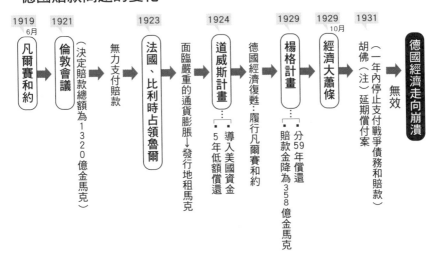

1919 6月	1921		1923		1924		1929	1929 10月	1931	
凡爾賽和約	倫敦會議	無力支付賠款	法國、比利時占領魯爾	面臨嚴重的通貨膨脹→發行地租馬克	道威斯計畫	德國經濟復甦：履行凡爾賽和約	楊格計畫	經濟大蕭條	胡佛（注）延期償付案	德國經濟走向崩潰
	（決定賠款總額為1320億金馬克）				…導入美國資金 5年低額償還		…分59年償還 賠款金降為358億金馬克		（一年內停止支付戰爭債務和賠款）無效	

注：美國第三十一任總統

墨索里尼的政變

義大利雖然是第一次世界大戰的戰勝國，但景氣卻盪到了谷底。此時，墨索里尼出現。

法西斯主義登場

在社會主義政權已經建立的第一次世界大戰之後，一九一〇年代末期的義大利和一九三〇年代初期的德國分別陷入「議會制」所無法解決的危機狀態，反社會主義、反議會主義之獨裁式政治體系，以及為實現此理想所展開的大眾運動於是興起，這就是所謂的「法西斯主義」。

羅馬帝國時代使用的「權斧」——斧柄部分用榆木或樺木包束並以紅色的帶子綑綁，斧刃部分露在外面，是具有執行「斬首」之權力的象徵，當時高級行政長官出巡時，由扈從肩荷權斧開道。墨索里尼藉此標誌象徵以權力者為中心的全民團結，組織名為「法西斯戰鬥團」的政治團體。

窮困的義大利

第一次世界大戰時，義大利為

了奪回未收復的義大利（參見P69地圖）而脫離三國同盟，於一九一五年加入協約國陣線參戰。不過，義大利將三分之二的國家預算挪做軍事費用，其中的八分之七必須靠外債週轉。義大利雖然贏了戰爭，但下場卻只有悽慘可以形容。不景氣導致義大利工業生產量減半、觀光收入銳減，數百萬復員軍人回國也造成了嚴重的失業問題。

一九一九年至一九二〇年秋天，社會的不安到達頂點，義大利北部都市發生勞工占據工廠、佃農起義等事件，動亂擴展到全國各地（紅色兩年）（譯注：當時北部工業城市數十萬工人發起罷工奪取工廠，並建立工廠委員會和赤衛隊以組織企業的生產活動，南方農民則展開奪取地主土地的運動）。

法西斯黨成立

墨索里尼於一九一九年主張

歷史筆記 向羅馬進軍的號令下達之後，在米蘭準備逃亡的墨索里尼搭乘臥鋪車前往晉見國王，表示自己剛從戰場回來。

全民團結與維持體制，領導建立「法西斯黨」，展開以暴力破壞農民運動和勞工運動的街頭行動，之後在一九二一年五月的選舉中獲得二十二個議席。

　　一九二二年時墨索里尼召集分布在全國的四萬人武裝部隊「黑衫隊」，進行預告的政變（向羅馬進軍，不過實際上集合的只有一萬四千人），警察和軍隊都保持善意的中立，而國王也期待組成強力的政府，因此不但拒絕頒布戒嚴令，還下令要求墨索里尼組閣。

之後，墨索里尼將選舉法修改為只要政黨獲得全部票數的四分之一，即可取得四分之三議席。根據此法，法西斯黨在一九二四年的總選舉中獲得65％的票數，下議院的議席一口氣增加到二百七十五席。一九二六年，法西斯大評議會選出的候選人只要經由一般投票即可成為議員，一萬名法西斯黨員被分配到全國各行政組織，操控著義大利的政治。接著法西斯黨最高機關，即大評議會的議長就任首相，法西斯黨的一黨獨裁體制就此確立。

●義大利的獨裁政權之路

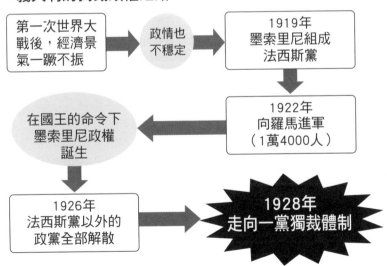

第一次世界大戰後，經濟景氣一蹶不振 → 政情也不穩定 → 1919年 墨索里尼組成法西斯黨

1919年 墨索里尼組成法西斯黨 → 1922年 向羅馬進軍（1萬4000人）

1922年 向羅馬進軍（1萬4000人）→ 在國王的命令下墨索里尼政權誕生

在國王的命令下墨索里尼政權誕生 → 1926年 法西斯黨以外的政黨全部解散

1926年 法西斯黨以外的政黨全部解散 → 1928年 走向一黨獨裁體制

逐漸恢復的歐洲和平

歐洲的和平總算恢復，不過實際上的主要關鍵在於德國與蘇聯的動向。

被排除在外的蘇聯與德國握手言和

若要讓一次大戰後的「凡爾賽體制」落實成為一個安定的國際秩序，被排除在體制外的蘇聯與被迫淪為犧牲品的德國的動向關係重大。當時蘇聯再也無法忍受窮困的經濟，於是在一九二一年進行政策轉換，導入部分市場原理（NEP，新經濟策略），與歐洲各國採取協調政策。此時，西歐的經濟也開始恢復，政治狀況逐漸好轉。

一九二二年，就在討論戰後經濟復甦問題的熱那亞會議召開之際，蘇聯與德國也在熱那亞附近的小漁村拉巴洛簽訂包括（一）互相放棄賠款；（二）德國放棄對蘇聯（舊俄羅斯）的債權；（三）恢復外交關係；（四）締結包括最惠國待遇等內容的「拉巴洛條約」，帶給協約國成員英國和法國很大的衝擊。一九二四年之後，除了美國以外，列強相繼承認蘇聯並展開邦交，這意謂著各國已經承認社會主義蘇聯是歐洲世界的一分子。

德國接受極盡屈辱的體制

一九二四年的道威斯計畫讓德國安然地度過政治和經濟危機，之後在外交部長斯特來斯曼的主導下，德國默默忍受列強針對第一次世界大戰所做的報復，接受凡爾賽和約內容，改採履行和約規定的政策。

一九二五年，德國與以英、法為首的六國（譯注：英國、法國、義大利、比利時、波蘭、捷克斯洛伐克）簽訂「羅加諾公約」，內容包括（一）德國、法國、比利時的邊界互不侵犯；（二）同意德國加入國際聯盟並成為常任理事國；（三）萊因的非武裝等。由於英國與義大利保證遵守公約，使得歐洲的集體安全保障體制得以建立。一九二六年，德國加入國際聯盟，歐洲的國際協調

 歷史筆記　道威斯建構出解決歐洲危機的體系，於一九二五年獲頒諾貝爾和平獎。

向前邁進了一大步。

不過，「羅加諾公約」是為了維持德國西部邊境的現狀、進而確立西歐和平所制訂，對於德國東部的邊境並沒有任何規定，因此蘇聯認為這是西歐對蘇聯的包圍網。

劃時代的非戰條約成立

在不安定的第三共和政權下，曾經擔任十一任首相及十二任外交部長的法國外交部長白里安，想在一九二八年美國參戰十週年之際與美國締結友好協定，將美國帶入歐洲的安全保障體制之中。不過，自門羅總統以來一直堅守孤立主義立場的美國，反而對法國提議簽訂放棄戰爭的多國條約。

一九二八年，法國外交部長白里安與美國國務卿凱洛格呼籲各國簽署「非戰公約」（亦稱「凱洛格－白里安公約」），最後包括日本在內共有十五國簽署。這個公約雖然承認自衛性的戰爭，卻不同意以戰爭做為解決國與國之間紛爭的手段，可說是劃時代的公約。由於公約內容僅是意識層面的共識，各國並不排斥，因此到了一九三四年時已有六十四個國家簽署。

●凡爾賽體制確立的經過

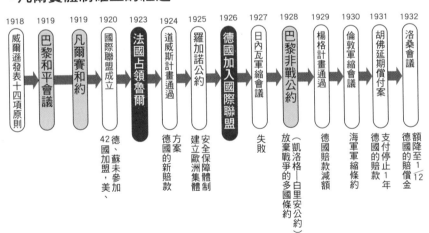

1918	1919	1919	1920	1923	1924	1925	1926	1927	1928	1929	1930	1931	1932
威爾遜發表十四項原則	巴黎和平會議	凡爾賽和約	國際聯盟成立	法國占領魯爾	道威斯計畫通過	羅加諾公約	德國加入國際聯盟	日內瓦軍縮會議	巴黎非戰公約	楊格計畫通過	倫敦軍縮會議	胡佛延期償付案	洛桑會議
			42國加盟，美、德、蘇未加		德國的新賠款方案	建立歐洲集體安全保障體制		失敗	（凱洛格－白里安公約）放棄戰爭的多國條約	德國賠款減額	海軍軍縮條約	支付停止1年德國的賠款	額降至1/12德國的賠償金

收音機與爵士──黃金二〇年代

晉身為世界最大債權國的美國，因汽車的大量生產及電器產品的普及等而開始迎向大繁榮時代。

占壓倒性優勢的美國經濟

第一次世界大戰帶來了歐洲各國沒落與美國抬頭的戲劇性變化。美國曾是揹負三十五億美元債務的債務國，之後一躍成為坐擁一百二十五億美元債權的「世界最大債權國」，國外資產高達二百七十億美元，一九二九年的工業生產量占世界的42.2%，超越了全歐洲。一九二〇年代，美國資產家摩根的銀行借貸給歐洲各國的金額高達九億六千萬美元。

美國稱霸汽車和電燈的時代

美國的巨大財富產生高消費水準，帶來了龐大的物資消費。美國的人口僅占世界的6%，卻消費了世界將近四分之三的石油、三分之二以上的生絲和四分之一的砂糖。

美國的汽車普及率在一九二〇年代也成長了三倍，一九二九年時每五人中便有一人是有車階級，為

英國的六倍。而汽車之所以能夠如此快速地普及，要拜福特以運輸帶方式（福特系統）大量生產大眾車「T型福特」之賜。福特從一名農業機械修理工晉升為愛迪生照明公司的主任技師，一八九六年開發出最早的汽車。他抱著「讓大眾以汽車代步」的信念，將作業過程標準化，以運輸帶的流動作業方式降低生產成本，一九二五年時T型福特的年產量已經達到一百萬台。

當時一部汽車只需一般勞工年收入的兩成至兩成五即可買到，只要利用分期付款方式，任何人都可以擁有汽車，因此一九二〇年代美國的汽車普及率已經達到日本在一九七〇年代的普及率。到了一九二〇年代末期，以產品差異化及多樣化設計迎合消費者需求的通用汽車（GM）公司開始銷售各式各樣的車種，銷售台數超越了福特，美國的汽車文化在此時已經達到成熟的階段。

歷史筆記 一九〇〇年時仍稱不上產業的汽車產業，在一九二〇年代時已晉升為首席產業，以超越昔日鐵道的氣勢牽引著美國經濟。

此外，電器產品也開始普及，都市家庭的25％擁有洗衣機。收音機的普及也很快速，一九二〇年無線電廣播才剛開始，一九二九年時已經有三分之一的家庭擁有收音機。

當時製造廠商積極地行銷以提高營業額，百貨公司、連鎖店也紛紛出現，以便宜和方便為原則的美式生活方式（American way of life）的大量消費時代到來。

收音機、電影及英雄的誕生

隨著廣播網的普及，爵士樂開始流行，成為代表美國的大眾音樂，作曲家蓋希文等人在當時極為活躍。此外，電影也成為休閒時的大眾娛樂，一九二九年時每週有一億人以上的觀眾前往電影院。代表美國文化的爵士與電影，在這個時期便已成型。

此外，傳播媒體的發達也造就出許多大眾心目中的英雄。一九二七年時，一年打出六十支全壘打的貝比・魯斯和同年獨自飛越大西洋的林白都風靡了大眾。

●因第一次世界大戰發跡的美國

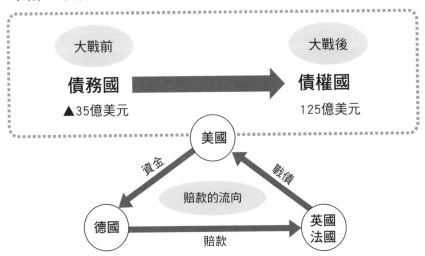

無線電廣播網擴展至全世界

無線電廣播可以將同樣的訊息傳遞到廣大的範圍，也因此強化了「民族國家」。

最初收聽到廣播的只有數百人

以電波傳遞資訊，再以許多收訊機接收的無線電廣播技術，在二十世紀初期進入實驗階段。最初的實驗開始於一九〇八年德福雷斯特（譯注：美國發明家、無線電之父）試驗性地從艾菲爾鐵塔頂端播放了一段留聲機音樂。之後，第一次世界大戰在一九一四年爆發，德國開始對西部戰線進行無線廣播。

第一次世界大戰後，世界最初的一百瓦特電力的無線電廣播電台KDKA，於一九二〇年十一月設立於美國賓夕凡尼亞州的匹茲堡市，正式的電台廣播從此開始。不過當時的電力太弱，只有距離電台半徑五十至六十公里的範圍可以聽到，播放的內容是當時正在進行的總統選舉開票結果，聽眾只有五百人至一千人左右。

之後，廣播電台在美國各地如雨後春筍般地設立，無線電產業急速成長，一九二四年年底，無線電廣播電台已經多達五百三十三家。一九二七年電台轉播世界重量級拳擊賽（登普西對滕尼）時，據說共有四千萬人全神貫注地聆聽。到了一九二〇年代末期，收音機已經普及到三分之一的家庭中。

急速擴展至全世界的無線電網絡

美國的無線電網絡廣獲好評，很快地擴展到世界各地。一九二二年倫敦進行測試性廣播，每日播放一個鐘頭，一年之內聽眾快速增至約五萬人。同年年底，英國廣播公司開始正式營運。不久，廣播的公共性受到質疑，英國廣播公司於是在一九二六年改為國營的英國國家廣播公司。

一九二二年，法國從艾菲爾鐵塔頂端播放政府廣播電台的節目；同年，俄羅斯共產國際紀念電

歷史筆記 在美國，收音機快速普及，一九四〇年時收音機多達五千四百萬台，一九四一年的廣告收入超過兩億美元。

台開台；一九二三年，德國亦開始進行電台的定時播放。而日本也在一九二六年時由東京電台在田町的府立高等工藝學校圖書館書庫設立臨時電台，開始進行實驗性的播送。

廣播強化了民族國家

此時廣播成為深入每個家庭的強力媒體，同時也被廣告媒體用來做為促銷產品的管道。企業為了提高知名度和企業形象，紛紛贊助廣播節目。

另一方面，廣播也讓中央政府的訊息得以每日從中央傳至地方，對「國民」的形成貢獻良多，標準語的普及就是最典型的例子。從這個例子我們可以看到，中央的文化席捲地方，地方文化的獨特性逐漸消失。此外，以爵士樂為代表的大眾音樂的普及等改變了大眾文化，傳播媒體創造新文化的時代來臨。

●無線廣播的出現為社會帶來改變

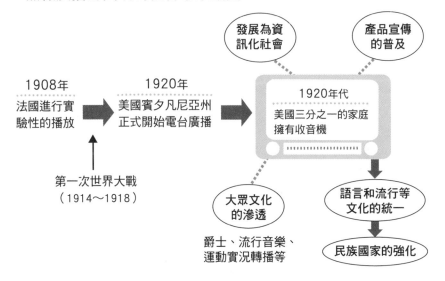

發展為資訊化社會

產品宣傳的普及

1908年
法國進行實驗性的播放

1920年
美國賓夕凡尼亞州正式開始電台廣播

第一次世界大戰
（1914～1918）

1920年代
美國三分之一的家庭擁有收音機

大眾文化的滲透
爵士、流行音樂、運動實況轉播等

語言和流行等文化的統一

民族國家的強化

隨著蘇聯瓦解誕生的十五國與民族紛爭

　　一九九一年，俄羅斯聯邦共和國總統葉爾欽在白俄羅斯的明斯克郊外與烏克蘭及白俄羅斯政府代表舉行祕密會議，逕自決定解散蘇聯並成立獨立國家國協（CIS）。許多國家雖然對斯拉夫裔三國的擅自做主感到不滿，但是除了波羅的海三國外，其餘十二國仍留在獨立國家國協，蘇聯遂改變政策轉而凝聚十二個獨立國。然而，除了俄羅斯以外的十一國中有三國是斯拉夫裔，三國位於高加索地區，五國位於中亞，各地經常發生紛爭。

　　例如，中亞海的原油預估埋藏量有八百億至二千億桶，油田的開發令人期待，但其權益及管線建設問題激化了俄羅斯、亞塞拜然、哈薩克、土庫曼等國的對立。在屬於俄羅斯、位於北高加索的車臣自治共和國內，伊斯蘭基本教義派勢力要求獨立，自一九九四年俄羅斯軍入侵以來紛爭便持續不斷，造成十萬人以上犧牲、二十萬人以上淪為難民，而其背後也有原油管線通過的問題。

　　亞塞拜然共和國境內被稱為「亞美尼亞人飛地」的自治州納戈爾諾—加拉巴赫，也造成亞美尼亞和亞塞拜然之間嚴重的糾紛，從一九九一年到一九九四年停戰為止，雙方共約有一百萬人成為難民。

　　在礦產資源豐富的塔吉克境內，貧窮的穆斯林塔吉克人發動內戰挑戰俄羅斯人和亞美尼亞人的統治階級，獲得了懷抱著結合阿富汗和塔吉克、建立「大塔吉克」構想的阿富汗支援。

第 7 章

開始動盪的
亞洲與非洲

尋求自立的亞洲與非洲各國

第一次世界大戰促進了民族運動的發展

第一次世界大戰造成歐洲各國沒落、各殖民地人民被徵召參戰、美國總統威爾遜在「十四項原則」中擁護「民族自決」、蘇聯支援民族運動等，帶動了第一次與第二次兩次世界大戰期間各地民族運動的蓬勃發展，而這也為第二次世界大戰之後十九世紀世界秩序的瓦解埋下伏筆。

被瓦解的鄂圖曼帝國和分裂的伊斯蘭世界

與德國站在同一陣線參戰卻嘗到敗北滋味的鄂圖曼帝國遭到瓦解，西亞成為英國和法國的勢力範圍。在此背景之下，土耳其發動革命打造歐洲式的「民族國家」，並且廢除蘇丹、哈里發等世襲統治階級，而伊朗（波斯）也選擇了同樣的路線。

結果，延續自六世紀的伊斯蘭世界被以民族主義為根基的「民族國家」瓦解，徹底地被套入歐洲的民族國家體制之中。當時英國人統治的巴勒斯坦開始有猶太人移入，成為日後「中東紛爭的火種」。

印度的非暴力、不合作運動

印度以大戰結束後的自治為條件幫助英國作戰，然而，戰爭結束之後英國卻違背了戰時的約定，於是印度以印度教徒組成的國民議會派為中心，展開激烈的反英運動。

當時甘地（譯注：印度國父）以非暴力、不合作的原則將運動推展到社會大眾之間。一九三〇年代，印度雖然要求完全獨立，但是國內希望建設伊斯蘭國家的穆斯林聯盟和國民議會之間產生分歧，成為至今印度與巴基斯坦根深柢固的對立根源（參見P262）。

美、蘇、日在東亞的影響力日增

　　當歐洲正在進行大戰時，日本與美國在東亞的勢力愈來愈強大。不過戰後美國召開華盛頓會議，在以門戶開放、領土保全為原則的中國政策下重新編制太平洋及東亞的秩序，讓日本的勢力範圍往後退了一大步。

　　另一方面，中國受到五四運動這個民族運動的影響，中國共產黨成立，在蘇聯的指導下，中國共產黨與中國國民黨攜手合作追求中國的統一與自立（第一次國共合作）。中國雖然在北伐之後由國民政府統一，但過程中也造成原本聯手的國民黨與共產黨分袂，至今仍持續軍事對立。

● 展開新發展的世界

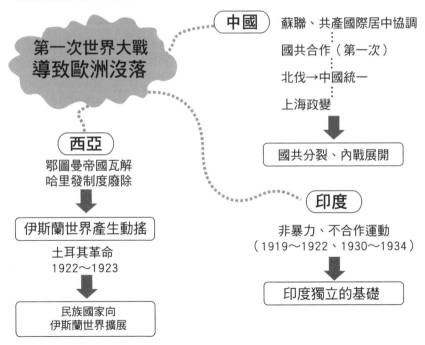

第一次世界大戰
導致歐洲沒落

中國

蘇聯、共產國際居中協調

國共合作（第一次）

北伐→中國統一

上海政變

國共分裂、內戰展開

西亞

鄂圖曼帝國瓦解
哈里發制度廢除

伊斯蘭世界產生動搖

土耳其革命
1922～1923

民族國家向
伊斯蘭世界擴展

印度

非暴力、不合作運動
（1919～1922、1930～1934）

印度獨立的基礎

撼動伊斯蘭世界的土耳其革命

土耳其（過去的鄂圖曼帝國）捨棄伊斯蘭傳統並推行現代化之後，伊斯蘭世界的裂痕逐漸擴大。

第一次世界大戰使土耳其淪為小國

第一次世界大戰開始之後，土耳其與德國、奧地利等同盟國站在同一陣線參戰。大戰中土耳其軍雖然曾經打敗企圖攻擊伊斯坦堡的英軍，但最終還是在一九一八年退出同盟國承認戰敗，領導人恩維爾帕夏逃亡海外。一九二〇年，土耳其的蘇丹（伊斯蘭世界的君主）在巴黎郊外的塞夫爾與協約國簽下由英、法、義三國代表代為管理土耳其財政等屈辱的「塞夫爾條約」，國土橫跨三大陸的鄂圖曼帝國淪落為亞洲的一個小國。

兩個土耳其並立

當土耳其的蘇丹逐漸屈服於列強時，一九一九年三月，不承認列強的要求、試圖建立新土耳其的「東部安納托利保護權利協會」在土耳其東部的安納托利亞（譯注：小亞細亞的舊稱，現今土耳其的亞洲部分）成立，凱末爾帕夏將軍被選為主席。

凱末爾在位於中央地帶的安卡拉舉行「國民會議」並組織內閣，不過蘇丹以凱末爾違背了哈里發制度、應該格殺毋論為由，不願承認安卡拉的議會。凱末爾則指責蘇丹是賣國賊，形成兩個土耳其同時存在的局面。

一九一九年至一九二二年，獲得英國和法國援助的希臘軍進攻土耳其，占領多數希臘人居住的伊士麥（舊稱士每拿）地區。此舉嚴重傷及土耳其人的民族自尊，於是凱末爾率領國民軍出兵，成功地擊退希臘軍隊。一九二二年，凱末爾宣布罷黜蘇丹政府，要將蘇丹納入「國民議會」的統制下，蘇丹因此逃亡海外，鄂圖曼帝國宣告滅亡（土耳其革命）。一九二三年，土耳其新政權與協約國簽訂「洛桑條

歷史筆記 英國和法國其實也企圖派軍隊前往革命中的俄羅斯，於是兩國軍隊在一九一九年占領伊斯坦堡並解散議會，由英國的高級專員掌握全權。

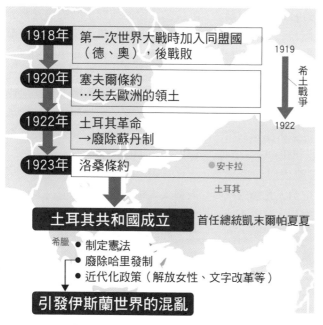

約」，終於撤銷治外法權、確立關稅自主權，並收回部分舊領土。

凱末爾打造歐洲式民族國家

　　協約國軍隊撤退之後，凱末爾宣布成立「土耳其共和國」，並經由選舉成為第一任總統。

　　之後凱末爾廢除哈里發（伊斯蘭世界政治首長）制度，根據主權在民的理念制定歐洲式憲法，指定議會為國權最高機關。接著，凱末爾又廢除伊斯蘭曆、土耳其帽、婦女裹身的黑色斗篷，實施一夫一妻制，採用太陽曆，並廢除阿拉伯文字，創造出採用羅馬拼音的土耳其文字。凱末爾以強硬的作風將伊斯蘭國家改變為歐洲式的共和國。

動盪的伊斯蘭世界

　　伊斯蘭世界的共同領導人哈里發被廢除一事，代表著伊斯蘭世界失去了團結的「核心」，因此印度等地掀起強烈的反對運動。凱末爾當然明白哈里發制度是凝聚土耳其與他國伊斯蘭教徒的重要力量，但是基於民族主義的理念，他還是選擇將土耳其從伊斯蘭世界中切割出來。

　　有人認為，土耳其的共和國化是因為受到歐洲世界的吸引，而這也是造成伊斯蘭世界日益混亂的原因之一。

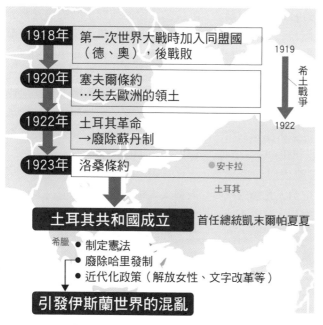

●土耳其的近代

1918年	第一次世界大戰時加入同盟國（德、奧），後戰敗
1920年	塞夫爾條約…失去歐洲的領土
1922年	土耳其革命→廢除蘇丹制
1923年	洛桑條約

1919
希土戰爭
1922

●安卡拉
土耳其

土耳其共和國成立 首任總統凱末爾帕夏

希臘
● 制定憲法
● 廢除哈里發制
● 近代化政策（解放女性、文字改革等）

引發伊斯蘭世界的混亂

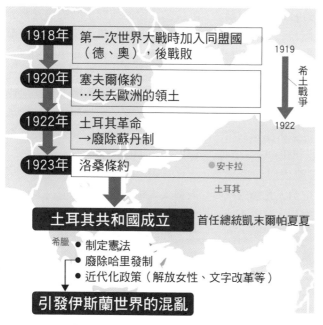

1915年　巴勒斯坦問題①

巴勒斯坦問題的開端

造成猶太民族與阿拉伯民族出現紛爭的巴勒斯坦問題，其開端是第一次世界大戰時英國的外交策略。

二十世紀中東問題由此開始

　　第一次世界大戰期間，英國利用「阿拉伯的勞倫斯」（譯注：電影名稱，是一部根據歷史上真人真事所拍攝的宏偉史詩片）——T.E.勞倫斯上校（譯注：英國陸軍情報上校，被派至阿拉伯地區聯合阿拉伯人對抗土耳其軍隊），以阿拉伯民族主義勢力對抗鄂圖曼帝國，成功瓦解了阿拉伯世界（譯注：泛指阿拉伯半島上信奉伊斯蘭教的阿拉伯人各部落）的傳統秩序，將其納入英國的勢力範圍。另一方面，英、法、俄三國於一九一六年簽訂「賽克斯—皮科協定」，祕密約定戰後如何瓜分鄂圖曼帝國。

　　戰後，英法兩國依照祕密協定，在毫不尊重阿拉伯人意願的狀況下將巴勒斯坦、約旦、美索不達米亞（伊拉克）劃定為英國勢力範圍，敘利亞、黎巴嫩則劃為法國的勢力範圍，這便是現今中東問題的源頭。

英國八面玲瓏的外交

　　一九一五年，阿拉伯哈希姆王族的當家主子侯賽因與駐埃及高級專員麥克馬洪私下達成協議（侯賽因—麥克馬洪協定），英國對阿拉伯開出「只要阿拉伯勢力肯幫助英國對抗鄂圖曼帝國，戰後便承認阿拉伯國家的獨立」的空頭支票。然而在一九一七年，英國的外交部長巴爾福為了向猶太籍金融家羅斯柴爾德調度戰費，發表「巴爾福宣言」表示支持猶太人在巴勒斯坦建設「民族之家」，這與當初約定承認阿拉伯獨立的「侯賽因—麥克馬洪協定」互相矛盾。

　　英國將巴勒斯坦視為託管地，對猶太人極為禮遇，卻視占人口九成的阿拉伯人穆斯林（伊斯蘭教徒）和基督教徒為「非猶太人」。接著，猶太人以巴勒斯坦為建設「猶太民族之家」的預定地，展開大規模的移民，與阿拉伯人之間的

 英國對阿拉伯人採取懷柔政策，承認外約旦在內陸地區獨立，另一方面又讓許多猶太人殖民此地。

對立日漸激烈。此外，「賽克斯—皮科協定」又被俄羅斯的革命政府揭露，阿拉伯對英國的背叛感到異常憤怒。

　　英國不負責任的外交造成流入巴勒斯坦的猶太人和失去土地的阿拉伯裔住民之間形成對立，進而衍生出現今的巴勒斯坦問題。巴勒斯坦的猶太籍人口在一九一七年是五萬六千人，三十年後的一九四七年則已經增加為六十萬八千人。

●英國不負責任的巴勒斯坦外交

> **1915年10月　侯賽因—麥克馬洪協定**
> 約定若阿拉伯勢力支持英國對抗鄂圖曼帝國，戰後便承認**阿拉伯國家的獨立**

> **1916年5月　賽克斯—皮科協定**
> 分割鄂圖曼帝國（土耳其）領土的協定，將巴勒斯坦劃定為英國勢力圈

阿拉伯震怒

> **1917年11月　巴爾福宣言**
> 約定讓猶太人在巴勒斯坦建國

阿拉伯震怒

戰後，猶太人流入巴勒斯坦

↓

阿拉伯人流出

↓

阿拉伯難民問題產生

阿拉伯各國陸續獨立

第一次世界大戰後阿拉伯各國相繼獨立之際，英國又施行了各種讓問題更趨複雜的策略。

被利用的哈希姆王族與阿拉伯各國的誕生

英國在殖民地事務大臣邱吉爾的帶領下，為了緩和阿拉伯人對巴勒斯坦猶太化及巴爾福宣言的不滿，於一九二八年承認阿拉伯國家「外約旦」在約旦河東岸建國，並扶植反鄂圖曼勢力領導人——哈希姆王族的兩兄弟擔任外約旦及伊拉克（一九二一年王國成立，一九三二年獨立）國王。

居住在伊朗、伊拉克、土耳其三國交會處，至今仍無自己國家的游牧民族「庫德族問題」，以及在伊拉克境內的「什葉派問題」等今日伊拉克所面臨的難題，就是當初邱吉爾不負責任地劃定界線所造成的。

當時，被認為不具經濟價值的阿拉伯半島由伊斯蘭基本教義派瓦哈比教派的伊本‧紹德統治從內陸到西岸的廣大領土，並於一九三二年建立「沙烏地阿拉伯王國」。此外，一九二二年時英國保留蘇伊士運河地帶的駐兵權、埃及防衛權、蘇丹領有權，承認埃及王國的獨立。

伊朗的獨立與伊斯蘭社會的世俗化

波斯也在一九二一年由軍人禮薩汗率領兩千五百名士兵發動政變，禮薩汗於一九二五年建立巴勒維王朝成為國王（延續至一九七九年）。

禮薩汗設立現代化軍隊、建設鐵道、復興民族文化、效法土耳其的凱末爾帕夏（參見P198）推展現代化，同時也在英國等國的勢力下保持自立。一九三五年，禮薩汗將國號波斯改為有雅利安人發祥地之意的「伊朗」，期望發揚國威。

阿拉伯世界的混亂日益加深

以國際聯盟委任統治的方式

歷史筆記 塞夫爾條約雖然同意讓有兩百萬人以上庫德族定居的庫德斯坦建立國家，但凱末爾發動革命後，庫德族的國家也就沒有著落了。

在阿拉伯世界擴大利權的英國和法國，巧妙地拉攏部分阿拉伯統治階級，賦予他們形式上的自立，並利用各種對立導入西歐體系等，在阿拉伯各地確立起統治權。

英國也巧妙地將猶太人的巴勒斯坦居住問題帶入阿拉伯世界。第一次世界大戰後，阿拉伯世界雖然有許多國家「獨立」，卻都是英國和法國在背後支撐的王族統治，是極為脆弱的「國家」。鄂圖曼帝國的哈里發制度於一九二四年遭到廢除，伊斯蘭教失去了團結教徒的核心力量，而這也是導致阿拉伯世界混亂加深的重要原因之一。

●第一次世界大戰後的阿拉伯周圍

二十三克的鹽引發印度獨立

英國利用宗教對立分裂印度，又違背讓印度自治的承諾，這些舉動招致了印度人對英國的強烈反感。

英國利用宗教對立轉移反英情緒

第一次大戰之前，印度人對英國嚴苛的殖民地統治日漸不滿，一八八五年舉行的「印度國民會議」（英國為了緩和印度人的不滿而召開的印度名流會）也嚴厲地批判英國的統治方式。在這樣的局勢下，英屬印度總督寇松設法使以印度教徒為主的國民議會與穆斯林（伊斯蘭教徒）對立，希望藉此抑制反英運動。

寇松一方面宣稱英國會保護穆斯林的權益，另一方面卻在一九〇五年頒布「孟加拉分割令」，將孟加拉（參見P117）分割為穆斯林居多的西部以及印度教徒居多的東部，而以穆斯林居多的「西孟加拉」即是後來的東巴基斯坦（孟加拉）。

一九〇六年，抗議分裂政策的國民議會派於加爾各答召開大會，高呼「抵制英貨」、「自治」、「愛用國貨」等口號，展開激烈的反英運動。對此，英國於同年幫助伊斯蘭教團體成立「全印穆斯林聯盟」，企圖利用宗教對立造成印度分裂。之後孟加拉分割令受到反對運動的影響，於一九一一年廢除。

印度遭到英國背叛

第一次世界大戰期間，英國以承諾戰後的自治權為條件，要求最重要的殖民地印度協助英國作戰。對此，印度派遣出一百二十一萬名士兵，並提供三億五千萬英鎊的資金幫助英國。

然而戰後英國卻違背了承諾，甚至還在一九一九年制定「羅拉特法」，賦予總督不需拘票即可逮捕及監禁印度人的權限，建立起鎮壓印度民族運動的體制。

歷史筆記　甘地為了廢除南非對印度籍年季契約勞工的歧視，組織非暴力不合作運動一舉成名，成為民族運動的領導者。

甘地的非暴力、不合作運動

　　為了對抗英國，律師出身的甘地成為國民議會派領導人，率領印度人民發起民族運動。甘地以印度教思想為基礎，展開非暴力、不合作的抵抗運動，呼籲全印度人民集體罷工（關閉商店、市場等），對英國的印度統治造成很大的打擊。

　　戰後的一九一九年四月，印度旁遮普地區阿姆利則市舉行錫克教（融合伊斯蘭教與印度教的宗教）祭典，當時英軍對現場的一萬五千名民眾開槍，造成一千數百人傷亡，之後反英運動便急速地高揚。然而，運動愈趨激烈造成武力抗爭頻傳，甘地於是在一九二二年指示中止反英運動。

從二十三克食鹽走向獨立

　　一九二二年的國民會議派大會決定了完全自治的方針，並制定紅、藍、白三色的印度國旗。翌年，為了反對英國頒布「禁止製鹽法」，甘地組織了稱為「食鹽行軍」的大眾運動。年過六十的甘地在七十九名弟子的陪同下，於艷陽天下徒步行走二十九天，抵達路程約三百二十公里遠的海岸，就地取海水製做出二十三克英國政府禁止的食鹽，呼籲大眾起身反抗英國，促使印度邁向獨立的第二波反抗運動就此燃起。

●印度的反英運動

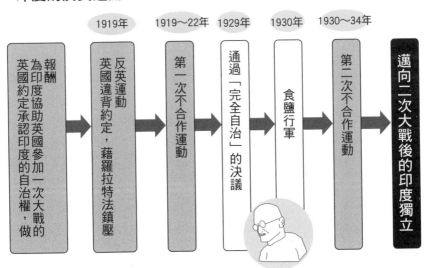

	1919年	1919～22年	1929年	1930年	1930～34年	
為報酬英國約定承認印度的自治權，做的印度協助英國參加一次大戰的	反英運動英國違背約定，藉羅拉特法鎮壓	第一次不合作運動	通過「完全自治」的決議	食鹽行軍	第二次不合作運動	邁向二次大戰後的印度獨立

美國勢力在東亞太平洋日益壯大

日本與英國主導的太平洋地區秩序瓦解，華盛頓會議之後，美國勢力趁虛而入。

日本失去「英日同盟」靠山

第一次世界大戰時，日本接收德國在東亞太平洋地區的權益，勢力逐漸擴大。英、法等歐洲各國原本在此擁有極大的權益，但大戰時被迫專注於歐洲局勢，因此在東亞的勢力大幅落後。此時，巴拿馬運河的開通讓美國與東亞太平洋有了密切的連結，美國試圖抑制日本勢力的擴大，重整這個地區的秩序。

一九二一年十一月，美國總統哈定為了商討戰後的軍備縮減及東亞太平洋問題，除了美、英、日、法、義五大國之外，還邀請荷蘭、比利時、葡萄牙、中國代表前往華盛頓召開國際會議（華盛頓會議）。

一九二一年十二月，美國、英國、法國、日本簽訂「四國條約」，約定尊重彼此在太平洋地區的領土、權益及非軍事化。條約簽訂之後，始自一九〇二年的英日同盟遭到廢除，日本失去了外交上的強大支柱。

日本利權縮減，強權美國登場

緊接著一九二二年，各國又簽訂「華盛頓海軍軍縮條約」，決定了各國保有主力艦的比例，其比例為英國五、美國五、日本三、法國一‧六七、義大利一‧六七，此時美國已被認同為與英國並駕齊驅的海軍國。此外，根據美國全權大使盧特的提議，各國於同年簽訂「九國條約」，約定尊重中國的主權與獨立、保全中國領土完整，以及中國要對各國門戶開放、機會均等。

結果，第一次世界大戰期間的一九一七年，日本駐美大使石井菊次郎與美國國務卿藍辛之間簽訂承認日本在中國有「特殊權益」的交換公文（藍辛─石井協定）被廢除，同時日本主張繼承的德國在山東半島的權益（膠州灣）也必須歸

歷史筆記 關於海軍的軍備限制，一九三〇年的倫敦會議上決定補給艦的保有比例為英國十、美國十、日本七弱。

還中國。然而，九國條約的內容與中國代表所提出的廢除不平等條約的主張有著極大的落差，條約內容充其量只是列強在中國的利害關係重新調整罷了。

華盛頓會議簽訂的三個條約下所建立的東亞太平洋秩序稱為「華盛頓體制」，這項新體制宣告著日本與英國主導的時代已經結束，美國開始擁有舉足輕重的影響力。

●美國進入中國的華盛頓體制

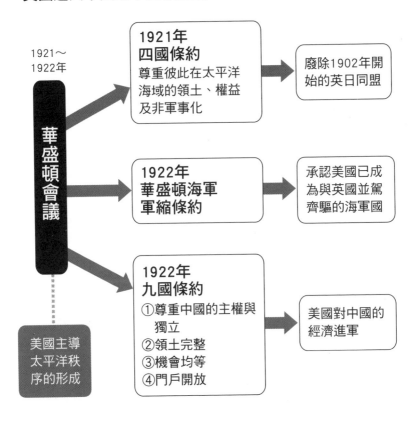

1921～1922年

華盛頓會議

1921年 四國條約
尊重彼此在太平洋海域的領土、權益及非軍事化 → 廢除1902年開始的英日同盟

1922年 華盛頓海軍軍縮條約 → 承認美國已成為與英國並駕齊驅的海軍國

1922年 九國條約
①尊重中國的主權與獨立
②領土完整
③機會均等
④門戶開放 → 美國對中國的經濟進軍

美國主導太平洋秩序的形成

孫文的國民黨因民族意識而生

日本自私的「二十一條要求」讓中國憤慨不平，中國於是發起「抗日」運動。

中國的中立宣言

一九一四年第一次世界大戰爆發後，交雜著歐洲各國的租界（外國具有管理該地行政等權力的地區）、勢力圈、各種權益，已呈「半殖民地」狀態的中國唯恐受到世界大戰波及，於是在八月六日發表「中立宣言」。對此，日本認為第一次世界大戰是歐洲各勢力不得不從中國撤退、而日本正得以在中國擴展勢力圈的絕佳機會。此時適逢有同盟關係的英國要求協助攻擊德國的武裝商船隊，所以日本在八月二十三日向德國宣戰，十一月時占領德國的租界地青島和山東鐵路全線。

雜誌喚起的新文化運動

隨著大戰的長期化，日本在一九一五年向中國總統袁世凱提出「二十一條要求」，其內容包括：繼承德國在山東的權益，旅順、大連、南滿州鐵路的租借期限延長為九十九年，以及聘請日本的政治、財政、軍事顧問，在必要地區派駐中日的共同警察等希望條款。「二十一條要求」在中國公開發表之後，中國國內認為這是日本欲將中國殖民地化為「第二個朝鮮」的企圖，於是掀起了強烈的反對運動。

此時，陳獨秀創辦《青年雜誌》（翌年改名為《新青年》），宣揚民主與科學，大力介紹歐美思想並批判舊道德。這本雜誌將新思想深入青年階層，孕育出批判儒教文化等舊道德與舊文化的新文化運動（文學革命）。

混亂時代中美日的經濟進軍

一九一六年袁世凱突然逝世，中國失去具絕對權勢的領導者，各地軍閥展開激烈的競爭（參見P133）。當時割據中國各地的軍閥軍隊總數從一九一四年的四十六

 歷史筆記　陳獨秀在發表於《青年雜誌》創刊號卷首的文章中要求青年要自覺，主張：「發揮人間固有之智能，視陳腐朽敗之物為不共戴天之敵，摒棄之。」

萬人急速增加到一九一九年的一百三十萬人左右。此時，在歐洲長期戰爭中獲得巨大利益的美日資產家急速增加對中國的投資，一九一三年至一九一九年期間，日本的投資額增加二‧五倍，美國增加約二倍。

五四運動與國民黨的誕生

在第一次世界大戰後的談和會議中，中國要求日本廢除「二十一條要求」，但遭到日本拒絕。一九一九年五月四日，北京十三所大學約三千名學生聚集至外國公使街進行抗議遊行。遊行隊伍被警官隊阻止之後，親日派高官曹汝霖的官邸遭襲，三十二名學生被逮捕。翌日群眾要求釋放被逮捕的學生，運動愈見激昂，最後發展成連勞工和商家也加入的愛國運動，甚至擴大到上海等地。六月十日，備受輿論攻擊的中華民國政府決定罷免親日派高官並拒絕簽署「凡爾賽和約」。

目睹此一運動的孫文深切地感覺到組織大眾政黨的必要性，於是在一九一九年將「中華革命黨」（一九一四年成立的祕密結社）改組為「中國國民黨」。

●二十一條要求到五四運動

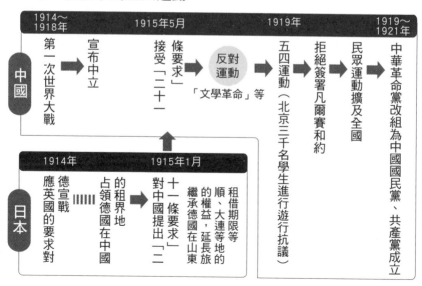

蘇聯指導下的國共合作

中國國民黨與中國共產黨各自的主張及主義大相逕庭，但為了追求中國的統一和自立，兩黨決定攜手合作。

蘇聯的成立衝擊中國

第一次世界大戰中的一九一七年，俄羅斯歷經兩次革命（三月革命、十一月革命），之後建立起社會主義政權。雖然當時歐洲各國與日本發動武裝干涉，試圖壓制俄羅斯的革命勢力，為了與此抗衡，蘇聯代理外交部長加拉罕宣布無條件地歸還俄羅斯帝政從中國取得的特權，並且取消所有的祕密條約。一九二〇年，加拉罕的宣言發表之後，深受列強壓力所苦的中國各界人士開始對蘇聯抱持親近感。

一九一九年成立於莫斯科的「共產國際」（世界共產黨）在一九二〇年的第二次大會中，決定將民族運動做為世界革命的策略之一。在共產國際的推動下，一九二一年「中國共產黨」成立，中國的社會主義運動就此誕生。

革命俄羅斯的推動與「國共合作」

一九二〇年代，在蘇聯與共產國際的推動下，國民黨與共產黨攜手合作，結合成民族運動的新母體，這便是「第一次國共合作」。

一九二三年，國民黨領導人孫文與蘇聯外交官越飛發表聯合宣言，宣言中提及中國當下面臨的重要問題是國民的統一與國家的獨立，蘇聯深表同感並答應予以援助。

國民黨獲得地方軍閥的協助在廣東組織軍政府，開始推展「國民革命」。一九二四年，中國國民黨第一次全國代表大會於廣州召開（一全大會），表決通過採用「聯俄、容共、扶助工農（勞農援助）」的新三民主義。黨的架構採取蘇聯共產黨的「民主集中制」，四十一名中央執行委員及後補委員當中有十名是共產黨員。軍事方

歷史筆記 孫文認為，在軍閥持續抗爭的狀態下，要實現三民主義不能沒有軍隊，於是接受共產國際的援助設立黃埔軍官（士官）學校。

面，在共產國際派遣的軍事顧問的協助下設立「黃埔軍官學校」，由蔣介石擔任校長，共產黨的周恩來在其下任職政治部主任。

孫文之死

在掌握新權力的軍閥號召下，各地的實權者聚集召開善後會議，孫文也響應號召參加，並在會中提議設立「國民會議」。一九二四年北上途中，孫文繞道拜訪日本，發表有名的「大亞洲主義」演講，演講中孫文批判日漸霸的日本，呼籲日本應該與蘇聯合作。

然而，孫文不久便在天津臥倒病榻，一九二五年三月留下「革命尚未成功」的名言後便病逝。之後，國民黨雖然採取由汪精衛（汪兆銘）擔任政府主席的集體指導體制，但軍事實權卻掌握在軍官學校校長蔣介石手中。

五卅事件後反帝國主義運動高漲

一九二五年二月，一家由定居上海的日本人經營的紡織工廠有四萬多人發動罷工，四月時罷工運動擴大到青島。到了五月，英國巡捕向在上海租界進行遊行抗議的民眾開槍，造成十一人死亡，多人受傷（五卅事件）。

事件發生之後，反日與反英運動擴及至中國南部，香港的勞工為了抗議英國的行為，聚集在廣州長達十六個月，造成香港的運作完全停擺。當時列強將軍艦集中至上海，頒布戒嚴令全力鎮壓，但是反帝國主義運動已經一發不可收拾。

從北伐開始的新中國

一九二五年五卅事件之後，反帝國主義運動高漲，一九二六年蔣介石擔任國民革命軍（國民黨軍隊）總司令，率領約十萬人的軍隊展開「北伐」（打倒北方軍閥）。

受到各地農民及勞工支援的國民革命軍以極快的速度北上，半年後便壓制住長江中游流域，一九二六年年底時占領了長沙、武漢、南昌等都市。

眼看蔣介石勢力日益壯大，國民黨左派與共產黨在武漢建立「國民政府」與其對抗。當時民眾運動也非常興盛，除了上海勞工曾兩度起義，漢口和九江地區的人民也取回英國租借地。

蔣介石強行統一

蔣介石領導的國民黨完成了中國統一，但共產黨勢力在農村持續擴大，因此國民黨仍是個不安定的政權。

蔣介石害怕共產黨的勢力

受到北伐的影響，共產黨領導的勞動運動與農民運動也愈來愈激烈。武漢政府（譯注：汪精衛領導的國民政府）利用這些大眾運動為基礎逐漸擴大勢力，讓蔣介石深感威脅。

於是，蔣介石於一九二七年四月十二日在上海發動反共政變，展開鎮壓共產黨員的行動，接著又於四月十八日在南京建立「國民政府」，與武漢政府對立。不過，國民政府後來分裂為左派和右派，武漢政府則控制勞動運動和農民運動的急速發展，並繼續維持國共合作（參見P210），設法防止軍部的反共行動。

此時，領導共產黨的共產國際推展七萬名共產黨員武裝化、土地公有化以及武漢政府改組的方針敗露之後，國民黨左派決定與共產黨分道揚鑣，國共合作決裂。

北伐完成到中國統一

一九二八年四月蔣介石再度展開「北伐」，日本擔心失去在中國的權益，於是以保護僑民為藉口，派遣軍隊前往山東。不過，國民革命軍依然持續北上，六月時將接受日本援助的軍閥張作霖趕出北京，完成「北伐」。

張作霖雖然從北京撤回根據地東北部（滿州），但是擔心受到「北伐」波及的關東軍（駐屯中國的日本陸軍）在奉天（瀋陽）炸毀張作霖乘坐的火車，殺害了張作霖。

之後，繼承父位的張學良於一九二八年年底表明歸順蔣介石，國民黨領導的中國統一在此完成。國民黨宣布中國革命從「軍政」向前邁進了一大步，並組織由蔣介石擔任主席的國民政府。不過，妥協之下服從於國民黨的地方軍閥依然在各地維持勢力，而共產黨的勢力也持續在農村擴大，因此國民政府仍處於不安定的狀態。

歷史筆記 隨著北伐運動展開，歐美各國在中國的利權受到影響，英國於是派遣軍隊登陸上海，英美艦隊以艦砲攻擊南京，努力捍衛巨大的特權。

● 國民黨與共產黨眼中的國民革命

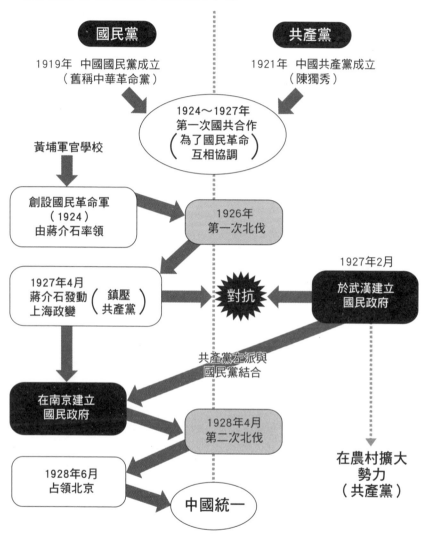

國民黨

1919年　中國國民黨成立
（舊稱中華革命黨）

共產黨

1921年　中國共產黨成立
（陳獨秀）

1924～1927年
第一次國共合作
（為了國民革命
互相協調）

黃埔軍官學校

創設國民革命軍
（1924）
由蔣介石率領

1926年
第一次北伐

1927年4月
蔣介石發動
上海政變（鎮壓
共產黨）

對抗

1927年2月

於武漢建立
國民政府

共產黨左派與
國民黨結合

在南京建立
國民政府

1928年4月
第二次北伐

1928年6月
占領北京

中國統一

在農村擴大
勢力
（共產黨）

共產黨撐過國民黨的攻擊

共產黨因受到國民黨攻擊而失去大本營，移動一萬公里後抵達延安，開始以抗日為訴求。

從農村復活的共產黨

一九二七年七月第一次國共合作決裂後，中國共產黨依照共產國際（世界共產黨）的指示，打算在都市建立革命據點。不過，共產黨在都市發動的暴動宣告失敗，結果僅剩少數的共產黨軍，仿效俄羅斯從都市出發的革命前途渺茫。

一九二七年九月，毛澤東率領僅存的一千名士兵，在湖南省與江西省交界的井崗山建立革命據點。之後殘餘的共產黨士兵陸續聚集，一九二八年五月時由約一萬人組成的紅軍（軍長為朱德）成立。

晉身為黨代表的毛澤東努力地在惡劣的環境下建立起為人民服務、有紀律的軍隊（紅軍）。同年年底，毛澤東開始實施土地革命，沒收地主的土地平等地分配給農民。截至一九三〇年為止，紅軍已經在十五個地區建立革命據點，軍隊也壯大至六萬人以上，共產黨在農村挽回了勢力。

一九三〇年至一九三一年，統一中國的國民黨動員十萬到三十萬軍力，三次圍剿共產黨的革命據點，紅軍則以游擊戰對抗，成功地脫離危機。一九三一年十一月，信心逐漸增加的共產黨宣布在江西省南部的瑞金建立「中國蘇維埃共和國臨時中央政府」，並選出毛澤東擔任政府主席。

紅軍展開長達兩年的逃亡行動

不過，蔣介石於一九三三年發動一百萬名士兵對共產黨的據點展開大攻擊，德國籍軍事顧問澤克特採取一邊建築堅固的碉堡，一邊逐漸縮小包圍網的作戰方式。而共產黨也在共產國際派遣的德國人奧托・布朗的指導下，捨棄游擊戰改採陣地戰，兩軍的消耗戰持續了一年。不過，沒有重武器的紅軍逐漸被逼入絕境，一九三四年十月時終

歷史筆記 一九三五年七月，共產國際第七次大會中提出「反歐洲法西斯主義抬頭的人民陣線論」，「八一宣言」為其中文版。

於決定放棄根據地。

之後十萬名紅軍突破國民黨的包圍，展開逃逸行動（後稱「長征」或「大西遷」），這原本只是殘餘部隊的移動，然而中國革命（參見P270）成功之後卻被神話化為革命的原點。

共產黨軍沿途躲避國民黨的追擊來到偏僻的貴州省，一九三五年一月在貴州省的遵義召開共產黨的中央政治局擴大會議，確立了毛澤東的領導權，明確訂出「北上抗日」的目標。

共產黨軍渡過長江上游的金沙江、大渡河，越過標高四千公尺的大雪山，終於在一九三五年十月抵達陝西省延安，可謂是長達一萬公里的徒步行軍（其中行軍最長的軍隊共走了一萬二千五百公里）。期間的一九三五年八月一日，共產國際以中國共產黨及中國蘇維埃政府名義發表包括「停止內戰」、「集中國力（人力、財力、武力）抗日」等內容的「八一宣言」（譯注：即「為抗日救國告全國同胞書」），呼籲建立統一戰線。

●中國共產黨的移動

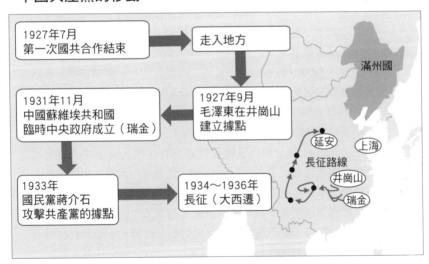

215

中國與台灣沒有終點的紛爭

一九八九年的威尼斯國際電影節，由台灣的《悲情城市》（譯注：侯孝賢執導）拿下金獅獎。這部作品描述的是第二次世界大戰後，日本從台灣撤離至國民黨接管時發生於本省人（原本即居住在台灣的台灣人）的悲劇，正面探討一九四七年因取締在台北販賣私菸的老婦人而爆發外省籍（大戰後自中國移入的中國人）警察打死本省人的暴動（二二八事件），以及中國派遣的國民黨軍所展開的鎮壓行動。

中日戰爭時組成統一陣線並肩作戰的共產黨和國民黨，各自懷抱著不同的國家願景，大戰後為了爭取主導權而爆發內戰，最後國民黨戰敗。一九四九年，約兩百萬國民黨籍軍人和政府幹部移居台灣，高揭「反攻大陸」口號的國民黨發布戒嚴令（持續至一九八七年），在打壓占人口83%的台灣人的同時，也在冷戰體制下維持國家體制。

之後，台灣以電腦零件的製造等開創出成功的經濟發展，與因大躍進計畫失敗及文化革命而陷入混亂的中國形成強烈對比。一九九九年台灣人民的個人國民平均所得為一萬二千零四十美元，明顯地超過中國的七百七十四美元。

一九七一年聯合國代表權雖然移轉到中國大陸手中，但是一九八八年蔣介石之子（譯注：蔣經國）逝世後，本省籍的李登輝就任總統，開始推行總統直選等民主化政策，並主張中國與台灣是特殊的國與國關係。對此，不願失去台灣的中國高呼「一個中國」以及在香港、澳門實施的「一國兩制」口號，不斷地對台灣施壓。而主張「台灣獨立」、在二○○○年當選總統的陳水扁則呼籲中國與台灣展開對話，提倡和平共存。就現況而言，台海兩岸今後局勢的發展仍難以預測。

第 8 章

從經濟危機開始的
第二次世界大戰

經濟大蕭條引起世界大戰

戰後的經濟秩序急速崩解

人類社會的試煉降臨美國經濟中樞——紐約華爾街，這項試煉也就是一九二九年的經濟大蕭條。

突然發生的股價泡沫化導致銀行和企業相繼破產，為數龐大的民眾失業，經濟也停滯不動。此時美國大量縮減進口產品，並收回投資海外的資金，對世界經濟造成毀滅性的衝擊。

大國的對策加深危機

經濟大蕭條發生時，一路歌頌「黃金二〇年代」的美國政府無法理解問題的嚴重性，導致事態更加惡化。另一方面，各國政府也採取保護貿易和降低匯率來因應危機，英國和法國則採取不讓外國產品進入本國及殖民地的經濟聯盟政策。在大國以自我為中心的政策下，沒有屬於自己經濟圈的國家均陷入極大的困境。

亞洲的戰爭——中日戰爭爆發

受到經濟大蕭條的影響，日本陷入嚴重的不景氣，再加上農作物歉收等，景氣極為低迷。此時日本將「滿州」視為復甦經濟的生命線，並在滿州事變之後建立起「滿州國」。

在中國，國民軍（國民黨）與紅軍（共產黨）持續內戰，失去據點的紅軍北上（長征）建立新據點，主張對抗日本的侵略。另一方面，蔣介石領導的國民黨雖然派張學良前去攻擊共產黨的新據點，但攻擊行動失敗。西安事變之後，國民黨與共產黨一樣開始主張「抗日」，對中國民族意識的高揚逐漸感到不安的日軍於一九三七年發動中日戰爭，日本逐步陷入泥淖化的戰爭。

歐洲的戰爭——德國對英法戰爭

德國經濟在美國撤出資金之後急速崩解，然而議會卻毫無對策，納粹藉此機會取得權力並重整軍隊，打著「統一德國」的口號在東歐擴張領土。

此時，原本對納粹採取姑息政策的英國和法國再也無法坐視不管，一九三九年德軍入侵波蘭之後，英法兩國便向德國宣戰。在有利情況下展開戰爭的德國接著又發動德蘇戰爭，最後演變成全歐洲規模的大戰。

戰爭的世界化——太平洋戰爭

中日戰爭期間，日本的戰略物資調度陷入困境，為了能繼續作戰，日本將戰線擴大至東南亞，接著更於一九四一年向美國宣戰。對此，美國也向日本的盟國德國及義大利宣戰，亞洲與歐洲的戰爭於是合而為一。

● 第二次世界大戰發生的經過

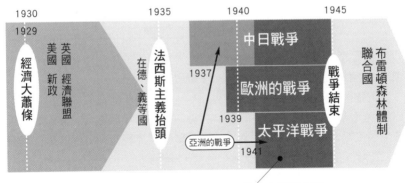

219

經濟大蕭條為何會發生？

在經濟大國美國，紐約股市突然暴跌，造成了世界性的連鎖反應。

股價跌到最高點的六分之一

一九二九年十月二十四日（星期四），紐約華爾街證券交易所的股價大跌（黑色星期四）。股價突然的暴跌讓泡沫經濟浮上檯面，十月二十九日美國經濟完全崩潰。

一九三〇年，紐約州出現以自助式和量販價為特色的超市；一九三一年，利用電力運轉的空調、冷氣系統、電梯等的普及象徵美國繁榮的帝國大廈也在此時落成，因此美國的經濟崩潰是突然發生的。

而惡性循環帶來的還是惡性循環，美國股價在當年內重挫一半，消費縮減導致企業倒閉，失業人口急速增加，一九三二年的股價降至最高點時的六分之一。到了一九三三年，美國國民生產總額與工業生產減半，產品交易減少三分之二以上，每四位國民之中就有一人失業。

當時住在紙箱搭蓋的屋子、蓋著報紙睡覺的遊民占滿街道，民眾為了諷刺施政不力的總統胡佛，還將遊民居住的紙箱街取名為「胡佛村」。

銀行破產的世界效應

民眾的生活愈來愈困苦，最後只好領出存款，因股價下跌而蒙受龐大損失的銀行一家接著一家倒閉，民眾擠兌的現象更是不時出現。一九二九年到一九三二年間，美國有五千家以上的銀行倒閉，就連美國最大的銀行也在一九三一年時破產。

陷入經營危機的美國銀行紛紛撤回國外的短期融資，美國的蕭條影響了世界經濟，歐洲的銀行也跟著陸續倒閉。

當時擁有世界大半黃金的美國掌控著世界的金融市場，投資在世界各地的資金約為一百五十億美

歷史筆記　民眾失去家園、帶著家人四處遷徙尋找工作的悲慘狀況，在史坦貝克的小說《憤怒的葡萄》中也可感受到。

元。美國金融市場的崩潰導致歐洲各國企業跟著倒閉，失業者流落街頭。在一九三二年的英國，全職勞工每四人就有一人失業，失業人口高達二百七十五萬。

而依靠美國資金支撐的德國更是嚴重。一九三一年七月，為了防止德國經濟崩解，美國總統胡佛提出德國賠償金支付停止一年的提案（胡佛延期償付案），但終究還是無法防止德國和奧地利的經濟崩潰。當時德國經濟陷入谷底，一九三二年有五百五十八萬人、大約四成的民眾失業。

經濟大蕭條使得世界的工業生產力降低44％（過去最嚴重的蕭條也只降低7％），世界貿易減少65％（以往最多減少7％）。

●經濟大蕭條促使納粹抬頭

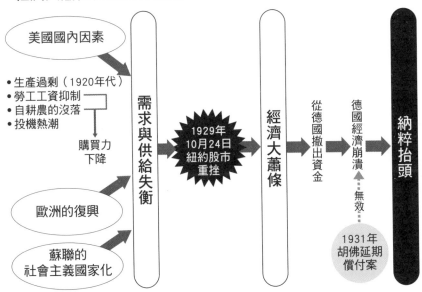

小羅斯福的改革被視為違憲

為了因應經濟大蕭條的窘境，美國採行了新政政策，這在某種意義上可說是個劃時代的政策。

以政策介入經濟

除非經濟狀況跌至谷底，否則政治一概不介入經濟，這是古典資本主義的原則。然而，經濟大蕭條期間古典資本主義已無力拯救崩潰的經濟，各國政府不得不積極介入。

一九三三年，富蘭克林·羅斯福（第二十六任總統老羅斯福的堂弟，通稱小羅斯福）贏得大選就任美國第三十二任總統，在美國四十八個州中，小羅斯福有四十二個州的票數領先前總統胡佛。上任後小羅斯福立即實施「新政政策」，試圖利用公共投資吸收失業者和多餘的物資。

小羅斯福積極地利用廣播媒體，以廣播節目「爐邊談話」直接對國民發表談話。他刻不容緩地陸續推動安定經濟的政策，包括銀行的重整、證券交易的規範與監視、設立聯邦緊急救濟署救濟失業者、廢除民間企業獨占電力，改由政府體系企業（田納西河流域管理局）進行田納西河流域電力開發為中心的綜合開發事業等，為期百日的改革就此展開。此外，小羅斯福還不忘在一九三三年廢除一九一九年制定的禁酒法，為民眾加油打氣。

限制田地面積，控管家禽數量

小羅斯福也極為重視農民的救濟工作，兩個月後國會通過「農業調整法」（AAA），以限制生產、調整生產與消費的平衡、以及提高農產品價格等方法救濟農民。其內容為限制小麥、棉花等五種農產品，以及豬肉及牛奶兩種畜產品的生產，藉以調整供需關係，對於被限制耕作（小麥田三百萬公頃，棉花田四百萬公頃）的田地發給補助金，此外，豬隻等家禽的飼育數量也被納入管理。

在農業調整法實施的過程中，

歷史筆記　小羅斯福在就職演說中表示，美國面臨的是物質上的困難，不是什麼了不得的大事，他的首要目標是要讓國民得以就業。

有六百二十萬頭豬隻和二千三百萬頭牛因為供需調整遭到撲殺。不過，由於運送成本將會大增，因此都市裡飢餓的失業者並未能分到這些豬肉和牛肉。

被視為違憲的「藍鷹運動」

小羅斯福在「百日改革」的最後階段制定「國家工業復興法」（NIRA），做為新政政策的重點。該法是由政府介入限制經濟活動，為了調整各產業而下定決心實施的法律。政府要求企業代表、勞工代表、公益代表等，依照產業別就產量、價格、薪資水準等達成協定，並賦予勞工團結權與團體談判權，尋求勞工的合作。

法律制定一個月後，約有一百五十個產業加入協定，政府頒發象徵美國的藍鷹標章給協助的企業，此即為重建產業秩序的「藍鷹運動」。不過，聯邦最高法院於一九三五年判決「國家工業復興法」違憲、一九三六年判決「農業調整法」違憲，原因在於法院認定行政機關過度介入經濟是為不當。

● 何謂新政政策？

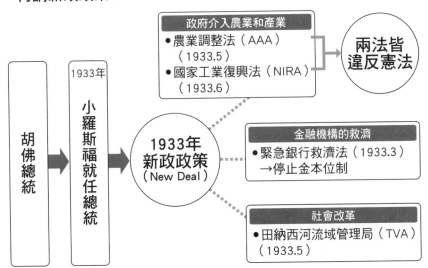

政府介入農業和產業
● 農業調整法（AAA）（1933.5）
● 國家工業復興法（NIRA）（1933.6）
→ 兩法皆違反憲法

1933年
小羅斯福就任總統
胡佛總統

1933年新政政策（New Deal）

金融機構的救濟
● 緊急銀行救濟法（1933.3）
→停止金本位制

社會改革
● 田納西河流域管理局（TVA）（1933.5）

經濟大蕭條導致各國利益對立

為了因應經濟大蕭條，各國開始守護自身利益，國與國之間的對立因此更加激化。

以往的經濟體系已經無用

從美國開始的經濟大蕭條很快地波及世界各地，各國企業相繼倒閉，失業者急速增加。國際貿易額也從一九二九年的六百八十億六千萬美元降為一九三三年的二百四十億二千萬美元，驟減了約三分之一。

工業國家為嚴重的失業問題所苦，而失去農作物銷售市場的農業國家與殖民地則不斷有飢荒發生。在此背景下，工業國家的經濟民族主義動向愈來愈強烈，殖民地地區的民族運動也日益高漲。

總而言之，「經濟大蕭條」的出現，是過去的經濟體系再已無法以世界規模運作所產生的現象。

金本位制徹底瓦解

面臨前所未有的經濟危機，各國均設法讓本國的工業產品出口變得有利，此時各國採取的對策是廢除金本位制（譯注：以一定重量和成色的黃金做為法定價格標準或貨幣單位的一種貨幣制度，通貨可按本位的含金量在國內或國外自由兌換成黃金）及有如競價般地降低匯率。英國率先在一九三一年廢除金本位制，之後美國與法國也跟進，到了一九三六年，各國均已廢除金本位制。理所當然地，各國接下來便採取抑制進口的政策以保護本國產業，但此舉也導致國際貿易額每況愈下。

經濟大蕭條期間，六十六國代表在一九三三年聚集至倫敦參加國際聯盟舉辦的世界經濟會議，試圖藉由國際協調避開「國際規模的經濟危機」。然而，受到各國嚴重社會問題的影響，國與國之間的利益調整未能順利達成。

經濟聯盟與「生活圈」

於是，各國選擇以政治介入來渡過經濟危機，分別組織起「經

歷史筆記 凱因斯（譯注：英國經濟學家）在一九三三年的世界經濟會議中，主張若要重建各國競相降低匯率及提高關稅所造成的世界經濟混亂，則需要採用新的國際貨幣。

濟聯盟」。當時英國組成「英鎊聯盟」，法國組成「法郎聯盟」，美國組成「美元聯盟」等，世界劃分為美元、英鎊、法郎、日圓等貨幣圈。

貧乏國家主張的生活圈

在這樣的情況下，缺乏國內資源及殖民地勢力圈的德國、義大利、日本等國，不得不以其他的方法解決失業問題與經濟危機。其方法之一便是擴充軍備，利用軍隊和軍需產業來救濟失業者。當時日本為了組織「日圓聯盟」而侵略中國，並在「大東亞共榮圈」的構想下進軍亞洲，便是最好的例子。

●經濟聯盟與德國、義大利

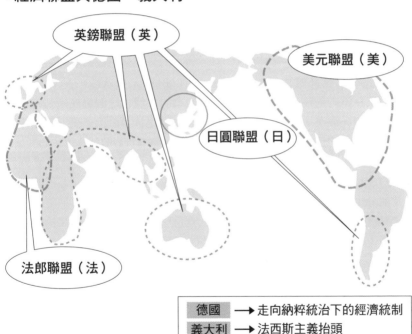

英鎊聯盟（英）

美元聯盟（美）

日圓聯盟（日）

法郎聯盟（法）

| 德國 | → 走向納粹統治下的經濟統制 |
| 義大利 | → 法西斯主義抬頭 |

建立蘇聯的史達林

列寧的後繼者史達林，在強迫國民和黨員做出諸多犧牲下，建立起獨裁體制。

計畫經濟的成功影響了資本主義

列寧死後，史達林於一九二七年的黨大會中驅逐主張永續革命（持續世界革命的革命論）的勁敵（托洛斯基等人），翌年開始實施社會主義模式的第一次五年計畫。

第一次五年計畫中採取建設五十六萬瓦電力的聶伯水力發電廠及輕工業優先政策。相較於農業生產，工業生產的比例占70％，蘇聯終於成為世界第二大工業國。見到蘇聯的成功，資本主義各國也開始導入部分由政府介入國家經濟的計畫經濟體系。

歷史學家卡爾指出，比起共產國際的活動，蘇聯負責執行計畫經濟的國家計畫委員會（Gosplan）對國際所產生的影響應該更加地大。之後蘇聯又於一九三三年實施第二次五年計畫，於一九三七年結束。

引發社會混亂的集體農場政策

另一方面，史達林於一九二九年實施「集體農場」政策，將以往由個人經營的農業改變為農業合作企業，其目的是要利用大規模經營的方式提高農業效率，再將多出來的人力分配到工業領域。對於農業人口占總人口八成的蘇聯而言，農業的集體化是個轉換體制的大工程。史達林共派遣二萬五千名黨員下鄉，強制實行改革。

若以數字表示蘇聯農業集體化的效率，一九三三年時已經達到80％。然而，好不容易取得的土地就這麼被政府奪走，農民的反抗非常強烈，不僅憤而屠殺大量家畜，並且發動罷工。此外，在強硬實行的計畫之下，糧食調度也必須依照分配，使得農民難以取得糧食。一九三二年至一九三三年間，估計烏克蘭有六百萬至七百萬人死於飢餓。

歷史筆記 史達林雖然稱勞工和農民為蘇聯的「主人」，但實際上黨部官僚、經濟官僚和軍隊幹部才是主人，勞工和農民則是被管理的對象。

一九三六年，史達林藉著工業化及農業集體化的全面實施，獲得社會主義的勝利。之後史達林制定史達林憲法做為國家基本法，不過終究只是國家的方針。

大規模的肅清

一九三四年，列寧格勒州委員會第一書記基洛夫遭暗殺的事件發生後，黨內展開大規模的肅清，許多黨員被冠上計畫暗殺史達林等領導人的嫌疑，遭到揭發並被槍決。

此外，史達林對革命家扣上「反對派」帽子，設法排除他們以穩固獨裁體制，將蘇聯變成一個由黨官僚統治的巨大官僚國家。

俄羅斯歷史學家梅德韋傑夫曾表示：「一九三六年到一九三九年，有四百萬至五百萬人遭到逮捕或流放，其中大部分都是清白的。」憑著密告，從黨幹部到一般民眾，所有的階層都可能遭到逮捕，人民被迫生活在恐懼之中。

● **第一次世界大戰後的蘇聯經濟**

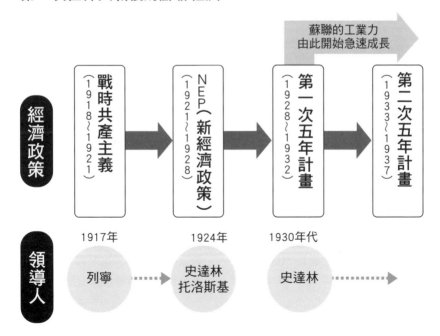

蘇聯的工業力由此開始急速成長

經濟政策

戰時共產主義（1918～1921）　→　NEP（新經濟政策）（1921～1928）　→　第一次五年計畫（1928～1932）　→　第二次五年計畫（1933～1937）

領導人

1917年　列寧　┄┄┄▶　1924年　史達林 托洛斯基　1930年代　史達林　┄┄┄▶

日本為何建立滿州國？

經濟大蕭條的影響也波及日本，於是日本開始設法取得滿州，以期度過經濟危機。

發生於經濟蕭條谷底的滿州事變

第一次世界大戰期間，日本經濟極為繁榮，但戰後卻逐漸蕭條，加上關東大地震、金融恐慌，以及為恢復金本位制所實施的通貨緊縮政策等，終於陷入窘境。因此，一九二九年的經濟大蕭條對日本造成的衝擊相當大。

一九三〇年，日本有三百萬名勞工失業，農村的絲綢也發生出口停滯，帶給養蠶農家相當大的打擊。一九二九年至一九三一年的出口甚至減少一半（一九三二年又恢復一九二九年的水準，克服了經濟不景氣），而「滿州事變」便發生在日本經濟陷入谷底的時期。

當時在中國東北部，軍閥張學良加強反日態度，陸續推出許多政策，包括與日本經營的南滿州鐵路（滿鐵）並行的幹線鐵路建設計畫，以及加強外國人的礦山開發限制等。一九三〇年，日本最大企業滿鐵也開始出現虧損，日本經濟的前途籠罩著一片烏雲。

奉天車站附近的鐵路爆炸事件

一九三一年九月十八日夜晚，關東軍在奉天車站北方八公里處的柳條湖附近進行祕密行動，炸毀了約一公尺長的滿鐵鐵道。

事發後關東軍藉口爆炸事件為張學良軍隊所為，接著便發動軍事行動，陸續占領主要都市。張學良唯恐紛爭擴大，命令軍隊不做抵抗直接撤退，因此在短短五個月內關東軍便占領了中國東北（滿州）全境，是為「滿州事變」。

蔣介石重視內戰

滿州事變發生後，忙於包圍並攻擊共產黨軍的國民黨僅向國際聯盟提出控訴，並未有其他行動，盡量避免直接與日軍交戰。對此，

歷史筆記　為了保護南滿鐵路，中國允許一公里的鐵路可配置不超過十五名士兵的軍隊，當時被分配到鐵路沿線的一萬名士兵全是關東軍。

上海、北京等地約二十萬的民眾召開抗日救國大會，會中決議對日本抗戰及拒買日貨。由於一致抗日的要求愈來愈強烈，視「日軍為皮膚病，共產軍為心臟病」、較為重視內戰的蔣介石也不得不暫時下野。

抬出末代皇帝

一九三二年一月，上海發生一名日本和尚遭殺害並有三人受傷的事件（後來確定為日軍策畫事件），為此擴大警戒區域的日本陸戰隊與中國軍發生衝突，共纏鬥了兩個多月，是為「上海事變」。不過，這只是日本為了讓中國將注意力從東北移開所使出的計謀。

關東軍企圖在國際聯盟的滿州事變調查團（李頓調查團）抵達之前，讓一切變成既定事實，所以於一九三二年三月一日迎接清朝末代皇帝溥儀為元首（執政，後為皇帝），以新京（長春）為首都建立「滿州國」。

關東軍掌握統治滿州國的實權，規定日語為官方語言，滿州政府實際上是由占三成的日本官員所操控。日本在滿州國實施強硬統制的經濟政策，一九三七年之後約有二十三萬日本人從日本的山村移民到滿州北部。

一九三三年三月，根據李頓調查團的報告，國際聯盟以四十二票對一票通過日本必須自滿州國撤兵，日本因此退出國際聯盟，走上了國際孤立之路。

●滿州事變的背景與影響

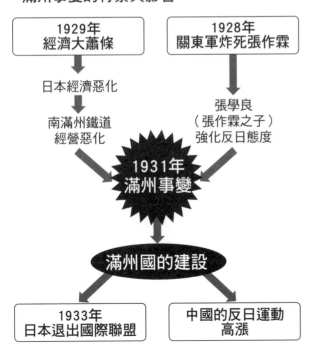

從內戰危機轉向「一致抗日」

國民黨與共產黨若持續對立，中國將無法順利抗日，而張學良的奮起讓中國內戰宣告結束。

中國與英美經濟掛勾

一九三五年十一月，蔣介石的國民政府在英國政府派遣的財政顧問李滋羅斯的指導下，開始展開幣制（貨幣）改革。

在此之前，中國貨幣並未統一，國內使用的貨幣有銀圓及各種紙幣。改革實施之後，中國政府收購銀圓並發行唯一的貨幣「法幣」，在國際上法幣與英鎊掛勾（之後也與美元掛勾），所以日本被迫必須擴大自己的「日圓」貨幣圈。

日本以發展日圓經濟圈為目標

為對抗國民政府與英美兩國接近以及中國民族運動的激烈發展，日本軍部賦予華北五省自治權，試圖建立華北經濟圈。一九三五年十一月，河北省東部的冀東政權建立，十二月從中央政府半獨立出來的冀察政務委員會（管轄河北、察哈爾兩省）成立，日本將統治下的「華北」逐一從中國分離。接著，日本的分離行動擴展至內蒙古，日本勢力圈逐漸擴大。

震驚世界的西安事變

另一方面，一九三五年在中國國內完成「長征」的共產黨軍在陝西省北部建立新的據點，而包圍該據點的正是被趕出東北的張學良所率領的東北軍與楊虎城率領的十七路軍。不過，一心回歸故鄉的東北軍於一九三六年與主張「抗日」的共產黨軍達成停戰協議。

對此，一九三六年十二月十二日蔣介石為了指揮作戰前往西安，卻遭心懷不滿的張學良等人逮捕並軟禁，張學良方面要求蔣介石接受停止內戰等八項要求，這便是「西安事變」。由於蔣介石的態度極可能引起新的內戰，因此全世界都極為關注。後來，透過蔣介石過去在

歷史筆記　「長征」過程中，共產黨提出八一宣言並喊出「停止內戰、一致抗日」口號，充分利用政治局勢的變化成功逆轉劣勢。

黃埔軍官學校（參見P211）的同僚即共產黨的周恩來居中協調，蔣介石接受要求獲得釋放。蔣介石共被軟禁二十五日，獲釋後他大幅修改以往的路線開始與共產黨合作，共同對抗日軍。

一九三七年，中日戰爭爆發後不久，國民黨與共產黨攜手合作（國共第二次合作）。紅軍編制為八路軍，邊區「解放區」則併入蔣介石的領導下，不過共產黨的自主性很高，雙方幾乎是對等的合作。

●西安事變與內戰的危機

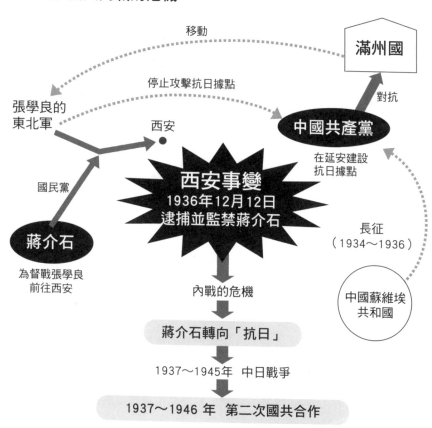

日軍陷入游擊苦戰

要攻占腹地廣大的中國極為困難，在中國民眾的徹底抗戰下，日軍的行動愈來愈遲鈍。

偶發事件引發大戰爭

一九三七年，國民黨與共產黨急速接近，中國抗日運動士氣高昂。在如此的局勢之下，一九三七年七月七日夜晚日軍在北京郊外的盧溝橋進行夜間訓練時，突然槍聲大作，一名士兵失蹤（不久即返回原隊），這便是「盧溝橋事變」。事件之後，日軍一早便對駐紮在附近的中國軍展開攻擊，未做宣戰公告即展開全面作戰。

當時日軍完全沒有料到戰爭會泥淖化，認為數個月時間便可結束。但出乎預料的是，日本共派遣五十萬軍隊，攻陷天津、北京、上海、廣州甚至首都南京，但國民政府的抗戰卻從未停止，戰爭只好無限期地延長。

期間蔣介石發表談話表示：「最後關頭一到，我們只有犧牲到底，抗戰到底。」一九三七年九月，國共兩黨在互相保持獨立的情況下攜手，進行「第二次國共合作」，中國的抗戰力量明顯增強。

一九三七年，賽珍珠的小說《大地》拍成電影，在美國吸引了二千三百萬的觀眾進戲院觀賞，但是美國民眾對中國境內的戰爭卻不怎麼關心。當時，日本的經濟倚賴美國甚重，進口鐵屑的90％、石油的66％、銅的91％皆仰仗美國。

泥淖化的戰爭

與日俄戰爭時相同，資源貧乏的日本無法支撐長期戰爭，所以希望能夠盡快結束中日戰爭。但是在中國高漲的抗戰意識下，日本根本找不到停戰的機會。

失去首都南京及遷都的武漢（武昌）後，國民政府將首都移往內地的重慶，然後繼續抗戰。日軍當時雖然統治北到綏遠、察哈爾，南到廣東的廣大領域，但充其量只是都市與鐵道連接起來的「點與

歷史筆記 發動盧溝橋事變的日軍是八國聯軍後，依據辛丑條約中協議的駐兵權所配置在中國的軍隊，隸屬於約四千名的支那駐屯軍。

線」的統治。其實日軍早已失去擴大領土的能力，到了一九三八年年底已無法再擴大戰線，並為共產黨領導的游擊戰所苦。

中日戰爭共持續了八年（中國八年抗戰），與第二次世界大戰同時結束。據估計，這場戰爭中中國有一百三十二萬人死亡，一百七十六萬人受傷。

●中日戰爭時日軍的移動

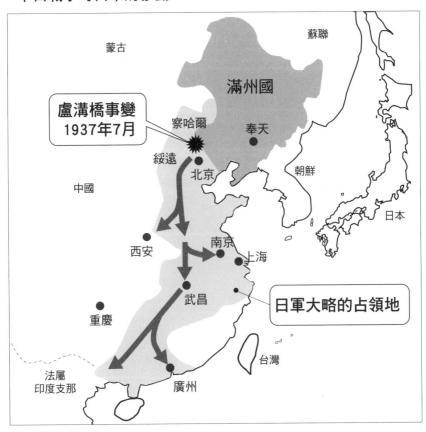

蘇聯

蒙古

滿州國

盧溝橋事變
1937年7月

察哈爾

奉天

綏遠

北京

朝鮮

中國

日本

西安

南京

上海

武昌

日軍大略的占領地

重慶

台灣

法屬
印度支那

廣州

納粹何以成為第一大黨？

「經濟蕭條的原因是猶太人及凡爾賽體制」，納粹黨簡單明瞭的主張很快地擄獲民心。

無能的議會與政黨

經濟大蕭條發生後，美國緊急撤出資金導致德國經濟崩潰。僅只四年的時間，德國的工業生產力縮減了40%。

一九三二年德國失業人口超過六百萬人，40%的勞工失去工作。然而議會當中只見社會民主黨、共產黨、中央黨等持續著沒有結果的對立，絲毫不見有效克服經濟蕭條的政策。尤其社會民主黨與共產黨之間更是水火不容，兩黨只將精力投注於爭奪主導權，根本無法帶領民眾走出絕望。

在這樣的局勢之下，「納粹」勢力逐漸抬頭。納粹提倡廢棄凡爾賽和約並推崇日耳曼民族的優越，主張建設大德意志、排斥猶太人、反共產主義。希特勒以巧妙的口才及大眾運動聚集了都市的中產階層、青年階層和農民，納粹黨急速地壯大。對民眾而言，除了倚靠希特勒之外已別無他法。

簡單明瞭的納粹主張

納粹（國家社會主義德意志勞工黨）是一九一九年成立的德意志勞工黨於一九二〇年改名而來，經濟大蕭條之前，納粹黨在國會的議席僅有十二席。納粹初期的黨綱有著極濃的左翼色彩，不過隨著經濟大蕭條的影響日漸嚴重，希特勒開始重視人種鬥爭遠勝於階級鬥爭，視猶太人為資本主義及共產主義之「惡」的具體化存在、是造成政治及經濟混亂的根源，以簡單明瞭的方式說明社會困境的原因。

當時納粹黨的具體主張包括有：打破屈辱的凡爾賽體制、將大企業國營化、禁止不當所得及高利貸、應分配適當的利潤給勞工等。

民眾選擇了納粹

一九三〇年的總選舉中，納

歷史筆記 納粹政權實際上是由希特勒與其心腹會商決定政策，一九三八年二月之後，內閣會議一次也沒召開過。

粹得到18%的票數，獲得一百七十個議席。一九三二年四月希特勒出馬競選總統，結果雖然落選，但納粹黨在同年六月的選舉中獲得實業界的支持，得到37%的票數，拿下二百三十個議席成為德國第一大黨。納粹訴求「創造工作機會」及「恢復景氣」，贏得國民的廣泛支持。一九三三年一月，就任首相的希特勒以共產黨計畫火燒國會議堂為由予以鎮壓，同年通過將立法權委託給政府的「全權委任法」，建立起一黨獨裁體制。一九三四年德國總統興登堡去世後，希特勒以總統的身分登上「第三帝國」（繼神聖羅馬帝國、德意志帝國之後的帝國）元首之位。

掌握政權之後，納粹利用高速公路等大規模公共事業建設、國民車（Volkswagen）的大量生產及從薪水扣款的銷售方式，成功克服了失業問題，並建立統制經濟體制，由政府主導生產計畫、原料分配、貿易調整、價格調整等，還將工會和媒體機構納入監視下。另一方面，納粹利用親衛隊及國家祕密警察（譯注：又稱「蓋世太保」）監視民眾進行恐怖政治，逐步建立體制。此外，納粹更在一九三四年設立集中營，大舉迫害猶太人，第二次世界大戰期間有六百萬猶太人慘遭屠殺。

●獲得民眾支持的納粹政權

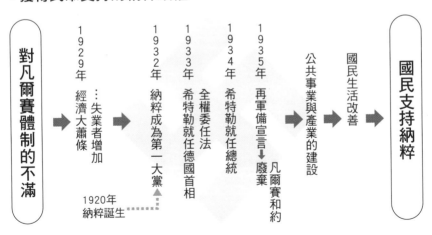

對凡爾賽體制的不滿 → 1929年 經濟大蕭條 …失業者增加 → 1932年 納粹成為第一大黨 （1920年納粹誕生） → 1933年 全權委任法 希特勒就任德國首相 → 1934年 希特勒就任總統 → 1935年 再軍備宣言 → 凡爾賽和約廢棄 → 公共事業與產業的建設 → 國民生活改善 → 國民支持納粹

歐洲政局再度緊張

西班牙爆發的「人民陣線」與保守派佛朗哥之戰，可謂是第二次世界大戰的前哨戰。

歐洲只能眼見德國擴充軍備

日本發動滿州事變建立「滿州國」，後於一九三三年退出國際聯盟。同年，德國也在軍備平等權的主張下退出國際聯盟，並在一九三五年背棄凡爾賽和約中的軍備限制條項恢復徵兵制。

納粹的抬頭讓歐洲各國提高戒心，一九三四年蘇聯加入國際聯盟，一九三五年法國就德國的舉動向國際聯盟提出控訴，英、法、義三國為了支持控訴而召開斯特雷薩會議（斯特雷薩戰線）。但由於各國彼此之間互不信任，因此意見無法達成一致。

一九三六年義大利侵略衣索比亞，國際聯盟對此發動經濟制裁，國際危機越顯深重。此時德國趁隙背棄「羅加諾公約」（參見P189），並派軍進駐萊因蘭非武裝地帶。

人民陣線活絡

一九三五年，在莫斯科召開的共產國際（國際共產黨）第七次大會上，共產黨宣布將以往視社會民主黨為敵、設法使其孤立的戰略，變更為聚集廣大民眾與民族建立反法西斯主義的「統一陣線」、「人民陣線」戰略。這項戰略實施後，一九三六年法國和西班牙的人民陣線內閣成立，而在中國，民族統一戰線成立的動向也逐漸明顯。

從西班牙內亂見歐洲縮影

一九三一年，從王政走向共和政的西班牙始終處於保守勢力與改革勢力相互競爭所造成的不安局勢。一九三六年，人民陣線內閣（議會四百七十二個席次中，人民陣線占了二百五十八席）成立，開始推行土地改革及剝奪教會特權等政策。對此，教會、軍部、保守派等推舉佛朗哥將軍發動叛亂起身反抗。

歷史筆記　義大利侵略衣索比亞後，國際聯盟根據第十六條規章發動經濟制裁，但由於石油等資源並未被列為禁止輸入的對象，因此制裁行動最後以失敗收場。

西班牙內亂原是西班牙的國內問題，後來卻演變為嚴重對立的歐洲兩大陣營的間接戰爭。德國（三萬人至五萬人）與義大利（六萬人至十萬人）公然派遣軍隊前往西班牙支援佛朗哥，一九三六年兩國結成「柏林─羅馬軸心」，一九三七年又與日本簽訂「日德義防共協定」，加強彼此的合作關係。

事實上德國是趁著西班牙內亂，將西班牙當成測試新武器和戰術的場地而已。德國空軍在巴斯克地區的小都市格爾尼卡進行空襲後，畢卡索畫下大作《格爾尼卡》以示抗議。

英國唯恐西班牙內亂會擴大成歐洲整體的戰爭，所以採取不干涉政策，而法國也如此跟進。當時美國作家海明威、法國作家馬爾羅、英國作家歐威爾等人參加國際義勇軍（從五十三國聚集三萬五千人），前往西班牙協助人民陣線作戰，蘇聯方面也提供援助，不過最後人民陣線政府還是敗給了佛朗哥軍。西班牙內亂讓英法兩國無意以武力與納粹對抗一事明朗化，德國與義大利的聯手也讓二次大戰發生的條件更趨完整。

●西班牙內亂與歐洲兩大陣營的動向

237

希特勒誤判英法兩國態度？

對於陸續侵略捷克斯洛伐克與波蘭的德國，英國與法國終於無法繼續保持沉默。

希特勒看出英法的懦弱

西班牙內亂發生的一九三八年，對德國軍事實力抱持絕大自信的希特勒看準英法兩國不會干涉，遂背棄一九一九年簽訂的談和條約（凡爾賽和約）併吞奧地利，並命奧地利納粹發動內亂，然後派兵入侵。

接著，希特勒要求捷克斯洛伐克割讓與德國交界、約有三百五十萬德裔人民（占全體居民的20%）居住的蘇台德地區，捷克斯洛伐克憑恃著與英、法簽訂的互助協約拒絕了德國的要求。然而英國與法國一心只想隔山觀虎鬥，希望見到德國與蘇聯兩敗俱傷，所以對德國採取了姑息政策。之後，在一九三八年舉行的慕尼黑會議上，英、法、德、義四國以希特勒承諾不再繼續擴張領土為條件，要求捷克斯洛伐克割讓蘇台德地區給德國。同樣在一九三八年，納粹沒收猶太人財產並將他們強制關進猶太人區（Ghetto），開始迫害猶太人。

之後希特勒背叛與英、法等國之間的約定，一九三九年時占領了捷克斯洛伐克其餘的領土。

被逼入絕境的英國和法國

希特勒的強硬政策，讓英法兩國採取「姑息政策」的錯誤顯露無遺。一九三九年，希特勒強硬地要求波蘭讓德國在將波蘭唯一港口但澤與德國分隔東西的波蘭走廊上建設擁有治外法權的鐵路和公路。

此時英國和法國研判若繼續如此發展下去，法西斯主義勢力將在中歐大幅擴張，於是和波蘭、希臘、羅馬尼亞三國簽訂條約，約定三國中的任何一國受到攻擊時將給予軍事援助，並開始擴充軍備。

第二次世界大戰從波蘭開始

不過與英、法的預期相反，

歷史筆記　在墨索里尼居中調停下，四強會議於慕尼黑召開，但捷克斯洛伐克代表並未受邀，其國家命運在大國單方面的主張下被決定。

第一次世界大戰中失去在波蘭的領土的德國與蘇聯於一九三九年締結「德蘇互不侵犯條約」，在祕密條項中約定將波蘭分割為東西兩部分，以及把波羅的海三國納入蘇聯的勢力圈。納粹與社會主義政權的突然合作，大大震驚了世界。

一九三九年九月一日，一百七十萬德軍進攻波蘭攻陷華沙，僅只三週時間便成功地占領了波蘭領土。英國和法國雖然發出最後通牒要求德國撤軍，但德國並未理睬。於是，英、法在九月三日向德國宣戰，第二次世界大戰正式爆發，這對評估只要與蘇聯聯手、英國和法國就不會出手的希特勒而言，是個意外的開始。

●一九三〇年代時德國的動向

德國的動向	
1933	退出國際聯盟
1935	恢復徵兵制
1936	德軍進駐萊因蘭
1936～1939	派兵干涉西班牙內亂
1939.3.10	併吞奧地利
	併吞蘇台德
1939.3	捷克斯洛伐克解體
	併吞捷克，將斯洛伐克納為保護國

（1939.4 英波互助條約）
（1939.8 德蘇互不侵犯條約）

1939.9.1　進攻波蘭

英法對德宣戰

第二次世界大戰

從表面戰爭急速發展成大戰

大戰開始的前半年，各國幾乎沒有什麼動靜，這其實是德國計畫以閃電戰快速致勝，於是暗中利用時間儲備戰力之故。

錯綜複雜的總體戰

第一次世界大戰結束才二十年的時間，第二次世界大戰（一九三九～一九四五）緊接著又爆發。二次大戰的參戰國多達六十國，戰場廣及歐洲、亞洲、北非、南太平洋，是人類史上最大的戰爭。這是一場沒有前線與後方或軍隊與市民之分的總體戰，也是一場利用原子彈、毒氣瓦斯等武器，大規模進行全面性殺戮，造成五千萬多人犧牲的悲慘戰爭。

最初的半年只是表面戰爭

一九三九年，英法兩國向德國宣戰後，兩陣營有半年時間未見動靜，持續著被稱為「表面戰爭」的狀態。這是因為德國尚未完全克服經濟大蕭條帶來的衝擊，再加上國內資源貧乏，因此無法真正展開戰爭。英、法宣戰之後，希特勒曾請求美國總統小羅斯福調停，但遭到拒絕。當時英法聯軍有一百一十師團，而德軍只有二十九師團，實在無法輕易開戰。

德國若想戰勝，唯有採取利用新軍事技術的「閃電戰」，結合空軍與裝甲部隊，展開與第一次世界大戰的壕溝戰完全不同的機動戰。

德國裝甲部隊突然進攻

一九四〇年四月，德國出奇不意地侵略丹麥和挪威，五月又對荷蘭、比利時、法國展開猛烈的攻擊。

德軍的戰車軍團擊敗英法聯軍，六月占領巴黎，之後又占領法國北半部，其餘地區則成立親德的「維琪政權」。局勢發展至此，義大利見狀況有利而決定加入作戰行列。此外，隨著中日戰爭陷入僵局，期望建立世界新秩序的日本也跟著參戰，「德日義三國軍事同盟」於是成立。直至一九四一年為止，蘇聯持續提供巴庫的石油與穀

歷史筆記　「德日義三國同盟條約」限期十年，約定三國中的一國受到未參加中日戰爭及歐洲戰爭的第三國（美國）攻擊時，彼此必須互相援助。

物援助德國。

當時英國新任首相邱吉爾建立舉國一致內閣，主張徹底抗戰。不過在一九四〇年七月，整個西歐、中歐及大部分的東歐都已被德國與義大利占領，在美國伸出援手之前，英國唯有不斷忍受德國空軍的攻擊。

德國甚至進攻蘇聯

一九四一年五月，蘇聯拒絕德國共同開發俄羅斯油田的提議，德國認為有必要取得蘇聯的石油資源，並認為三個月時間即可征服蘇聯，於是對蘇聯開戰。希特勒簽署「巴爾巴羅薩」作戰計畫（譯註：對蘇侵略戰爭計畫，該名稱取自神聖羅馬帝國皇帝腓特烈一世的別號，意為「紅鬍子」），並誇下豪語說：「巴爾巴羅薩計畫一展開，世界將會大吃一驚。」六月二十二日，德國投入三百萬軍隊（占德軍總數的75％）、二千七百四十架戰機（德國空軍的61％）及戰車三千五百八十部對蘇聯展開作戰。截至十一月為止，德國俘虜蘇聯三百萬人，逼近蘇聯中樞的莫斯科和列寧格勒。

●第二次世界大戰的過程

	1939	1940	1941	1942	1943	1944	1945
歐洲	9.1 德國侵略波蘭 9.3 英法對德宣戰 11. 蘇聯入侵芬蘭	4. 德國入侵丹麥、挪威 5. 德國入侵荷蘭、比利時 6. 義大利參戰、法國投降 9. 日德義三國同盟	3. 美國武器借貸案 6. 大西洋憲章發表 8. 德蘇戰爭開始 12. 德義對美宣戰	11. 美英登陸北非	2. 德國在史達林格勒敗給蘇聯 7. 同盟軍登陸西西里 9. 義大利無條件投降 11. 開羅會議、德黑蘭會議	6.6 同盟軍登陸諾曼第 8. 同盟軍解放巴黎	2. 雅爾達會議 5. 德國無條件投降
亞洲、太平洋		9. 德日義三國同盟	4. 日蘇中立條約 12. 日本偷襲珍珠港	6. 中途島戰役 →日軍撤出	2. 瓜達爾卡納爾島日本慘敗	6-7. 美國登陸塞班、關島 11. 美國正式空襲日本本土	2. 美國登陸硫磺島 4. 美國登陸沖繩本島 7. 波茨坦會議 8. 對廣島、長崎投下原子彈 8.15 日本無條件投降

日本將戰爭擴大為世界規模

「蘇聯已無力在亞洲發動戰爭，必須取得資源維持中日戰爭」，如此的判斷讓日本發動太平洋戰爭。

美國利用了珍珠港？

中日戰爭期間，日本深為戰爭的泥淖化與戰略物資不足所苦。不過自從德軍進攻蘇聯，原本配置在遠東的蘇聯軍調動到歐洲之後，日本研判已無受蘇聯攻擊之虞，於是決定和德國攜手合作建立亞洲新秩序。也就是說，日本企圖在東南亞和南太平洋地區建立廣大勢力圈（大東亞共榮圈），以取得維持中日戰爭的戰略物資。一九四一年十二月八日，日軍偷襲美軍位於太平洋的基地──夏威夷歐胡島的珍珠港。當時美軍有五艘戰艦遭擊沉，三艘嚴重毀損，太平洋戰爭就此展開。

日軍偷襲珍珠港的目的是要讓美國無意參戰，但由於駐華盛頓日本大使館的疏失，宣戰通知延遲了三十分鐘才發出，因此美國認為這是場「骯髒的戰爭」，就連原本贊成孤立主義的民眾也憤起抗日。不過事實上，日本政府發給駐華盛頓大使館的密電早已被破譯，美國事前就已察覺日本的偷襲意圖。日本的突襲讓始終拒絕捲入歐洲戰爭的美國議會轉而支持對日宣戰，「勿忘珍珠港」成為了激發美國人戰意的口號。

另一方面，日軍接著又攻擊菲律賓以及駐守在馬來和香港的英軍。由於日本對美、英宣戰，歐洲與亞洲的戰場於是串聯在一起，歐洲的戰爭擴大為世界規模。

美、英、蘇發表大西洋憲章

巴黎淪陷後，一九四一年三月美國議會通過「武器借貸案」（對同盟軍提供軍需品援助），並編列七十億美元的預算。美、英支援蘇聯的同時，一九四一年八月美國總統小羅斯福與英國首相邱吉爾發表「大西洋憲章」，聲明（一）不再擴張領土、（二）不變更領土、

歷史筆記 日本66%的石油來自美國，但一九三九年日本背棄了「美日通商條約」之後，不得不寄望蘇門答臘島的石油。

（三）重新成立和平維持機構。美、英、蘇三國將戰爭視為「全體主義與民主主義之戰」，加強彼此之間的團結。此外，一九四一年十二月日本向美國宣戰的三天後，德義兩國也對美國宣戰。

德國與日本的優勢只在戰初

　　戰爭初期，德國與日本位居優勢。一九四二年夏天，四百萬德軍進攻蘇聯的窩瓦河流域，占領烏克蘭穀倉地帶，逼近高加索地區的巴庫油田，不過最終還是未能占領窩瓦河下游的中心都市史達林格勒。此外，儘管德軍曾逼近距離莫斯科四十公里的地方，但終究未能拿下莫斯科。

　　另一方面，日軍占領馬來、菲律賓、爪哇、蘇門答臘、緬甸等廣大地區，在東南亞及太平洋擴大統治領域。不過在物量方面，情報與宣傳工作居於優勢的同盟國在廣大的戰線上發揮經濟實力，到了一九四二年後期，戰局出現了大幅度的轉變。

●太平洋戰爭中日本統治圈的縮小

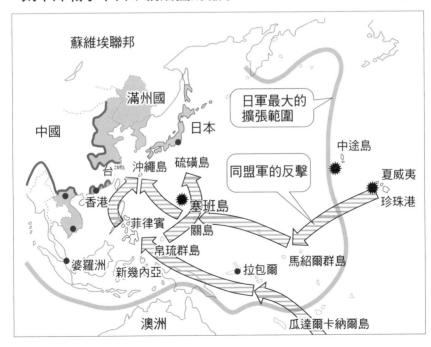

蘇維埃聯邦

滿州國

中國

日本

日軍最大的擴張範圍

中途島

夏威夷

珍珠港

沖繩島　硫磺島

台

同盟軍的反擊

香港

塞班島

菲律賓

關島

帛琉群島

婆羅洲

新幾內亞

拉包爾

馬紹爾群島

澳洲

瓜達爾卡納爾島

日本與德國節節敗退

大戰初期德國和日本處於優勢，不過自一九四二年左右開始，戰局有了大幅轉變。

美國海軍的實力

太平洋戰爭展開後，美國以其優越的工業實力迅速地整頓好軍事體制。開戰時，美國的大型航空母艦不過三艘，但兩年後增加為五十艘，三年後原本三千六百架的海軍戰機超過三萬架，潛水艇也從十一艘增加至七十七艘。大戰中，美國投入的戰費約為二千四百五十億美元，遠遠超過大戰之前五十年的國家預算總額。

戰爭初期，日本派遣一百五十萬以上的大軍前往東南亞及太平洋的廣大海域擴充統治範圍，但隨著商船陸續被擊沉，物資補給開始出現困難。開戰時日本的商船多達七百萬噸，戰敗時只剩一百萬噸不到。

從瓜達爾卡納爾島展開反擊

一九四二年六月，美國在中途島戰役中消滅了屢戰屢勝的日本海軍機動部隊主力軍，八月登陸瓜達爾卡納爾島展開反擊，在有充沛物資為後盾下，從新幾內亞北上扭轉了戰局。一九四四年中旬，美國占領塞班島與關島，開始以有「空中要塞」之稱的新式大型轟炸機B-29不斷地對日本本土都市展開轟炸。

一九四四年二月，歷經一個月的激戰後美軍終於攻下硫磺島，距離日本本土只剩下一千四百公里。三月開始，美軍每天投下一百多枚燒夷彈，全面轟炸日本的都市。到了一九四四年年底，美軍登陸菲律賓，之後經過一九四五年四月至六月的激烈交戰，終於成功占領沖繩。

史達林格勒之役

覬覦巴庫油田的德軍在位於烏克蘭入口的史達林格勒與蘇聯軍隊發生激烈戰鬥，三十三萬四千名德軍雖然一度攻下史達林格勒，但

歷史筆記　一九四二年四月，美軍戰機自航空母艦出發空襲東京，驚愕不已的日本海軍於是攻擊中途島的美國艦隊，不過戰力也因此折半。

是在蘇聯軍的包圍與攻擊下，有三分之二的士兵陣亡。一九四三年一月，約九萬德軍投降，這場戰役成為德蘇戰爭的轉捩點。

接著在一九四三年七月，二百六十四萬蘇聯軍在莫斯科南方打敗一百五十一萬德軍，德軍之後只有節節敗退。希特勒雖然在一九四二年至一九四四年間增產三倍的兵器運往蘇聯戰場，但由於蘇聯的兵器生產已經步入正軌並獲得同盟國的援助，因此德軍的戰車和野戰砲只達蘇聯的三分之一。一九四四年六月，蘇聯軍將德軍趕出蘇聯，挺進至舊波蘭的華沙。

此時，蘇聯軍有五百萬，而英軍卻只有八十二萬，英國首相邱吉爾開始煩惱戰後的勢力關係。

●第二次世界大戰時的歐洲

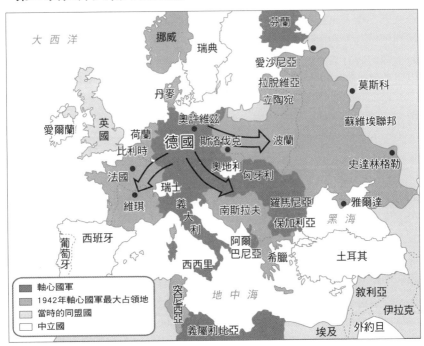

日本原爆的經過

日本是唯一曾遭受原子彈恐怖襲擊的國家，究竟原子彈是在什麼樣的背景下被製造出來，又是如何被使用？

威爾斯預測了空投原子彈的悲劇

第一次世界大戰開始的一九一四年，科幻作家威爾斯的小說《解放的世界》問世，內容描述一九三三年人工放射能被發現，並被利用做為工業用能源。同時間，原子彈的設計也完成，一九五九年以原子彈為武器的世界戰爭展開。

在現實世界中，新的世界戰爭（第二次世界大戰）開始於一九三九年，原子彈則在一九四五年被投下。

對納粹的恐懼推動原子彈開發

推動原子彈開發的主角，是一九三三年從德國逃亡到美國的猶太裔物理學家西勞德。西勞德擔心德國納粹將成功研發出原子彈，於是在第二次世界大戰爆發前一個月的一九三九年八月，說服愛因斯坦寫信給美國總統小羅斯福，請求著手開發原子彈。但當時美國政府未有任何行動，於是愛因斯坦於隔年再度寫信給總統，一九四一年十二月，美國政府終於通過原子彈製造計畫。

曼哈頓計畫與空投原子彈

一九四二年九月，美國陸軍著手進行原子彈開發的「曼哈頓計畫」。兩個月後，美軍透過設於芝加哥大學運動場的原子爐發現了核分裂的連鎖反應，也得知以中子撞擊鈾238會讓鈾238變成鈽。之後美國政府投入二十億美元資金並動用十二萬人，以洛塞勒摩斯（位於新墨西哥州兩千公尺高原上的城市）的祕密研究所為中心，進行鈾及鈽兩種原子彈的開發設計。

一九四五年，洛塞勒摩斯研究所成功製造出一枚鈾原子彈及兩枚鈽原子彈，較難引爆的鈽原子彈於七月十六日在阿拉莫戈多進行試爆。之後研究人員向正在參加波茨坦會議的杜

歷史筆記 一九四九年九月，蘇聯也成功開發出鈽原子彈，之後美蘇兩國近乎瘋狂地展開激烈的核武開發競爭。

魯門總統報告試爆結果，而杜魯門也將此事告訴史達林。

八月六日，美國在日本廣島投下鈾原子彈（相當於一萬噸TNT炸藥），八月九日時又在長崎投下鈽原子彈（相當於兩萬噸TNT炸藥）。美國空投原子彈造成廣島四十二萬市民的38％即十五萬九千人死亡，長崎則有約七萬四千人罹難。原子彈投下的前兩個月，西勞德等人雖然表示反對在無預警的情況下投下原子彈，卻未受到美國政府重視。

事後美國總統杜魯門解釋，為了讓美軍的犧牲縮減到最小，空投原子彈是不得不的選擇。但實際上，當時的日本已經失去抗戰能力，美國此舉無疑是為了日後的戰爭做準備所進行的原爆實驗，是殺戮一般民眾的殘酷行為。

●深受核武恐怖威脅的二十世紀後葉

1941年 美國原子彈製造計畫

●1944年 美國開發3枚原子彈
●1945年7月16日 在新墨西哥進行空投試爆
●1945年8月6日 對廣島空投
●1945年8月9日 對長崎空投

1946年

以美蘇為中心，
核武軍備競爭展開

冷戰

1962年 古巴危機

1989年

1999年 世界的核彈頭有2萬3900枚以上

美國約1萬2070枚　俄羅斯（舊蘇聯）約1萬1000枚
英國約380枚、法國約500枚、中國約300枚etc.

「冷戰」從波蘭開始

雅爾達會議決定了戰後世界的結構，雖然蘇聯的許多主張都被接受，但「冷戰」正悄悄萌芽。

雅爾達會議決定了戰後秩序

一九四五年二月，第二次世界大戰的勝負已可預見，美、英、蘇三國的領袖在位於克里米亞半島的蘇聯渡假勝地雅爾達舉行會議（雅爾達會議），三位領袖分別是六十三歲的美國總統小羅斯福、七十歲的英國首相邱吉爾與六十六歲的蘇聯總理史達林。

會議上，蘇聯總理史達林與英國首相邱吉爾因為波蘭問題而正面對立，不過由於美國總統小羅斯福期望蘇聯對日參戰以及由美、英、蘇、中四國建立戰後秩序，因此對蘇聯維持協調路線。雖然美國對蘇聯勢力圈的擴大有著一絲不安，但仍接受了史達林提出的要求。此外，美國一邊主導大戰，一邊在機會均等的口號下吞蝕英國的勢力圈。一九四四年，美國對中東的影響力日益增強，中東石油埋藏量的42％為美國所支配。

以千島列島換取蘇聯的對日參戰

雅爾達會議上，小羅斯福的目的之一便是在東亞建立另一條戰線，這是因為日本在中國戰線仍有一百萬軍隊，在東南亞、太平洋戰線則有一百五十多萬，其戰鬥力不容小覷。

為了將美軍的犧牲降至最低，小羅斯福與蘇聯簽訂祕密協定，希望蘇聯可以在德國投降的二至三個月內背棄與日本簽訂的「日蘇中立條約」對日參戰，美國給予蘇聯的報酬則是庫頁島及千島列島歸屬蘇聯、承認蘇聯租借旅順港及在大連的特殊權益、保障蘇聯在東支鐵路與南滿州鐵路的優先利益等。從此，史達林開始致力於收復日俄戰爭前俄羅斯的權益。

大幅前進的只有蘇聯？

在德蘇兩國的瓜分占領之下，

歷史筆記　提供蘇聯對日參戰條件的協定是小羅斯福（病中，回國四個月後逝世）與史達林簽訂的密約，邱吉爾後來才得知。

波蘭人再次失去祖國。雖然波蘭人在倫敦組織起流亡政權，但蘇聯擊退德國占領波蘭，於一九四四年七月成立由共產黨員組成的波蘭民族解放委員會（盧布令政權），並在一九四五年一月承認該組織為波蘭的臨時政府。

史達林認為波蘭走廊向來是德國進攻俄羅斯的要道，過去三十年德國曾兩度從波蘭走廊入侵，基於安全顧慮，堅持蘇聯有必要立足波蘭統治東歐，並認定盧布令政權才是波蘭的正式政權。

英美兩國認為史達林的主張違反提倡「民族自決」與「領土不擴大」的「大西洋憲章」，因而與蘇聯激烈對立。然而美國最後做出讓步，決定在包括東歐在內的歐洲實施戰後自由選舉建立政府，在更廣大的民主基礎上重新改組盧布令政權。不過實際上，統一臨時政府的二十一名閣揆中有十四名是波蘭勞工（共產）黨，實質上與盧布令政權無異。

在史達林的統治下，蘇聯取得了多達六十七萬平方公里的領土，並且還將東歐納入自己的勢力圈。

●雅爾達會議的內容

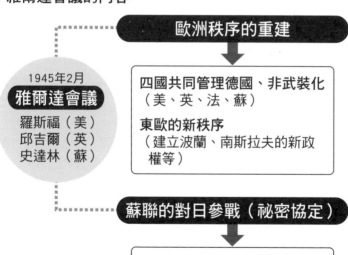

歐洲秩序的重建

1945年2月
雅爾達會議
羅斯福（美）
邱吉爾（英）
史達林（蘇）

四國共同管理德國、非武裝化
（美、英、法、蘇）

東歐的新秩序
（建立波蘭、南斯拉夫的新政權等）

蘇聯的對日參戰（祕密協定）

- 庫頁島與千島列島歸屬蘇聯
- 租借旅順並給予在大連的特殊權益
- 東支鐵路與南滿鐵路的優先權

日本在原爆攻擊後投降

日本的投降為第二次世界大戰畫下休止符，亞洲被劃分為美國與蘇聯兩大勢力圈。

諾曼第最長的一日

一九四三年五月，義大利軍在非洲戰線敗給英美聯軍，墨索里尼已經失勢的義大利於九月投降，並於隔月與同盟國站在同一陣線向德國宣戰。同樣在一九四三年，英、美空軍持續對德國各城市進行空襲，造成三十五萬以上的民眾犧牲。

一九四四年六月六日，同盟軍在空軍的掩護之下出動四千艘船隻和七百艘戰艦，一天之內便讓三十二萬餘士兵和兩萬部軍車成功登陸法國諾曼第，開闢了第二戰線（西部戰線）。當時法國民眾也群起抵抗德軍，一九四四年八月巴黎獲得解放，德國在東西戰線均受到攻擊，很快地陷入絕境。

希特勒喪命，德國投降

一九四五年四月十六日，蘇聯軍開始對德國首都柏林展開總攻擊，經過兩個星期的激烈對抗，德國有十五萬人犧牲，蘇聯則是十萬人，四月三十日位於市中心的布蘭登堡門終於飄揚著蘇聯軍的紅旗。

德軍戰敗的一個鐘頭之後，希特勒偕同交往多年的情婦愛娃‧布勞恩在首相官邸的地下碉堡裡自殺，一週後德國對同盟國無條件投降。

原子彈投下，日本投降

一九四五年八月，美軍對日本投下剛開發完成且只製造了兩枚的原子彈，六日對廣島空投，九日對長崎投下。另一方面，打敗德國的蘇聯軍也在八月八日單方面背棄「日蘇中立條約」，派遣一百六十萬軍隊進攻滿州，僅僅一週便打倒「滿州國」。眼見大勢已去，日本在一九四五年八月十五日無條件對同盟國投降，第二次世界大戰終於宣告結束。

東亞被置入兩大勢力圈內

歷史筆記　八月十六日，史達林致電杜魯門表示要占領北海道北部，十八日時遭到拒絕，蘇聯於是在十八日至九月三日出兵占領千島（編注：俄羅斯稱「庫里爾群島」，是位於堪察加半島西南與北海道島東北之間的一組火山群島）。

早在一九四四年，美國遠東軍總司令麥克阿瑟便認為戰後的世界會被美、蘇劃分為二，東亞方面將由蘇聯統治中國北部，並持續向太平洋擴大勢力。

戰後美國占領日本，並企圖將中國納入勢力版圖，而蘇聯也將北海道從留萌到釧路劃分為二，主張占領北半部，但未被美國接受，最後只取得國後島與擇捉島。此外，日本在中國建立的「滿州」由蘇聯繼承權益，至於朝鮮半島則以北緯三十八度線為界，分別由美蘇兩國軍隊進駐。

第二次世界大戰造成的犧牲保守估計也有五千萬人以上（蘇聯約一千五百萬人、波蘭約人口的20%即大約五百六十萬人），是人類史上傷亡最慘重的戰爭。死者之中有一千七百萬人是士兵，其餘為一般民眾，而一般民眾的犧牲多達士兵的兩倍，也是這場大戰的一大特徵。

● 第二次世界大戰主要國家的死傷人數

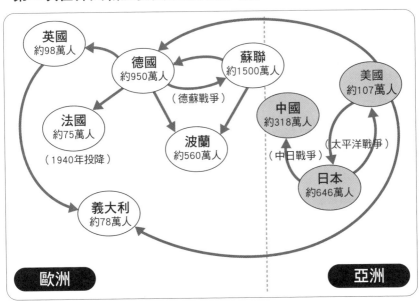

※取自《世界大百科事典》〔平凡社〕，關於各國的死傷人數眾說紛紜。

為何二戰後會出現「冷戰」？

蘇聯將東歐置入統治下，引發了與英國之間的對立，新的紛爭由此開始擴大至全世界。

「大同盟」──兩個不同體制的聯手

　　希特勒最喜歡且經常要求演奏的進行曲是《托爾高進行曲》。不過諷刺的是，在這個位於易北河畔的城鎮托爾高，來自東邊擊敗納粹德國的蘇聯與來自西邊的美軍會師，在此共同簽下「易北河會師誓言」，誓言不再讓戰爭發生。但是不久之後，美蘇兩國就進入稱為「冷戰」的長期激烈對立關係。

　　第二次世界大戰的爆發有著極為複雜的因素，從德國對英、法開戰到德蘇戰爭，再到太平洋戰爭等，階段性地擴大。在戰事不斷擴大的過程中，處於敵對關係的英、美（自由主義）與蘇聯（共產主義）因為德蘇戰爭而組成「大同盟」，共同主導二次大戰。

　　「大同盟」的基礎是一九四一年美國與英國領袖共同草擬八項條綱所制訂的「大西洋憲章」（參見P243），其主要內容為不擴大領土、領土不變更、民族自決。由於蘇聯需要取得美國的援助，遂在一九四三年解散致力將全世界社會主義化的「共產國際」，除掉造成美蘇對立的主要因素。

中國在美國主導下躍進世界

　　日本參戰串連起歐洲與亞洲的戰線之後，同盟國將德、日、義三國視為「法西斯」勢力，將第二次世界大戰宣傳為對抗法西斯主義的「民主主義」保衛戰。

　　因此，美國廢除中日戰爭爆發前使中華民國淪為近乎「半殖民地」的不平等條約，視中華民國為與「法西斯」日本對抗的主力國，將中華民國提拔為世界上的主要國家。

英國與蘇聯的對立表面化

　　第二次世界大戰在美、英、蘇三國領袖的協商之下一邊調整一

歷史筆記　美國駐莫斯科代理大使肯南打電報給國務院，建言務必堅決對抗蘇聯的擴張政策，促使美國改變對蘇聯的協調政策。

邊進行，但自同盟國勝利在握的一九四四年秋天開始，企圖在德軍撤退後將勢力擴大至東歐的蘇聯，與試圖阻止蘇聯勢力發展的英國出現對立，衝突逐漸表面化。

當時蘇聯的史達林無視於美英兩國的抗議，一九四六年年底時在芬蘭與擴及至地中海為止的東歐（土耳其、希臘除外）建立七個人民民主主義政權，做為蘇聯的衛星國。

東亞、東南亞殖民地的瓦解

第二次世界大戰後中國的國際地位顯著提昇，朝鮮也恢復獨立。此外，曾是歐洲殖民地的東南亞在大戰期間被日軍占領，日本戰敗後則有一段時間處於空窗期。

由於美國提倡「民族自決」，加上期望以經濟統治方式合理擴大勢力圈，因此東南亞的民族獨立急速發展，讓形成於十九世紀至二十世紀、以歐洲為中心的國際秩序急速瓦解。

●西方與東方的協調與對立

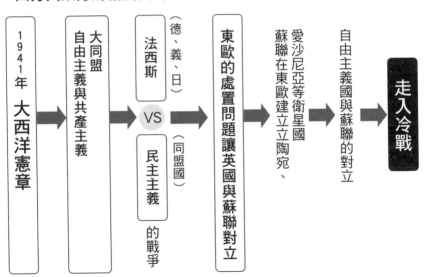

停戰狀態的南北韓可能統一嗎？

一九九八年，北韓飛彈「大浦洞一號」（譯注：大浦洞一號是美國就其發射地點所取的名稱，北韓稱為白頭山一號）掠過日本領空掉落在青森縣三澤海面，加上北韓已經著手進行核武開發的情報傳開，使得沉浸於和平生活的日本人大為震驚，發現原來冷戰下的緊張依然在鄰國持續著。

一九五〇年，金日成取得史達林的支持，高揭「統一分割的祖國」口號，以蘇聯軍留下的二百五十部T34戰車為主力越過三十八度線。這是因為同年一月美國國務卿艾奇遜發表「美國對台灣和朝鮮的防衛不具責任」的聲明，而金日成將其讀解為「美國不會軍事介入」。北韓軍擊敗對戰車戰毫無準備的南韓軍及緊急從日本調度來的盟軍（其實是美軍），兩個月後將他們逼退到朝鮮半島東南部的釜山。之後，盟軍展開反擊，戰爭演變成長期化。一九五三年，南北韓以北緯三十八度線為軍事分界線，進入停戰狀態。

停戰初期，由於北韓擁有煤礦、鐵礦等資源以及日本殖民地時代所留下的發電與工業設施，因此在經濟上處於優勢。不過一九八〇年之後，南韓總統全斗煥實施提高民間企業出口的政策並培養財閥，再加上「廣場協議」（譯注：一九八五年美、日、德、法、英五國的財政部長和中央銀行總裁在紐約廣場飯店舉行會議，達成五國政府聯合干預外匯市場，誘導美元對主要貨幣的匯率有秩序地貶值，以解決美國巨額貿易赤字問題）簽訂後韓元升值，南韓的經濟急速成長。

而北韓受到蘇聯解體的影響，一九九〇年代國家經濟連續五年出現負成長，一九九四年之後又遇上大水災及其他災害，造成嚴重的糧食危機，南韓與北韓的立場因此逆轉。南韓的金大中政權（譯注：南韓第十五任總統，一九九八年至二〇〇三年在位）採取推展與北韓對談的「太陽政策」，而長期以來被國際社會孤立的北韓也逐漸對南韓放低姿態。

第 9 章

冷戰與新國家
的誕生

冷戰期間新興獨立國家誕生

美國獨勝

當全世界還在第二次世界大戰造成的損害中痛苦呻吟時，只有國土未淪為戰場、還因此成為世界兵器庫的美國邁入繁榮時期，並且在戰後開始積極領導世界。這時美元成為唯一的世界貨幣，聯合國也在美國的主導下設立，美國開始建構單一的國際政治和經濟體系。

安靜戰爭的時代

二次大戰中犧牲良多的蘇聯，戰後在東歐建立起一大勢力圈，再加上亞洲的中國也變成社會主義國家，戰後的社會主義圈日益擴大。

在這樣的局勢下，美國採取「圍堵政策」與蘇聯對決，以經濟援助、軍事援助、軍事同盟等方法拉攏勢力，試圖抑制社會主義的擴張。對此，蘇聯當然也展開對抗，美蘇之間於是展開核武開發與軍備擴充競爭，這就是所謂的「冷戰」。之後世界歷經面臨軍事危機的柏林封鎖、兩勢力直接交戰的朝鮮戰爭（譯注：即韓戰）、差點發展成美蘇全面核戰的古巴危機等，最後透過一九八九年舉行的馬爾他會議，冷戰終於結束。

殖民地體制雖然瓦解，但南北問題日益嚴重

二戰之後，殖民地獨立的浪潮從亞洲蔓延到非洲。一九五〇年代至一九六〇年代，幾乎所有的殖民地都已取得政治上的獨立。一九五五年，一個象徵新時代的國際會議——亞非會議在萬隆召開後，民族國家的數量快速增加，聯合國的會員國中即以新興獨立國家占多數。

不過，殖民地的獨立也帶來了新的問題。要修正長年殖民地統治下已經扭曲的經濟體系並發展為獨立經濟，對這些新興國家而言是一大難題，尤其在世界市場上，這些國家的原料和農產品總是被低價收購。

因此，開發中的新興獨立國家與先進工業國家之間的經濟差距愈來愈大，民眾飽受飢饉之苦，形成所謂的「南北問題」。新興獨立國家的「飢荒」被視為國際政治不安定的原因，先進工業國家雖然提供援助，但是效果不彰。

　　於是新興國家紛紛採取資源民族主義，在各先進國家的多國企業混亂開發下力求保護本國資源、爭取原料銷售價格的提升，此外，新興國家要求建立公平國際經濟秩序（新經濟秩序）的動向也愈來愈強烈。

●大戰後的冷戰與亞非兩洲

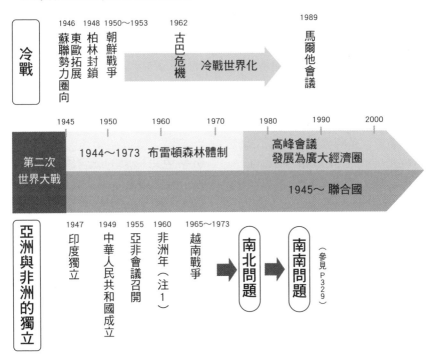

注1：戰後持續高漲的民族獨立運動席捲非洲大陸，一九六〇年共有十七個 國家獨立，因此被稱為「非洲年」。

五大強國建立國際秩序

有鑑於國際聯盟的失敗，新成立的「聯合國」加強了包括軍事制裁在內的強制力量。

聯合國的構想在戰爭中已成形

在一九四一年八月英美領袖對世界呼籲的領土不擴張、不變更等八項條款組成的「大西洋憲章」，以及二十六國於同年十二月簽署、後來增為四十七國的「聯合國共同宣言」中同盟國陣線的戰爭理念被充分地闡明，而繼承這些精神、被定位為戰後世界秩序中心的便是「聯合國」。關於聯合國的名稱，蘇聯要求使用「World Union」（世界同盟），英國也要求採用不同於戰時使用過的「United Nations」（聯合國）名稱（譯注：原指二戰期間聯合反對軸心國德、義、日的國家），不過最後還是表決通過美國提議的「United Nations」（聯合國）。

二次大戰期間，美國國務院已經有成立聯合國的構想，美、英、蘇、中四國代表以此構想為基礎，在華盛頓郊外的鄧巴頓橡樹園進行會談，擬定了聯合國憲章草案。接著，在二戰結束前的一九四五年六月，載有「欲免後世再遭今代人類兩度身歷慘不堪言之戰禍」序言的「聯合國憲章」成為國際條約，共有五十個國家代表簽署。十月二十四日，五十一國（波蘭稍後加入）組成的「聯合國」正式成立（總部設於紐約）。蘇聯根據雅爾達會議上英美兩國的允諾，獲得三個席位（蘇聯、烏克蘭、白俄羅斯）。

戰爭色彩極濃的聯合國

聯合國憲章具有極為濃厚的戰時色彩，強烈地表現在「維持和平」的體制中。在美國總統羅斯福提出的「四警察」構想的基礎下，美、英、蘇、中等提案國加上英國（世界五強）成為安全保障理事會的常任理事國，擁有高於總會權限的否決權，可說掌握了聯合國的意志決定權。

歷史筆記 聯合國的原加盟國中，蘇聯占了三席（蘇聯、烏克蘭、白俄羅斯），拉丁美洲各國占二十席，亞洲國家僅占少數。

對於安全保障理事會所做的決定，加盟國有實施經濟制裁和斷絕外交的義務。當時曾是同盟國敵國的德國與日本被拒於和平構想之外，其他中立國若經確認為「和平愛好國」則可獲准加入。日本後來成為第八十個加盟國（二〇〇〇年十二月時共有一百八十九國加盟）。

聯合國加盟國必須負擔的會費比例是以各國的國民生產毛額（GNP）為基準。目前聯合國也考慮增加常任理事國的席位，是否讓日本加入常任理事國行列成為一大問題。

●聯合國成立的經過

```
┌─────────────────────────┐
│ 1941年  大西洋憲章         │
└─────────────────────────┘
   確立聯合國憲章的基礎理念
          ▼
┌─────────────────────────┐
│ 1942年  聯合國共同宣言     │
└─────────────────────────┘
   確認大西洋憲章的原則
          ▼                        1945年
┌─────────────────────────┐      10月24日
│ 1943年   四國宣言          │
└─────────────────────────┘      ┌──────────┐
   決定有關聯合國設立的一般原則      │ 聯合國     │
          ▼                       │ 正式成立   │
┌─────────────────────────┐      │（原加盟國加上│
│ 1944年  鄧巴頓橡樹園會議   │ ──▶ │ 波蘭共51國）│
└─────────────────────────┘      └──────────┘
   擬定聯合國憲章草案
          ▼
┌─────────────────────────┐
│ 1945年  舊金山會議         │
└─────────────────────────┘
追加否決權，通過聯合國憲章…50國簽署
```

安全保障理事會

關於5大國的否決權、軍事制裁權

理事國 ┌ 常任理事國…美、英、法、蘇、中
       └ 非常任理事國…10國（任期2年）
       （亞洲2國、非洲3國、東歐1國、中南美洲2國、西歐其他國家2國）

決議 ── 理事國9國以上贊成
       （有一常任理事國反對便無法通過）

美元支撐戰後的世界經濟

第二次世界大戰後，美元成為世界貨幣的中心，美國晉身為「地球銀行」的主人君臨世界。

對一九三〇年代的反省

開始於一九二九年的經濟大蕭條，讓出現大量失業人口並且面臨經濟危機的各國競相以廢除國際金本位制度（譯注：參見P224）與降低匯率的方式使本國的貨幣貶值，以利於產品出口。當時各國都企圖犧牲他國來重建自己的經濟。

此外，列強還組成英鎊、美元、法郎等經濟聯盟推行保護貿易（參見P224），導致世界經濟秩序瀕臨危機，成為引發第二次世界大戰的一大主因。因此，戰後經濟重建時，各國均期待在彼此的協調下重新建立國際金融制度。

布雷頓森林體制以美元為世界貨幣

一九四四年七月，四十四國代表在紐約郊外新罕布夏州的布雷頓森林召開會議，目的在於消弭各國的匯率調降競爭以及維持國際貿易的均衡發展。會議上，主張創造新世界貨幣的英國和主張以美元為世界貨幣的美國互不讓步，而會議最後決定以美元做為世界貨幣。此外，會議也決議設立「國際貨幣基金」（IMF）和「國際復興開發銀行」（IBRD）（譯注：世界銀行的主要機構），這兩個機構的歷任總裁都是美國人，理事也多為美國企業家。

在美國提出黃金與美元的交換為黃金一盎司（三十一‧一〇四公克）對三十五美元的保證下，美元發揮了「國際貨幣」的機能，各國皆設定美元的兌換匯率（例如日本是一美元兌換三百六十日圓），將匯兌行情的變動抑制在等值的上下1％以內，開始進行市場介入，布雷頓森林體制（IMF體制）實質上是個極為依賴美國經濟的體制。美國貨幣「美元」之所以能夠成為世界貨幣，是因為世界的黃金儲備量約有八成都集中在美國，因此美國具有

歷史筆記　國際貨幣基金(IMF)依照投資金額給予投票權，美國負擔了大約三分之一的設立資金(英國的兩倍)，因此掌握了經營權。

壓倒性的經濟實力。

美國渴求自由貿易

一九四八年，美國曾提出成立「國際貿易機構」（ITO）的計畫，但由於多數國家不同意，美國國會也拒絕批准，致使ITO未能成立。後來在一九四七年，有二十三個國家在瑞士日內瓦簽署透過貿易的擴大尋求國際經濟發展的多邊協定「關稅暨貿易總協定」（GATT），成為管理國際貿易的暫定機制。當初ITO計畫之所以流產，是因為美國生產額占據世界二分之一，經濟實力過於強大，各國對其抱持著戒心之故。

GATT的原則為對加盟國提供最惠國待遇與內國國民待遇（進口產品可享受與本國產品相同待遇），並希望能夠持續透過統括性且多邊的貿易談判，全面廢除數量限制及降低關稅。一九九五年GATT解散，屬於聯合國機構的「世界貿易組織」（WTO）成立，負責進行國際自由貿易的推展工作。

●布雷頓森林體制的變化

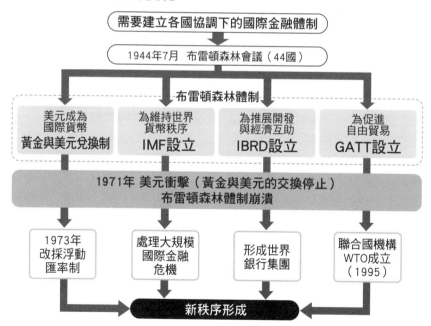

蘇聯收復舊俄羅斯領土

東歐最初並非完全的社會主義國家，後來逐漸被蘇聯納入統治下。

社會主義在東歐被視為非法？

　　史達林將第二次世界大戰定義為保衛蘇聯免於遭納粹侵略的「大祖國戰爭」，經過這場戰爭，蘇聯收復了舊俄羅斯帝國的所有領土，甚至還在東歐取得足以比擬英、義、希三國總和的領土，建立起廣大的勢力範圍。在戰前與戰爭期間，東歐各國除了捷克斯洛伐克的共產黨占有約10%的議席之外，絕大部分的國家都將社會主義視為非法。

　　一九四四年，蘇聯軍追擊德軍進攻至東歐，並在占領下建立東歐的新體制。首先，蘇聯放逐曾經協助德國統治國家的舊統治階層，在蘇聯軍的羽翼下，共產黨勢力也逐漸擴大，而已經成型的政黨也急速地發展。據說英國首相邱吉爾為了避免東歐小國落入蘇聯的統治，曾構想建立「巴爾幹聯邦」，但以英國當時的勢力，實在不可能實現。

在東歐成立親蘇的友好政府

　　占領東歐之後，除了致力在當地成立「友好政府」，蘇聯同時也對三國軍事同盟要求賠償，藉以恢復遭受德國攻擊所造成的莫大損失。當時保加利亞、羅馬尼亞在蘇聯的援助下建立共產政權，南斯拉夫、阿爾巴尼亞在歷經內戰後也轉向社會主義，東德、波蘭、匈牙利、捷克斯洛伐克等國則成立聯合政府，共產黨在其中逐漸掌握主導權。

史達林批判與東歐的動搖

　　一九五三年史達林去世後，在一九五六年舉行的蘇聯共產黨第二十次大會上，黨第一書記赫魯雪夫針對史達林的個人崇拜、大量肅清、大國主義等進行批判，提出「和平共存」政策。

　　一九五六年，波蘭發生反政府與反蘇聯暴動，匈牙利也受到反蘇

歷史筆記　匈牙利國內開始要求建立民主政權後，蘇聯認定此為內外帝國主義者的陰謀，於是派出二十師團對改革運動展開鎮壓。

暴動影響，新政府要求蘇聯軍撤退並主張廢除一黨獨裁，但是後來被入侵的蘇聯軍打敗。一九六八年，東歐最大工業國捷克斯洛伐克長久以來對於史達林鎮壓所懷的不滿終於爆發，之後雖然致力於自由化與民主化發展（布拉格的春天），但卻因為蘇聯與東歐五國軍隊武裝介入而挫敗。

武裝勢力介入捷克時，蘇聯的布里茲涅夫根據「限制主權論」提出「社會主義各國全體的利益優先於各國的個別利害」（布里茲涅夫主義），努力維持對東歐的統治。

●東歐圈的成立、動搖與瓦解

驅逐納粹 蘇聯軍占領東歐

蘇聯圈成立

東歐誕生親蘇政權 … 雅爾達會議中獲得承認

波蘭、匈牙利、羅馬尼亞、保加利亞、南斯拉夫、阿爾巴尼亞 ➡ 事實上是共產黨一黨獨裁

1948年 捷克斯洛伐克社會主義化（捷克革命）東歐全部納入蘇聯=社會主義圈之下

1949年 東歐經濟互助委員會（COMECON）成立

1955年 華沙公約組織…與北大西洋公約組織（NATO）抗衡

動搖

1956年 赫魯雪夫批判史達林

1956年6月 波蘭反蘇暴動…自主鎮壓
1956年10月 匈牙利反蘇暴動…蘇聯軍進攻
1968年1月 捷克斯洛伐克自由化（布拉格的春天）◀ 蘇聯、東歐軍進攻

瓦解

蘇聯 主張「限制主權論」

1989年 東歐革命（脫離蘇聯勢力圈）

馬歇爾計畫VS
共產黨和工人黨情報局

共產黨和工人黨情報局對抗以復興歐洲「資本主義」為目標的馬歇爾計畫。

蘇聯依然企圖南下

二次大戰後東歐各國被套入「蘇聯勢力圈」，當社會主義滲透西德與西歐的趨勢逐漸增強後，美國開始強調「蘇聯威脅論」。

蘇聯要求土耳其給予在達達尼爾地區建設要塞的權利，企圖將勢力擴大到東地中海。一九四六年之後，希臘的共產黨（接受蘇聯援助）展開游擊戰，對抗英國支持下的雅典政權，蘇聯勢力於是慢慢地滲透進東地中海。

此時，美國國務院蘇聯問題專家肯南主張：「蘇聯權力隱藏著終將衰退的缺陷，美國只要長時間耐心地持續圍堵政策，將會影響蘇聯漸趨穩健或使其內部產生瓦解。」美國總統杜魯門接受了肯南的建議，於一九四七年三月發表「杜魯門宣言」，內容陳述必須將世界劃分為自由主義與集權主義體制，盡力擁護自由主義體制，並要求提供四億美元給戰略上處於重要地位的希臘和土耳其做為軍事及經濟援助，而美國國會也通過此項決議。從此美國便取代英國，開始維持東地中海秩序。一九四八年，與蘇聯關係惡化的南斯拉夫封鎖邊境，切斷希臘共產黨的補給路徑，希臘的內戰終於結束。

馬歇爾計畫與西歐經濟重建

二戰之後歐洲經濟跌至谷底，英國工黨政權在一九四五年將煤碳、電氣、瓦斯等重要產業歸為國有，在法國與義大利，共產黨則加入聯合政權。

在這樣的局勢下，就任美國國務卿的馬歇爾認為沒有健全的經濟，政治便不可能安定，更遑論和

歷史筆記　美國的國民生產毛額（GNP）從一九四七年的三千零九十九億美元增加到一九六九年的七千二百七十一億美元，成長兩倍以上，這是因為美國沒有大戰後經濟不景氣的問題。

平，於是在一九四七年六月發表對歐洲提供經濟援助的「馬歇爾計畫」。一九四八年至一九五一年，美國提供歐洲各國一百二十五億美元的經濟援助，該計畫最初將支援對象設定為包括蘇聯在內的全體歐洲國家。

馬歇爾計畫由負責受理的歐洲經濟合作組織（OEEC）規畫方案，再由美國提供美元進行援助。這項計畫實施後，西歐的經濟迅速恢復，工業生產也回復到戰前的水準。

對急速擴大社會主義圈的蘇聯而言，馬歇爾計畫無疑是美國和英國的反擊。為了與之抗衡，一九四七年十月蘇聯、東歐、義大利、法國等九國的共產黨代表組成「共產黨和工人黨情報局」（譯注：歐洲共產黨的情報機關，一九四七～一九五六）。這個機構是二戰中解散的「共產國際」的重新出發，是個推展反美與反英鬥爭的機構。

● 東西歐的對立

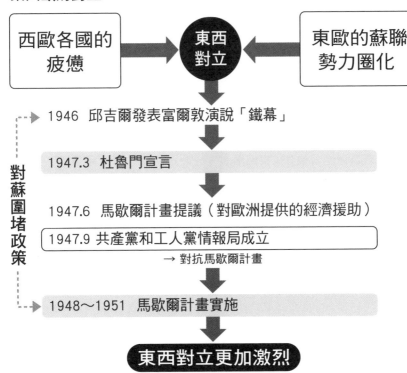

266

東西陣營的對立集中至柏林

德國被分割為東西兩邊，首都柏林也遭受兩種體制分割，東西兩陣營的對立最後發展成為柏林封鎖。

同盟軍將德國分為東西

　　一九四五年五月德國無條件投降後，德國被分割為東西兩邊，東德為蘇聯統治，西德則由美、英、法三國占領。其中首都柏林成為特別占領區，劃分為四區，由四國共同占領。

　　此外，波茨坦會議上決議讓東普魯士南半部、奧得河與奈瑟河以東歸屬給波蘭管理，因此德國的領土縮減為過去的四分之三。軍事占領下的行政雖然由四國軍隊組成的「同盟國對德管制委員會」執行，但由於蘇聯與其他三國對立，使得德國分裂為東西，被套入東西兩大陣營的架構中。

為何引起柏林封鎖？

　　一九四八年，針對是否應接受馬歇爾計畫的問題，捷克斯洛伐克的共產黨發動政變成功取得政權。接著，義大利的共產黨在總選舉後淪為第二大黨，東西兩陣營的對立越發激烈，德國也成為了對峙的焦點。

　　美、英、法占領當局認為，占領地區的分裂阻礙了德國的經濟復興，於是統合西德占領地區，在貨幣改革政策下發行新德國馬克。反對此舉的蘇聯為了防止西德的新德國馬克從東德境內的東柏林流入，便封鎖所有通過柏林的交通要道，切斷西柏林的電器、煤炭、糧食供給，這便是「柏林封鎖」。

　　柏林被封鎖後，二百三十五萬人口的西柏林變成距離占領區西側分界線二百公里遠的「陸上孤島」，於是美國展開史前無例、利用大型運輸機運送糧食與燃料的「大空運賑災行動」（共十九萬六千次，最高一日一千四百架），每九十秒便有一架運輸機起飛，將一日一萬三千噸的物資運送到西柏林。

歷史筆記　柏林圍牆上設置了三百多個監視塔，約有一萬四千名士兵在此戒備。

高牆突然聳立

一九四九年五月蘇聯軍解除封鎖，柏林封鎖終於結束。同年五月，德意志聯邦共和國成立（舊西德），四個月後德意志民主共和國（舊東德）成立，兩國皆明示了國家的暫時性以及未來統一的可能性。

根據一九五四年的「巴黎協議」，西德加入「北大西洋公約組織」（NATO）進行軍備再置，在NATO軍的指揮下設立軍隊。八日後，東方陣營也組織「華沙公約組織」（一九五五），東德便是其中一員，此舉注定了德國的分裂。

一九五八年，蘇聯最高領導人赫魯雪夫要求西方三國撤出柏林，讓西柏林成為非武裝的自由都市，但遭到西方三國拒絕。從此，厭惡東德社會主義化的民眾紛紛經由西柏林逃亡至西德，一九六一年八月時一日的逃亡人數高達一千五百人。年輕人、知識分子的大量逃亡帶給東德的經濟建設相當大的打擊，因此在一九六一年八月十三日，東德政府沿著東西分界線築起長四十五公里的水泥牆（柏林圍牆）。

●柏林封鎖

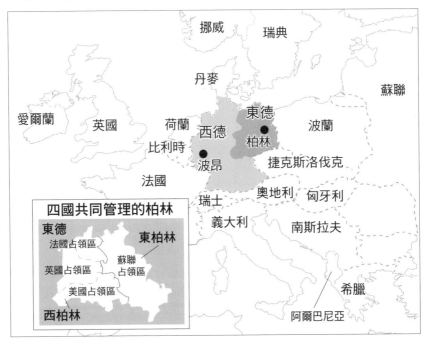

世界因美蘇的競爭而分裂

歐洲與蘇聯的紛爭漸漸被統合為美國與蘇聯的對立，究竟是什麼樣的前因後果導致美蘇雙方的對立日益加深？

何謂「冷戰」？

所謂「冷戰」，是指二次大戰後「以美國為中心的自由主義陣營」與「以蘇聯為中心的社會主義陣營」的對峙。兩國的對峙並未發展為實際的大戰，而是一場以「核武軍備擴充」為主軸的競賽。

冷戰共分三個層面，分別是意識形態的對立、美蘇兩國的軍事對決、以及美蘇兩國的霸權爭奪。為了維持「冷戰」，美蘇兩國各自負擔了龐大的軍事費用與同盟的維持費用。一九六〇年代，美國派遣三十萬軍隊駐屯歐洲，十六萬軍隊駐屯亞洲，五百人以上駐屯的海外軍事基地共有約二百二十處。

東西兩陣營組成軍事同盟對立

「柏林封鎖」結束前的一九四九年四月，美、英、法、義、加等十二國組成的北大西洋公約組織（NATO）在華盛頓成立，該組織將歐洲及美洲盟國所受的攻擊視為對全體盟國的攻擊，是個跨越歐洲與北美廣大地域的軍事同盟，隨後希臘、西德、西班牙也加入（一九六六年，法國不滿美國的主導而退出，組織實力因而減弱）。

為了與NATO對抗，蘇聯與東歐各國簽署互相援助條約，並於一九五五年將包括東德在內的東歐七國加以統合，組成統括性的軍事同盟「華沙公約組織」。

共產主義中國成立

第二次世界大戰結束時，只有美國擁有原子彈。然而，一九四九年九月蘇聯的原子彈實驗成功，十月由共產黨領導的中華人民共和國成立，美國失去曾在勢力圈內的中國，對蘇聯的「圍堵政策」宣告失敗，中國與蘇聯後於一九五〇年在莫斯科簽訂「中蘇友好同盟互助條約」。

歷史筆記　蘇聯封鎖柏林，迫使美國放棄傳統的「孤立主義」外交政策，並且成為歐洲團結反共的中心，促成了北大西洋公約組織（NATO）的成立。

接著，朝鮮戰爭爆發與美蘇的氫彈實驗成功，使得東西兩陣營互不信任並彼此恐懼。爾後，大規模的核武擴充及世界的軍事同盟化逐漸展開。

軍事同盟席捲全世界

朝鮮戰爭後，東西陣營的對立擴大為世界規模。除了前述的歐洲，東亞方面南北韓的三十八度線和台灣都是東西陣營的對立點，日本也在一九五一年與西方陣營談和，與美國簽訂「美日安全保障條約」後加入西方陣營。

●東方與西方的主要條約

西方		東方

對抗

1949年 北大西洋公約組織（NATO）

英國、比利時、荷蘭、盧森堡、挪威、丹麥、冰島、葡萄牙、義大利、法國（1996退出軍事機構）、美國、加拿大

希臘、土耳其、西德、西班牙 ｝後來加入

1951年
美日安全保障條約
（美國、日本）

1951→1985年
太平洋安全保障條約（ANZUS）
（美國、澳洲、紐西蘭）

1951年
美日安全保障條約
（美國、日本）

1953年
美韓共同防禦條約
（美國、韓國）

1954年→1979年
美華共同防禦條約
（美國、台灣）

1955年→1991年 華沙公約組織

蘇聯、保加利亞、捷克斯洛伐克、匈牙利、東德、波蘭、羅馬尼亞、阿爾巴尼亞（1968年退出）

1950年→1980年
中蘇友好同盟互助條約

美國與中國恢復邦交

共產黨為何能夠稱霸中國？

國民黨突然改變方針開始攻擊共產黨，但是最後稱霸中國的卻是共產黨。

共產黨曾經試圖避開對立

二次大戰後，美國在東亞的霸權確立。美國企圖利用蔣介石領導的國民黨來控制中國市場，自太平洋戰爭開始便對國民黨提供經濟援助。到大戰結束為止，美國提供的援助金額約為十六億美元，之後到一九四九年國民黨政權轉移到台灣為止，援助金額共計高達四十四億美元。

在與日軍對抗的同時，不斷擴大「解放區」（共產黨統治的地區）的共產黨和致力於統一政權的國民黨持續爭奪中國的主導權，但軍事力量遠遠落後的共產黨努力避開對決。一九四五年八月，蔣介石（國民黨）與毛澤東（共產黨）在重慶進行會談，共產黨同意讓出八個解放區及縮減軍隊，做了相當大的讓步。十月十日，雙方簽訂「雙十協定」，約定迴避內戰。翌年一九四六年一月，雙方又簽訂「國共停戰協定」，努力維持一個和平的中國。

共產黨軍再次從農村取得勝利

然而就在一九四六年三月，過度自信的國民黨突然改變之前的和平統一路線，對華中、華北的解放區展開總攻擊（國共內戰）。此時，擁有美式裝備的四百三十萬國民黨軍對裝備低劣的一百二十萬共產黨軍展開攻擊，開戰後四個月，國民黨拿下解放區的一百五十個都市。內戰開始後不久，中國首都從重慶（中日戰爭時遷移）遷回南京，並於十一月召開只有國民黨組成的國民大會，制定中華民國憲法。翌年，蔣介石被選為總統。

一九四六年以後，共產黨沒收地主的土地分配給農民，實施「土地改革」，同時又吸收農民為共產黨軍（一九四七年三月改名為「人民解放軍」），展開從農村包圍都市的戰略。另一方面，國民黨統治

歷史筆記 受到蘇聯的援助，中國自一九五三年開始效仿優先發展重工業的蘇聯型社會主義建設，著手進行第一次五年計畫的經濟建設。

的都市仍殘留著中日戰爭的損傷，民眾深受飢荒與失業之苦。

一九四七年三月，多年來設有共產黨各中央機關的延安被國民黨占領，人民解放軍於九月展開反攻。一九四八年十月，整個東北地區落入人民解放軍手中，四十七萬國民黨軍投降。一九四九年二月，國民黨不得不放棄長江以北，同年七月，除了華南、西南地區、西藏和台灣，全中國大都已在共產黨的統治之下。

中華人民共和國成立

一九四九年九月，共產黨在北京召開人民政治協商會議制定臨時憲法，由毛澤東擔任主席，周恩來擔任總理。同年十月一日，天安門廣場聚集了二十萬民眾，毛澤東宣布「中華人民共和國」成立，社會主義中國就此誕生。

另一方面，戰敗的蔣介石逃往台灣，一九四九年十二月國民政府（中華民國政府）在台北落腳。

●國共內戰到中國與台灣的對立

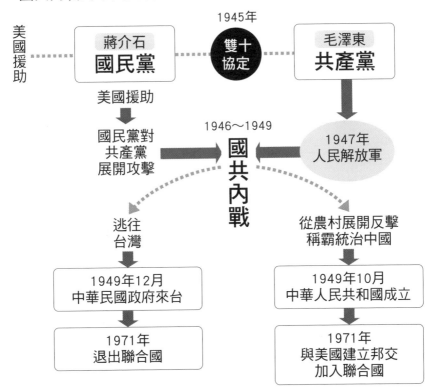

北韓為何可以成功南進？

朝鮮戰爭因為有蘇聯在後面撐腰才會發生，這場戰爭使得美國與蘇聯的軍事對立愈來愈激烈。

朝鮮半島成為美蘇對立的焦點

戰後朝鮮的獨立，在一九四三年由美、英、中三國共同發表的「開羅宣言」中得到承諾。日本無條件投降同盟國後，一九一〇年八月遭日本併吞、淪為日本殖民地長達三十五年的朝鮮終於脫離殖民統治，以北緯三十八度線為暫定界線，北由蘇聯、南由美國統治。

當年十二月（譯注：一九四五年）美、英、蘇在莫斯科召開的外長會議中將朝鮮的託管期間訂為五年，但是美蘇兩國發生冷戰，使得朝鮮的分裂漸趨固定。一九四八年八月，南韓由李承晚就任總統，成立「大韓民國」（韓國）；九月北韓也成立由金日成擔任國家主席的社會主義國家「朝鮮民主主義人民共和國」（北韓）。

北韓為何能夠進攻韓國？

一九五〇年六月二十五日，十一萬北韓軍越過暫定界線的三十八度線南進（武力南進），揭開朝鮮戰爭（譯注：或稱韓戰）的序幕。朝鮮戰爭的爆發有幾項因素，包括了駐南韓美軍在同年六月已經完全撤退、柏林封鎖失敗後蘇聯必須設法恢復威信，以及蘇聯必須穩住立場以面對在中國逐漸確立政權的毛澤東。當時北韓軍有十八萬三千人，是九萬三千南韓軍的兩倍。戰爭初始之際，北韓軍位居優勢，僅只三天便攻陷首爾，八月時將南韓軍逼退到釜山。

對於北韓的攻擊，聯合國安全保障理事會決定派遣以美軍為中心的聯合國軍前往朝鮮。聯合國軍的司令部設於東京，九月由麥克阿瑟指揮的美軍成功登陸仁川並收復首爾，接著越過三十八度線朝中國邊境前進。

不過，剛於一九五〇年十月成立的中華人民共和國（中國）認

歷史筆記 聯合國安全保障理事會決定派兵前往朝鮮時，蘇聯也正為了革命後中國的聯合國代表權問題對安全保障理事會進行杯葛。

為這是本國的危機，遂派遣一百萬軍隊加入北韓陣線，使得戰爭愈演愈烈，三十八度線附近呈現膠著狀態。

此時聯合國軍總司令麥克阿瑟要求將戰爭區域擴大到中國和蘇聯，並希望在海參崴、北京等主要的二十六個城市投下原子彈，不過反而遭到擔心釀成世界戰爭的杜魯門總統革職。

一九五三年七月，南北韓兩勢力在三十八度線上的板門店停戰，一場造成四百萬人死傷（其中北韓占一百七十萬）、一千萬人妻離子散的悲慘戰爭終於結束。

冷戰向全世界擴大

美國總統杜魯門利用朝鮮戰爭積極地將冷戰擴大到全世界，當時美國的年度軍事預算從一百三十億美元一口氣增加到三百五十億美元。朝鮮戰爭爆發後，美國派遣第七艦隊進駐台灣海峽，保護高呼「反攻大陸」口號的中華民國政府，使得國民黨與共產黨的對立成為定局。

●日韓合併到朝鮮戰爭

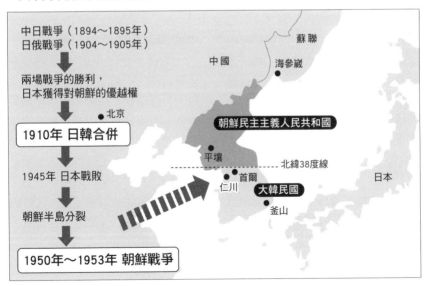

社會主義建設有其困難之處？

蘇聯的史達林去世之後，中國為了維持社會主義便推行「大躍進」運動，沒想到反而使得國家大幅落後。

史達林批判與大躍進政策

一九五三年，在蘇聯建立獨裁體制的史達林逝世。之後黨第一書記赫魯雪夫在一九五六年的蘇聯共產黨第二十次大會上批判史達林（參見P262），意味著蘇聯即將改走「和平共存」路線，如此的轉變對中國的社會主義建設造成很大的影響。

在當時中國國內，要求在取得國民經濟均衡的情況下發展穩健的經濟建設、建立社會主義式民主主義及完整的法律制度，以及防止個人崇拜等的聲浪日漸高漲。對此，毛澤東在一九五八年祭出稱為「大躍進」的激進社會主義建設總路線。

「大躍進」是個不考慮經濟上的合理性、過分強調意識型態的政策，內容包括農村的「人民公社」（農業生產合作、農村工業、民政、民兵組織的管轄組織）化，以及運用土製高爐製鐵等農村工業的建設和農作物的深耕密植等，不過政策徹底失敗。接著，一九五五年異常氣象引發的飢荒使得情況更加惡化，「大躍進」運動最後在造成兩千萬人餓死的悲劇下收場。一九五九年，劉少奇就任國家主席，至一九六五年為止皆採取現實性的經濟調整政策。

中國與蘇聯的隔閡日漸加深

不過，毛澤東的革命路線與蘇聯追求的「和平共存」分歧愈來愈大。脫離以往蘇聯和共產國際的指導，中國共產黨內部依照毛澤東思想從農村包圍都市，成功完成革命，對蘇要求自主性的傾向愈來愈明顯。一九六〇年，蘇聯停止對中國的技術協助及設備提供，同時調回近一千四百名技術人員。接著，在台灣海峽危機引發中台關係緊迫之際，蘇聯拒絕提供原子彈與飛彈

歷史筆記 中國由五十六個民族組成，漢族占人口的92%，其餘的五十五個民族居住在全國60%的領土內。

技術給中國，兩國的關係就此決裂。一九六九年，中蘇兩軍在黑龍江珍寶島發生武裝衝突，「中蘇論戰」（譯注：蘇聯的史達林批判後，中蘇雙方的意識型態出現分歧，彼此展開論戰）演變成軍事對立，中國的對外政策也不得不開始向美國接近。

西藏遭分裂

第二次世界大戰期間，西藏在喇嘛教（譯注：即西藏佛教）領導人達賴喇嘛的帶領下保持獨立。一九五〇年，中國人民解放軍（共產黨）進駐西藏東部，西藏雖然向聯合國提出控訴，但情況並沒有改變。翌年達賴喇嘛十四世與中國達成協議，人民解放軍進駐西藏全境。一九五九年，西藏兩萬人發動武裝叛亂，但遭到人民解放軍鎮壓，達賴喇嘛十四世與十萬難民一同流亡到印度北部的達蘭莎拉，在當地建立流亡政府。

一九六五年，中國指派喇嘛教第二順位領導人班禪喇嘛十世擔任全國人民代表大會（全人代）常務副委員長，維持對西藏的統治。目前達賴喇嘛十四世要求在中國的統治下設立西藏自治政府，但是中國唯恐帶動內蒙古和新疆維吾爾自治區的民族運動，因此遲遲不肯答應。

●中國的自治區與民族運動

新疆維吾爾自治區
（伊斯蘭教徒的獨立運動）

蒙古

內蒙古自治區

北京

西藏自治區
（喇嘛教徒的獨立運動）

寧夏回族自治區

達蘭莎拉

西藏流亡
政府所在地

廣西壯族自治區

社會主義中國的苦惱

在試圖建立新獨裁體制的「文化大革命」發展下，中國與蘇聯的關係日趨惡化，在國際上逐漸孤立。

文化大革命的目標是建立獨裁體制

「大躍進」政策的失敗讓毛澤東失去勞工與農民的支持，毛澤東最後能夠依靠的就是在社會主義教育下成長的青年。

中國建國之後，不斷累積的社會矛盾、中越戰爭、中蘇對立等難題堆積如山，毛澤東利用妻子江青等人組成「四人幫」（譯注：江青、張春橋、姚文元、王洪文），打出「打倒走資本主義路線的黨內實權派（走資派）」口號，動員稱為「紅衛兵」的青年發起群眾運動。毛澤東讓紅衛兵大舉破壞各種既存體制和黨組織，建立由最高領導者（毛澤東本人）來統帥中國的體制，這便是始於一九六六年、持續長達十年的「文化大革命」。

中蘇對立讓中美拉近距離

文化大革命方興未艾之際，劉少奇失勢遭永久剝奪黨籍。一九七一年，毛澤東的盟友林彪暗殺毛澤東失敗，最後死於飛機失事（九月十三日政變）。文化大革命期間，中國與蘇聯的關係日漸惡化，一九六九年兩國軍隊發生武力衝突。

當一九六〇年代的越戰走入死胡同之際，美國試圖利用中蘇兩國的對立與中國接近。一九七一年在美蘇的同意下，聯合國代表權從台灣的中華民國移轉到中華人民共和國；一九七六年毛澤東去世，四人幫被逮捕，文化大革命終告結束，一九九一年江青自殺。文化大革命對中國造成的損傷極為龐大，據估計，經濟上的損失高達五千億元，社會上也有超過一億人蒙受其害。

一九七八年，越南與蘇聯簽訂友好互助條約，越南明白表示向蘇聯靠攏。由於中國與越南之間向來存在著邊界問題，一九七九年二

歷史筆記　中國建國以來一直是個「黨治」與「人治」的國家。隨著國際化的發展，中國被迫轉變為法律體系完整的「法治」國家。

月中國軍隊進攻越南展開「中越戰爭」，四月中國廢除「中蘇友好同盟互助條約」，中國與蘇俄的關係急速惡化。

中國立場愈來愈困難

一九八九年五月，超過一百萬名學生集合到天安門廣場要求中國民主化，中國當局對此展開鎮壓，光是六月四日當天的掃射便有約二千六百人喪命，約一萬人受傷（天安門事件）。事件結束後，西方各國無不強烈批判中國，並採取制裁措施。

一九九〇年的波斯灣戰爭及一九九一年日本重新借款給中國，讓中國終於脫離外交上的孤立。不過一九八九年十二月美蘇領袖在馬爾他島宣告冷戰結束，一九九〇年東西德統一，蘇聯勢力逐漸撤出東歐，一九九一年蘇聯共產黨解體與蘇聯結束，在如此的國際情勢之下，社會主義中國正面臨嚴格的試煉。

●中國與蘇聯對立的發展

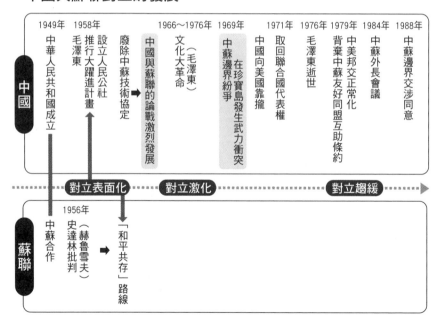

277

開拓新時代的「第三世界」登場

第二次世界大戰後，曾是殖民地的亞洲各國紛紛獨立，這些新勢力開始現身於世界史這個大舞台。

二戰成為民族獨立的契機

第二次世界大戰是一場國家整體的戰爭（總體戰），這場戰爭讓西歐各國、日本、蘇聯等極度疲憊，只有美國持續在軍事與經濟上不斷壯大。另一方面，舊殖民地內接受西歐式教育的階層成長之後，如狂瀾般地瓦解殖民地建設新國家。短短二十年，民族獨立的浪潮席捲全世界，大半的殖民地都已達成政治上的獨立，大戰後的世界與十九世紀的世界已大不相同。

一九四四年至一九六四年的二十年間，共有五十三個新興國家誕生（亞洲二十國、非洲三十三國），世界總人口的三分之一在此時已擁有自己的國家。

十九世紀的世界秩序逐漸瓦解

一九四〇年代後期，過去在太平洋戰爭期間遭日軍占領的印尼、越南、菲律賓、朝鮮陸續獨立。此外，曾是英國殖民地的印度、巴基斯坦、緬甸、錫蘭（今斯里蘭卡）也在一九四〇年代後期獨立，一九四九年中華人民共和國成立，到了一九五〇年代末期，香港、澳門以外的亞洲殖民地皆已完成獨立。

在此過程中，荷蘭雖然曾企圖收復舊殖民地印尼，法國也企圖收復越南（印度支那戰爭），但兩者都因無法恢復昔日的殖民地統治而敗退。

誕生於亞洲的新國際關係原則

在民族國家體制之下，為了延伸政權，戰爭被認為是無可避免的手段，並認為和平須由國與國之間的「權力平衡」來維持。

一九五四年，法國在印度支那戰爭中戰敗，四月至七月在日內瓦召開停戰會議。會議期間的六月，中國總理周恩來與印度總理尼赫魯

歷史筆記　亞非會議共有亞洲十五國、中東八國、非洲六國參加，宣告歐美各國決定一切的時代已經結束。

發表以（一）互相尊重領土與主權；（二）互不侵犯；（三）不干涉內政；（四）平等互惠；（五）和平共存的「五原則」（和平五原則）做為維持兩國關係的主要原則，同時主張此原則也適用於亞洲、非洲等其他國家用於維持與他國之間的關係，是一項由亞洲提議的新國際關係原則。

萬隆會議宣告新時代的來臨

一九五五年四月，亞洲各國與非洲若干國家共計二十九國代表參加的第一次亞非會議在印尼的萬隆召開。會議以積極維持中立主義立場的印度尼赫魯總理和印尼總統蘇卡諾為中心，共同發表「和平十原則」，其內容為尊重基本人權與聯合國憲章、不干涉內政、反殖民地主義、互相合作、和平共存、不使用集體防禦等。於是，不屬於美蘇陣營任一方的「第三世界」成形。

二十世紀末，亞洲各國的經濟快速成長，形成推動人類史的一股強大勢力，逐漸在歷史的舞台上嶄露頭角。

●東南亞的獨立

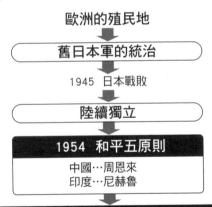

歐洲的殖民地

舊日本軍的統治

1945 日本戰敗

陸續獨立

1954 和平五原則
中國…周恩來
印度…尼赫魯

1955 萬隆會議　和平十原則

1 尊重基本人權及聯合國憲章
2 尊重一切國家的主權和領土完整
3 承認所有人類與國家間的平等
4 不干涉內政
5 尊重每個國家單獨或集體自衛的權利
6 排除對大國有利的集體防禦
7 否定武力侵略
8 和平解決國際紛爭
9 促進相互的利益和合作
10 尊重正義與國際義務

削弱美國國力的越戰

印度支那戰爭之後,越戰接著發生,讓越南和美國造成巨大犧牲。

法國在印度支那戰爭中戰敗

二戰中占領越南的日本戰敗後,在社會主義者發起、以抗日運動為主體的「越南獨立同盟」(Vietminh)的領導下,越南各地紛紛起義。一九四五年九月二日,胡志明宣布獨立,「越南民主共和國」成立。

不過,舊宗主國法國並不承認越南的獨立,於是發動印度支那戰爭(一九四六～一九五四),一九四九年時成立由保大擔任元首的「越南國」,開始對美國援助下的越南民主共和國展開攻擊。一九五四年,在越南西北部的奠邊府,一萬六千名法軍遭到越南解放軍包圍並被殲滅。同年,雙方根據「日內瓦停戰協定」劃定北緯十七度線為臨時軍事分界線,約定兩年後舉行總選舉建立南北統一政府。

不過,美國擔心越南一旦變成社會主義國家,社會主義的浪潮將會波及全東南亞,因此並未簽署該協定。一九五五年,美國在南越建立由吳廷琰領導的親美政權(越南共和國,南越)並提供援助。

越戰與美國的全面介入

一九六〇年,南越民族解放陣線在越南南部組成,是為反抗獨裁的吳廷琰政權的組織。他們接受北越的援助,在越南共和國內展開游擊戰,而由於南越若沒有美國的援助便無法存續,因此最終演變成美軍介入的全面戰爭。

一九六五年,美國對支援民族解放陣線的北越(越南民主共和國)展開攻擊,軍隊也從一九六五年的五萬人一口氣增加到一九六六年的五十四萬人,一九六七年時更派遣了四千五百架戰機與三千五百部裝甲車。另一方面,南越民族解放陣線也在民眾的支持以及北越、

歷史筆記　一九七五年,統治高棉(譯注:柬埔寨舊稱)的赤棉政權在一九七九年越南軍進攻時被打倒。在之後持續不斷的內戰下,三十萬高棉人淪為難民逃亡泰國。

蘇聯、中國等國提供武器下奮勇作戰，完全控制住農村地帶，於一九六九年建立南越革命臨時政府。

由於越戰的規模遠遠超越韓戰，美國國內掀起一片反戰聲浪。已經無法再做出任何犧牲的美國於一九七三年簽署和平協定，撤出越南。一九七五年，南越民族解放陣線展開名為「胡志明戰略」的攻勢攻陷西貢（今胡志明市），翌年統一南北越建立起「越南社會主義共和國」。這場戰爭造成三千萬越南人中三百六十萬人慘遭殺害。

●越南戰爭的經過

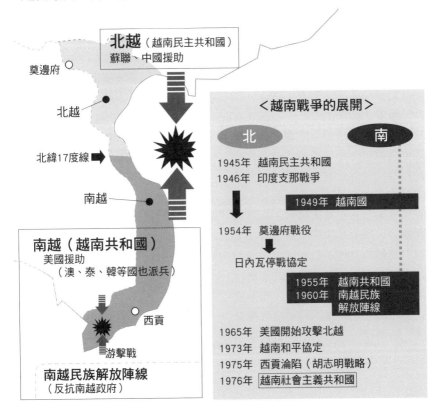

印度獨立在宗教對立下變成悲劇

脫離英國獨立的印度，與宗教信仰不同的巴基斯坦進行分離，結果造成許多宗教難民出現。

分離獨立導致甘地被暗殺

二戰期間英國動員約二百五十萬印度人充做士兵，其數量是英國士兵的一半。戰後，英國於一九四七年七月制定「印度獨立法」，同年八月十四日伊斯蘭教國家「東西巴基斯坦」成立，十五日印度教國家「印度聯邦」成立，印度分離獨立成兩個國家。

當時民眾被迫必須選擇歸屬於其中一國，一千五百萬人成為難民進行遷移，混亂當中印度教徒與穆斯林（伊斯蘭教徒）發生衝突，造成二十萬至五十萬人犧牲。始終以非暴力、不合作原則一路領導印度獨立運動的甘地，指責印度教徒對印度境內伊斯蘭教徒採取的恐怖行動，誠摯要求雙方的和諧，但卻被狂熱的印度教徒誤以為他擁護穆斯林，結果在一九四八年一月遭到暗殺。

印度聯邦共和國與印度世界的重整

獨立後的印度成為英國的自治領，司法權握在英國樞密院（譯注：大臣會議，不但擁有司法和立法權力，也是國王的主要行政機關）手中。不過，一九五〇年憲法制定後，印度拒絕效忠英國國王，於一九五〇年一月變更為「印度共和國」。

建國後，印度總理尼赫魯開始推行第一次五年計畫，對外則採取非同盟政策。一九五六年尼赫魯依照民眾使用的語言重整行政區，將殖民地時代的五百個酋長國重劃為十四州與六聯邦直轄地。現在，印度人口超過十億，是僅次於中國的人口大國。

喀什米爾問題

位於印度與巴基斯坦西北部的喀什米爾地區（面積相當於日本本州）以「喀什米爾編織」聞名，不

歷史筆記　印巴兩國獨立時，印度約有八百萬穆斯林移居巴基斯坦，巴基斯坦也有相同數量的印度教徒移居印度，留在巴基斯坦境內的印度教徒約為一千萬人。

過居民的八成是穆斯林，藩王則是印度教徒。因此當藩王逕自決定歸屬於印度教國家印度後，引來巴基斯坦的抗議。巴基斯坦企圖以武力占領喀什米爾，於是與印度展開戰爭（第一次印巴戰爭，一九四七～一九四九）。

一九四九年，雙方依照聯合國決議劃定停戰線，喀什米爾南部歸屬印度，北部則由巴基斯坦統治。之後，印度與巴基斯坦又發生兩次戰爭（一九六五、一九七一），雙方雖然在一九七二年劃定臨時界線，但是武力衝突仍然每年發生。

後來兩國在一九九八年進行核武實驗，並且開發出射程距離可達敵國全域的飛彈，第四次印巴戰爭有可能成為核武戰爭。

孟加拉的獨立

此外，屬於巴基斯坦一部分的「東巴基斯坦」於一九七一年宣布獨立，引來巴基斯坦展開軍事鎮壓，而支持「獨立」的印度軍也介入，第三次印巴戰爭於是爆發。最後印度軍獲得壓倒性勝利，東巴基斯坦獨立成為孟加拉。

●印度與巴基斯坦的紛爭

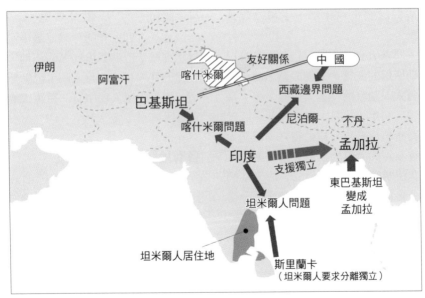

以色列獨立點燃中東紛爭之火

自猶太人國家以色列建國開始，巴勒斯坦便成為國際紛爭的焦點。

以色列建國是否妥當？

根據一九一七年的「巴爾福宣言」（參見P200），在俄羅斯、東歐等地不斷受到打壓的猶太人於第一次世界大戰後陸續移居巴勒斯坦，特別是一九三〇年代納粹大舉迫害猶太人，使得歐洲猶太人移居巴勒斯坦的數量急速增加。之後，一九三六年創設的世界猶太人大會提議在巴勒斯坦建設猶太國家，羅斯柴爾德也在經濟上支援建國活動。

一九四七年，英國結束對巴勒斯坦的託管，美國成為希冀建設猶太人國家的「猶太復國主義」後盾。同年十一月，聯合國通過將巴勒斯坦分割為阿拉伯獨立國與猶太獨立國的「巴勒斯坦分治決議」。此決議案將巴勒斯坦56％的土地劃分給當時領土不及6％的猶太人，是個極為不公平的決定。

第一次中東戰爭中阿拉伯各國慘敗

一九四八年，猶太人未明確表示國境即宣布以色列獨立，此舉引起周圍阿拉伯各國的抗議，並造成了「第一次中東戰爭」（巴勒斯坦戰爭）。認為以色列獨立不當的阿拉伯聯盟派遣數萬軍隊進攻以色列，不過由於阿拉伯各國並沒有統一的司令部，因此以色列獲得壓倒性的勝利。

在一九四九年的休戰協議中，以色列統治巴勒斯坦80％的土地，其餘的20％併入約旦王國，巴勒斯坦一百三十萬人口中有一百萬人淪為難民。

各有所隱的阿拉伯各國

二次大戰結束時的阿拉伯各國，是英、法等國利用部分阿拉伯人統治階層所建立的國家，國家基礎極為脆弱（參見P202）。而

歷史筆記 英國從巴勒斯坦撤退時，境內阿拉伯人穆斯林約一百一十萬，猶太人六十萬，基督教徒（主要是阿拉伯人）十五萬。

一九四五年成立的「阿拉伯聯盟」是各國統治階層為了保護自身利益所組成，並非真正支援巴勒斯坦人的組織。

阿拉伯聯盟的成員國當中，伊拉克和約旦是由被趕出出身地阿拉伯半島的哈希姆王族所統治的王國，表面上雖然完成獨立，但實際上是由英國掌握軍事及外交權。敘利亞及黎巴嫩於一九四一年在英軍與自由法軍的承認下獨立，雖然實施「共和政體」，但仍處於大地主等特權階層的統治下。

另外，一九三二年沙烏地阿拉伯王國在英國的援助下由伊本‧紹德建國。但在經濟方面，一九三三年之後加州標準石油公司（一九四四年被沙烏地阿拉伯石油公司併購）掌握石油利權，為美國資金所控制。

●巴勒斯坦的變化

1947年巴勒斯坦分治計畫　　第一次中東戰爭（1948～1949）　　1995年巴勒斯坦臨時自治

紛爭永不停息的巴勒斯坦

中東在短短的三十年之間發生了四次戰爭,巴勒斯坦雖然獲得臨時自治,但紛爭依然持續。

蘇伊士運河收歸國有與第二次中東戰爭

埃及在一八八二年之後為英國所占領,後來於一九二二年獨立。英軍雖然在一九三六年撤出埃及,但蘇伊士運河地帶仍屬於英國領地。

埃及總統納瑟自士官學校畢業後成為軍人,一九四〇年代組織民族主義思想的祕密結社,成為自由軍的領導人。納瑟在第一次中東戰爭中對王政的腐敗感到幻滅,於是於一九五二年發動革命,兩年後取得政權。納瑟進行阿拉伯世界首次的農地改革,並採取反英的非同盟政策,獲得阿拉伯世界的支持。不過,對埃及抱持不滿的英美兩國在一九五六年中止世界銀行對亞斯文高壩建設的資金援助。

為了對抗英美,納瑟於一九五六年在亞歷山卓港二十五萬民眾面前宣布將蘇伊士運河收歸國有。對此,英國聯合法國和以色列進攻埃及,企圖維護自己的權益(蘇伊士戰爭,第二次中東戰爭)。不過,蘇聯與美國並不支持英、法、以三國的行動,最後三國在聯合國的決議下被迫撤退。此後,納瑟在國際上的名聲高漲,一九六一年與印度總理尼赫魯等人共同主導非同盟國家會議。另一方面,一九六四年巴勒斯坦解放組織(PLO)成立,對以色列採取游擊戰及恐怖行動進行巴勒斯坦解放運動,一九六九年起由阿拉法特擔任主席。

第三次中東戰爭

一九六七年,埃及為支援敘利亞對抗以色列而封閉亞喀巴灣。不過,以色列隨即展開閃電戰術,僅只六天便占領約旦河西岸的加薩地區,並將英國的舊託管地巴勒斯坦全境納入統治下,接著又占領戈蘭

歷史筆記 以色列主張耶路撒冷整體是「永遠的首都」,巴勒斯坦則主張其中一部分將成為未來獨立國家的首都,紛爭依然未解決。

高地與西奈半島（六日戰爭，第三次中東戰爭）。戰爭結束後，三千萬巴勒斯坦人有一半落入以色列的統治下。

第四次中東戰爭造成世界經濟混亂

納瑟去世後，繼任總統的沙達特展開軍事行動，試圖收復第三次中東戰爭時失去的領土。一九七三年，埃及、敘利亞兩軍南北夾攻以色列，展開「第四次中東戰爭」。

面對突如其來的攻擊，以色列軍最初雖然陷入苦戰，但不久便扭轉情勢攻擊敘利亞，甚至越過蘇伊士運河。阿拉伯方面為了對持續空運武器給以色列的美國施壓而發動「石油戰略」，拒絕供給石油給與以色列站在同一陣線的國家。

此外，包括沙烏地阿拉伯在內、由波斯灣各國所組成的阿拉伯石油輸出國組織（OAPEC）也進行石油產量的減量，石油輸出國組織（OPEC）（譯注：成員為包括中東產油國在內的世界主要石油輸出國）亦在三個月之間調漲原油價格將近四倍，帶給世界經濟相當大的衝擊（第一次石油危機）。

沙達特利用外交收復失地

沙達特於一九七四年將以往的社會主義式經濟政策改為導入外資、進口自由化、公共部門民營化等經濟政策，逐步向美國靠攏，意圖透過美國向以色列施壓，和平地收回失地。沙達特與以色列簽訂「脫離軍事接觸協定」，一九七七年訪問以色列，透過一九七八年與美國簽訂的「大衛營協定」，雙方在一九七九年簽訂和平條約。不過埃及的舉動引起阿拉伯的反感，埃及後來退出阿拉伯聯盟。

巴勒斯坦的自治

巴勒斯坦雖然有許多人已經移居黎巴嫩，不過一九九三年以色列與巴勒斯坦解放組織簽署巴勒斯坦臨時自治協議，承認以色列軍占領下的加薩和傑里科地區內巴勒斯坦人的自治，巴勒斯坦解放組織放棄恐怖行動成為獲得認同的巴勒斯坦代表。

石油收歸國有與強化反美的伊朗

伊朗脫離英國統治，最後還將石油國有化，逐漸脫離歐美的統治。

伊朗石油國有化的嘗試與挫敗

第二次世界大戰中與納粹政權合作的伊朗禮薩‧沙‧巴勒維國王，在英蘇兩軍分別從南北進駐的情況下被迫退位逃亡，之後繼位的是巴勒維二世。

伊朗的石油原本由英國英伊石油公司獨占，進行合約修改談判時，英伊石油公司的毫不讓步引起伊朗極度不滿。就在此時，激進民族派取得政權，議會通過石油國有化法案，摩薩台總理以輿論為後盾接收英伊石油公司充為國有。對此，英國封鎖油輪航道做為報復，國際石油資本也拒絕購買伊朗的石油，對伊朗的經濟造成重大打擊。

一九五三年在美國的支援下，國王巴勒維二世發動政變推翻摩薩台政權。一九五四年，八大石油資本（美、英、荷、法）的合併公司「伊朗國際財團」成立，接手經營收歸國有的石油公司，打破英國獨占伊朗石油的局面。

柯梅尼的勝利

國王巴勒維二世將龐大的石油收入用於推行「由上而下的近代化」（白色革命），內容包括軍隊和首都的近代化、農地改革、國營企業的拍賣、識字運動等。但隨著國內貧富差距擴大，反國王情緒也逐漸高漲。在此時期，軍備已擴大的伊朗成為美國在中東的據點。一九七八年，伊朗民眾在伊斯蘭教什葉派聖地庫姆舉行的示威遊行造成多人傷亡，之後遊行活動仍不斷持續，在德黑蘭舉行的大遊行甚至造成數千人死亡。此外，民眾還發動大規模的罷工，而軍隊內部也表示支持的態度，因此十二月舉行的兩百萬人大遊行並未受到鎮壓。

不斷的示威遊行造成伊朗的社會運作停擺，一九七九年一月國王逃亡海外（伊朗革命）。之後，軍

歷史筆記　指揮政變推翻摩薩台政權的是曾任美國中央情報局（CIA）情報員的西奧多‧羅斯福的孫子。

隊、社會主義勢力、伊斯蘭教（什葉派）三方爭奪政權，二月時什葉派最高領導人柯梅尼回國宣布革命政府成立，壓制軍部後於三月經全體國民投票成立以伊斯蘭教為國家原理的為「伊朗伊斯蘭共和國」。

石油國有化與其餘波

柯梅尼恢復伊斯蘭式的社會規律，實行具宗教與民族色彩的強硬政策，並將石油收歸國有，急速減少石油產量。由於石油公司「伊朗國際財團」失去利權，石油價格瞬息飆漲（第二次石油危機），經濟不景氣席捲全世界，受到衝擊的中南美洲經濟崩潰。之後柯梅尼的反美色彩愈來愈強烈，伊朗後來退出中部公約組織（CENTO），美國從此失去中東據點。

●從白色革命到伊朗革命

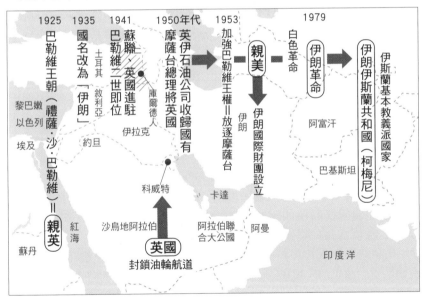

伊拉克所爭有理？

無論是兩伊戰爭或波斯灣戰爭，伊拉克的侵略皆起因於領土問題。

兩伊戰爭因伊朗革命而起？

伊朗和伊拉克因為底格里斯河及幼發拉底河河口的阿拉伯河邊界問題發生對立，而伊拉克邊界內的該地區居住著在伊朗境內占多數的伊斯蘭教什葉派。一九七九年，伊朗國內發生革命，過去被稱為「波斯灣憲兵」的親美派巴勒維王政被柯梅尼推翻（參見P288）。美國和阿拉伯各國唯恐革命浪潮波及生產石油的沙烏地阿拉伯、科威特等君主國，因此期待伊拉克能夠成為「伊朗革命的防波堤」。

懷有擴張領土野心的伊拉克總統海珊看穿當時有利的國際局勢，以及因革命導致軍事力量衰弱、深為民族問題困擾的伊朗國情，遂以領土紛爭為藉口發動兩伊戰爭（一九八〇～一九八八）。不過擁有伊拉克三倍人口、提倡「伊斯蘭革命」的伊朗士氣高昂，一九八二年時逐出入侵的伊拉克軍並反攻伊拉克。然而，利用人海戰術的伊朗終究無法打敗擁有近代裝備的伊拉克軍，一九八八年接受聯合國的停戰決議後，兩國終於停戰。這場戰爭讓伊朗耗費了五百億美元的戰費，伊拉克則耗費九百億美元，兩國皆深受財政惡化之苦。

在伊拉克一九六八年的政變中，高揭「社會主義」及「阿拉伯民族主義」的復興黨奪取政權，一九七九年海珊就任總統。然而一黨獨裁之後，「社會主義」變成軍人和官僚將龐大石油收入私有化的手段，而「阿拉伯民族主義」也失去理想，充其量不過是阿拉伯至上主義和領土擴張主義的道具。

波斯灣戰爭

伊拉克在兩伊戰爭中成為中東軍事大國，但同時也背負著高額債務（積欠法國三十億美元）。對此，伊拉克總統海珊於一九九〇年

歷史筆記　波斯灣戰爭時，各國組織了約八十四萬六千人（其中美軍占五十三萬二千人）的多國部隊，這是在冷戰時期所無法想像的國際紛爭解決法。

變更策略，轉向科威特進攻。科威特這個產油大國在鄂圖曼帝國時代是伊拉克巴斯拉州的一部分，德國高揭3B政策進入波斯灣時，被與德國抗衡的英國納入統治下。之後由於科威特出產石油，英國遲遲不肯放手，直到一九六一年科威特才終於獨立，不過伊拉克始終認為科威特是自己的固有領土。

伊拉克軍進攻科威特之後，美國認為西方的石油資源將產生危機，於是展開「國際社會」行動，策劃大規模的軍隊介入，致力解放科威特及保衛沙烏地阿拉伯。

在美國的主導下，聯合國安全保障理事會也同意對伊拉克軍行使武力，一九九一年一月派出美國、歐洲各國、埃及、敘利亞等二十八國組成的多國部隊前往伊拉克，日本方面也提供了一百一十億美元的軍事費用（波斯灣戰爭）。結果，自多國部隊展開空襲後四十二天伊拉克戰敗，此時巴勒斯坦解放組織（PLO）主席阿拉法特表示支持伊拉克，結果在國際上形成孤立，來自波斯灣產油國家的援助也遭斷絕，巴勒斯坦面臨經濟危機。波斯灣戰爭取代先前的「冷戰」，成為美國主導世界秩序的起始點。

●伊朗與伊拉克的關係

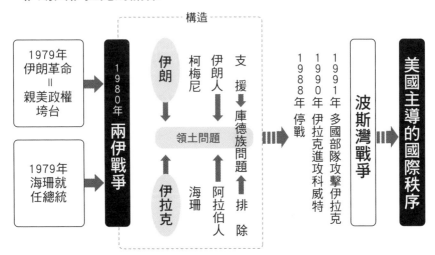

構造

1979年
伊朗革命
＝
親美政權
垮台

1979年
海珊就
任總統

1980年 兩伊戰爭

伊朗 ← 柯梅尼 ← 伊朗人

支援 ↓ 庫德族問題 ↑ 排除

領土問題

伊拉克 → 海珊 → 阿拉伯人

1988年 停戰
1990年 伊拉克進攻科威特
1991年 多國部隊攻擊伊拉克

波斯灣戰爭

美國主導的國際秩序

非洲各國陸續脫離歐洲獨立

第二次世界大戰結束後至一九六〇年，非洲各國幾乎都已完成獨立。

變動自北非展開

二次大戰結束時，非洲的獨立國家只有四國（埃及、衣索比亞、賴比瑞亞、南非聯邦），接著非洲的獨立便從阿爾及利亞等第二次世界大戰的戰場北非開始。

一九五六年，摩洛哥、突尼西亞、蘇丹等非洲國家陸續完成獨立，但在阿爾及利亞，由於法國始終想維持殖民地經營，因此獨立抗爭非常激烈。被稱為「Colon」的法裔殖民地開拓者大約一百萬人，獨占阿爾及利亞國家財富的九成。

一九五四年之後，阿爾及利亞以「民族解放陣線」（FLN）為中心展開獨立抗爭，法國派出五十萬正規軍和三十萬治安部隊對抗，但是龐大的軍事負擔將法國逼入窘境，最後法國總統戴高樂不顧殖民者的反對，於一九六二年承認阿爾及利亞獨立，此時阿爾及利亞已歷經八年的獨立抗爭。獨立後，民族解放陣線建立一黨獨裁體制，本・貝拉政權雖然推行社會主義式經濟建設並積極採取非同盟政策，但最後宣告失敗，一九八〇年代末期開始導入複數政黨制。

在一九九〇年代的選舉中，伊斯蘭教基本教義派的「伊斯蘭救國陣線」（FIS）獲得勝利，但是反對此結果的軍部發動政變，軍部政權於是誕生。之後，主張伊斯蘭化的伊斯蘭救國陣線與軍部政權的對立持續不斷。

薩哈拉以南的獨立浪潮

在薩哈拉沙漠以南，由恩克魯瑪（曾任教師，在美國取得學位）領導的迦納於一九五七年脫離英國獨立，為獨立運動打響第一砲；一九五八年，幾內亞也在杜爾的領導下脫離法國獨立。恩克魯瑪與杜南雖然共同提倡「非洲統一」，但因受到歐洲各國阻礙而未能成功。

歷史筆記 薩哈拉以南最早獨立的英屬黃金海岸領導人恩克魯瑪，以十一世紀左右繁榮於西非的迦納王國之名，將國家命名為「迦納共和國」。

一九六〇年，擁有一億人口的奈及利亞與茅利塔尼亞、喀麥隆等十七國完成獨立（非洲年）。之後，其他國家也陸續獨立，非洲的歐洲殖民地體制已然瓦解，目前聯合國成員的四分之一為非洲國家。

●非洲的獨立

西薩哈拉
摩洛哥
突尼西亞
阿爾及利亞
利比亞
（埃及）
塞內加爾
薩哈拉沙漠
茅利塔尼亞
馬利
尼日
查德
蘇丹
吉布地
甘比亞
幾內亞
迦納
奈及利亞
中非
（衣索比亞）
幾內亞比紹
獅子山
（賴比瑞亞）
象牙海岸
布吉納法索
多哥
貝寧
喀麥隆
剛果
薩伊
烏干達
肯亞
索馬利亞
加彭
赤道幾內亞
蒲隆地
坦尚尼亞
盧安達
馬拉威
科摩羅
安哥拉
尚比亞
莫三比克
馬達加斯加
那米比亞
辛巴威
波札那
史瓦濟蘭
（南非）
賴索托

	第二次世界大戰前的獨立國
	第二次世界大戰後的獨立國
	1960年的獨立國
	非獨立的地區

歐洲造成今日非洲各民族的紛爭？

現今非洲各國的邊境仍是當年歐洲列強劃分的界線，民族與宗教的實情完全未被納入考慮。

瓜分非洲的影響至今依然持續

非洲各國雖然完成獨立，但在部分地區（尤其是薩哈拉沙漠以南），國家主體「國民」的形成仍不完全，部落對立問題依然存在，而各國國境也仍是當年列強逕自決定的舊殖民地邊界。因此，獨立後的非洲各國背負著許多苦難。

舉例而言，舊比屬剛果於一九六〇年獨立，但獲比利時支持的地方勢力（比利時試圖維持對豐富礦產資源的利權）在喀坦加州（譯注：今薩巴）發動分離獨立叛亂，展開長達五年的內亂（剛果動亂）。一九六五年，蒙博托在政變後就任總統，持續了三十年以上的獨裁。之後剛果‧薩伊解放民主勢力聯盟（ADFL）起義，一九九七年時放逐了蒙博托取得政權，成立剛果民主共和國。

此外，在一九六七年至一九七〇年各部落的對立中，奈及利亞的伊格博族宣布東部各州將分離獨立，引發了比夫拉紛爭。

一九七〇年代以後的非洲因民族紛爭而動搖

一九七四年，始終保持獨立的衣索比亞由年輕將校組成的軍事委員會掌握政權，在斷然實行農地解放的同時廢除了皇帝。此外，一九七五年莫三比克、安哥拉雖然脫離葡萄牙獨立，但之後安哥拉境內的蘇聯派、中國派與民族派相互鬥爭，一九七六年蘇聯派獲勝。辛巴威（昔日的羅得西亞）在一九八〇年時由黑人組成的辛巴威民族同盟掌握政權，從過去實行種族隔離政策的羅得西亞變成辛巴威共和國。

在列強的瓜分之下，約五百萬索馬利人（索馬利為「榨乳」之意，大部份是游牧民）居住的地區被分割為英、法、義屬的三個索馬利亞、肯亞及衣索比亞。一九六

歷史筆記 造成安哥拉內戰的起因，是被認為未來將會超越奈及利亞成為非洲第一的石油資源及世界第五的鑽石生產量。

〇年，英屬索馬利亞和義屬索馬利亞獨立，統合成為索馬利亞民主共和國後，統一五個索馬利亞人居住地（大索馬利亞）的運動愈來愈高昂，後來為了統合吉布地（舊法屬索馬利亞）、衣索比亞的歐加登地區及肯亞東北部而引發戰爭。

到了一九九〇年代，索馬利亞部落的對立轉變成內戰，十年之間造成五十萬人死亡，一百萬人淪為難民（索馬利亞內戰），曾有一段時期大半的國民陷於飢餓狀態。包括一九九八年西北部宣布自治等問題，非洲的紛爭至今依然持續。

●非洲的紛爭

阿爾及利亞內戰
伊斯蘭基本教義派與政府的紛爭

塞內加爾
人種暴動

索馬利亞紛爭
大索馬利亞主義
引起的統一紛爭

賴比瑞亞內戰
民族、部落的內戰

盧安達內戰
部落紛爭

安哥拉內戰
游擊戰集團之間
的權力鬥爭

蒲隆地內戰
部落紛爭

為期兩週的人類危機

蘇聯在美國腳邊的古巴設置中距離飛彈，地球面臨核武戰爭的危機。

卡斯楚與古巴革命

　　一八九八年美西戰爭的結果，古巴成為美國的保護國，美國擁有對古巴的內政干涉權。一九三三年之後，在掌握軍隊和警察的巴蒂斯塔統治下，古巴政治腐敗與經濟窮困問題持續惡化。一九五二年，巴蒂斯塔出馬競選總統，在得知當選無望後發動政變，硬是坐上了總統大位。

　　當時二十五歲的律師卡斯楚控告巴蒂斯塔，主張巴蒂斯塔的就任不具合法性，但卻遭到駁回。一九五三年七月二十六日，卡斯楚與百餘名青年以武力攻擊聖地牙哥蒙卡答軍營失敗，遭求刑十三年。一九五五年，已服刑兩年的卡斯楚獲得恩赦出獄，之後逃到墨西哥展開名為「七月二十六日運動」的打倒巴蒂斯塔運動。一九五六年十一月，卡斯楚與革命家切·格瓦拉一同搭乘小帆船登陸古巴，卻遭到政府軍迎擊，與三十名同伴逃往東部馬埃斯特臘山區。

　　古巴政府雖然派遣一萬二千名士兵，並出動戰車與戰機前往馬埃斯特臘山，卻未能成功鎮壓。革命軍展開全面反擊，攻陷首都聖塔克拉拉，總統巴蒂斯塔逃亡海外。一九五九年二月，卡斯楚建立「古巴共和國」，開始推行農地改革、電話公司的接收等社會改革。

美國的壓力與卡斯楚政權的社會主義化

　　一九六〇年，反美色彩濃厚的卡斯楚政權與美國企業之間的摩擦愈來愈大。美國在美洲國家組織（OAS，一九四八年成立的美洲互助組織）中指責古巴，並減少古巴的砂糖進口配額。為了與美國抗衡，卡斯楚政權將製糖、石油精製等外國大企業收歸國有。

　　一九六一年，美國與古巴斷

歷史筆記　蘇聯四萬三千名士兵喬裝成農業技術員，帶著飛彈、核彈頭搭乘貨船前往古巴，結果被美國的偵察機拍到。

交，美國的舉動激起了卡斯楚的危機意識，讓向來信奉盧梭（譯注：法國思想家，提倡天賦人權學說）的卡斯楚做出社會主義化宣言，並與蘇聯攜手試圖排除美國的壓力。一九六二年，古巴與蘇聯簽訂武器援助協定，蘇聯開始在古巴建設飛彈基地，設置了十六枚配有核彈頭的中距離飛彈。

兩星期的核武戰爭危機

經由U2型偵察機得知這個事實的美國總統甘迺迪，在一九六二年十月二十二日的電視節目中發表蘇聯正在古巴建設可裝載核彈頭、航程一千八百五十公里以上的準中距離飛彈（MRBM）及航程兩倍的中距離飛彈（IRBM）基地的消息，並表示美國將派遣一百八十艘軍艦封鎖古巴近海海域，要求蘇聯撤除基地及交出援助船隻。

當時美蘇兩國互不讓步，兩大核武保有國極可能發生衝突，這便是「古巴危機」。核武戰爭是可能導致第三次世界大戰的危機，核武戰爭的緊張共持續了兩週，最後蘇聯總理赫魯雪夫讓步表示願意撤除飛彈，危機才終於解除。

危機解除之後，美蘇領袖於一九六三年透過美蘇直播電話（熱線）締結協定，接著又簽署停止部分核實驗條約，以避免無原則地擴充核武器，兩國開始摸索和平共存之路。不過另一方面，中國批判赫魯雪夫是個冒險主義者與投降主義者，中蘇對立因此更加激化。

● 古巴危機的過程

1898年 美西戰爭

1902年 古巴獨立
（脫離西班牙）

美國的保護國

1959年 卡斯楚革命成功

與美國疏遠，向蘇聯靠近

1962年 古巴危機

佛羅里達海上封鎖

古巴

美蘇的衝突化解

1963 美蘇熱線停止部分核實驗條約
（美、英、蘇）

蘇聯與中國對立

經濟不振及人口增加讓南半球呈現低迷

只能依賴單一資源的開發中國家，總是不斷陷入增產導致價格低迷的惡性循環。

南北問題未獲解決

二次大戰後，亞洲與非洲各國幾乎都已獨立，不過提供糧食、工業原料與能源給北半球先進工業國家的各新興獨立國家依然無法改變稱為「單一栽作」的從屬性經濟架構。

十九世紀以來，覆蓋地球表面的鐵道、定期航線、通信等網絡以歐美為中心建造，新興獨立國家無不被套入這樣的國際經濟架構中，要達成經濟自立實非易事。為了賺取外匯，新興獨立國家努力增產初級產品（米、石油等未經加工的產品），但卻反而造成價格低迷，再加上國家人口不斷增加，所以始終無法建構起自立的經濟。

在這樣的情況下，「北方」（多數在北半球）先進工業國家與「南方」（多數在南半球）開發中國家的經濟差距不斷擴大。一九九〇年占世界人口14.5%的「北方」國民生產毛額（GNP）高達83.5%，相對於此，占人口77.5%的「南方」國民生產毛額卻只有16.5%。

龐大的債務累積

一九八〇年代，「南方」各國為了建設經濟所借入的資金（債務）開始增加，一九八〇年的金額是六千五百億美元，一九九三年底時高達占「南方」國民生產毛額（GNP）四分之一的一兆三千億美元，連利息的償還都成了問題。當時債務累積日趨嚴重的國家有巴西、墨西哥等中南美洲國家，以及薩哈啦沙漠以南的非洲各國、舊蘇聯、東歐各國等。

中南美洲各國為了推動工業化而向世界銀行貸款，但受到一九八〇年代世界經濟不景氣的影響，初

歷史筆記 開發中國家認為先進國家將布雷頓森林體制建構為支配國際經濟、只有利於先進國的架構，於是聯合國設立聯合國貿易暨開發會議（UNCTAD）做為辯論的場所。

級產品價格低迷，借款利息又持續上漲，債務的償還因此發生困難。一九八二年，墨西哥無法償還借款的債務累積問題浮上檯面，一九八七年最大債務國巴西停止支付利息，帶給世界經濟極大的衝擊。多國銀行（世界銀行）過度借貸所導致的債務累積，成為世界資本主義嚴重的問題。

發展停滯的政府開發援助

南北各國之間貧富差距的擴大成為戰後世界的一大問題。

一九四六年，聯合國為解決南北問題所設立的「聯合國貿易暨開發會議」（UNCTAD）在日內瓦召開第一次全體大會，在「貿易優先於援助」的口號下通過促進貿易自由化等方案。在一九六八年的第二次全體大會上，口號改變為「援助與貿易同時進行」，先進工業國家將援助目標設為GNP的1％。然而，援助目標始終未被實現，一九七〇年聯合國決議將政府開發援助（ODA）設為先進國家GNP的0.7％，但仍僅有少數國家達成。

● 南北問題的發展

二戰後，非洲與中南美洲各國陸續獨立

● 封建式的統治殘留
● 單一栽作　　國內情況

交易條件惡化

1964年　聯合國貿易暨開發會議（UNCTAD）　… 以顧及開發中國家的經濟發展為目標

資源民族主義

將本國資源有效地使用在國內

1981年　南北領袖會議（南北高峰會議）

中國的全球化與西部大開發策略

　　歷經一九八九年天安門事件（參見P277）及一九九一年蘇聯解體後中國陷入孤立狀態，被迫帶領中國重新出發的鄧小平採取了導入外資這項大膽的經濟國際化政策。政策實施結果，中國沿海地區成功引進外資，一九九二年至一九九四年期間，中國經濟每年成長10%以上。不過，一九九七年泰國貨幣危機引發的亞洲金融風暴擴大後，外資對中國的投資減半，一九九九年中國的經濟成長率停滯在7.1%，之後開始呈現遲緩。

　　於是，中國利用全球化的浪潮祭出讓經濟更加世界化的策略。資訊科技革命（IT革命），尤其是網際網路的快速普及，讓日本和美國的生活方式逐漸融入中國民眾的生活，此時的中國正處於真正的「文化大革命」。接著，共產黨政權為了解決國內市場未統一所產生的內需不足、城鄉差距擴大、產業結構扭曲、環境惡化等問題而決定加入世界貿易組織（WTO）。事實上，中國是把WTO當做「外力」，以配合世界經濟標準為藉口，期望可以加速改革進而擴大導入外資。

　　此外，在預知即將可以加入WTO的二〇〇〇年，中國推出「西部大開發」的配套策略，希望透過開發落後的內陸地區（占中國總面積約71%、人口約29%、國內生產毛額〔GDP〕約18%）快速縮小地區間的差距。據說中國這項策略的靈感是來自美國的西部開拓，由於中國內陸地區缺乏公路、鐵路等基礎設施，也因此產生了市場的多重性。中國藉著導入外資，移轉沿岸的技術與資金進行內陸的基礎建設，以維持中國的經濟成長。不過，必須依賴外資這一點，對中國的開發策略而言是個很大的瓶頸。

第 10 章

全球化的新考驗

價值與體制多樣發展的時代來臨

新網絡將地球縮小

第二次世界大戰後，電腦控制的新技術體系陸續開發，電視、噴射機等各種高速網絡圍繞起地球。於是，人類的生活場域有了很大的變化，新體制的需求也隨之產生，政治、經濟體系的架構也快速地大規模發展。

經濟的世界化與廣大經濟圈

一九七〇年代初期的美元危機使得以美元做為單一世界貨幣的經濟體制瓦解，世界匯率轉變為浮動匯率制。緊接著，石油危機又讓世界陷入長期的經濟不振。在這樣的狀況下，世界規模的競爭日益激烈，世界銀行、世界企業急速成長，經濟的世界化快速展開。

動搖的國家體制與經濟差距問題

隨著經濟世界化與資訊革命持續進展，各國必須共同解決超越「民族國家」規模的問題，於是高峰會議上常見的政治世界化及歐盟（EU）之類的地區統合等開始發展。

此時新興獨立國家的民族主義高漲，但形式上的國家結構與實際情形出現落，許多地區爆發激烈的民族紛爭。此外，經濟世界化導致「南方」各國出現多極發展，新興工業化經濟體（NIES）等快速發展的國家陸續出現，但另一方，為債務累積所苦的貧窮國家也不斷增加，先前的南北問題變成南南問題，並且更形複雜。

冷戰結束與新湧起的混亂

　　大戰後，長期持續的冷戰於一九八九年結束。當蘇聯宣布停止對東歐各國的統治，蘇聯與東歐圈的崩潰與解體也引發了如南斯拉夫紛爭、車臣紛爭等新的衝突。中國則採取改革、開放路線，在共產黨的統治下走向實質資本主義化，社會矛盾正在逐漸擴大。

　　此外，一九九〇年代以後，波斯灣戰爭中聯合國多國部隊將伊拉克軍趕出科威特，波士尼亞紛爭中北大西洋公約組織（NATO）軍轟炸南斯拉夫。這些事件意味著聯合國維持世界秩序的機能已經開始動搖，就連世界秩序維持機構本身也出現了變化。

●全球化革命的時代

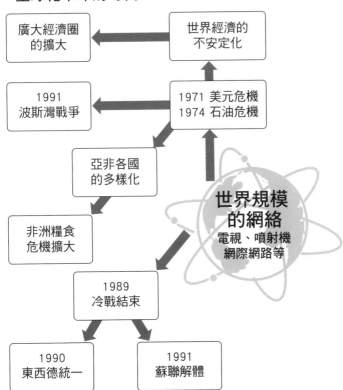

電視網絡串聯起全球

擁有畫面的電視可以傳遞超越語言的訊息，是個將全球串聯起來的強力媒體，大大地改變了世界。

電視之父為俄羅斯人

　　二次大戰後，電視網絡以世界規模展開，龐大的影像資訊深入世界各地民眾的生活。不過，電視機實用化的前提是必須開發藉由電波傳輸影像的技術。要讓動作影像隨著電波傳輸，必須開發能夠高速將影像分解並送出、另一端接收後再將影像重現的技術。一九二三年，流亡美國的俄羅斯人茲沃爾金發明將拍攝後的電子掃描影像轉變成信號電流傳輸、另一端以真空管接收的電視機，稱為「光電攝像管」，十年後開始實用化，而這位茲沃爾金也就是真正的「電視之父」。

最初的電視播送在二戰開始前

　　一九三六年，英國廣播協會（BBC）開始進行世界最初的電視節目播送，翌年現場轉播國王喬治六世的加冕儀式。不過兩年後，二次大戰爆發，基於國防安全理由電視播送被迫停止，直到一九四六年才又開播。另一方面，美國也從一九三九年的紐約萬國博覽會開始進行美國國家廣播公司（NBC）的電視播放，但二戰展開之後，電視機便停止生產，此時的電視機台數還不及一萬台。

電視消除了所謂的國界

　　電視與收音機的不同，在於觀眾可以藉由影像理解更多的訊息，可以簡單跨越「語言不同」的障礙。一九二〇年代開始普及的收音機對於一個國家「國民」的形成發揮了很大的作用，而電視則是超越語言的障礙、跨越國家的範圍，將全球串聯起來的強大媒體。

　　一九六〇年，美國航空暨太空總署（NASA）發射可將地上電波用人造衛星反射，再傳送到遠處的回聲衛星，兩年後，經由通信衛星TelStar 1傳輸的現場轉播開始。透過

電視，各國的新聞可以在短時間內傳遞到世界各地，然而相對地，國家的情報匿藏、管理、操作等也變得更加困難。

電視——當今歷史不可或缺的角色

一九五〇年代至一九六〇年代初期，彩色攝影技術、以單一傳送路由傳輸三原色信號技術、彩色陰極射線管開發等各項技術陸續發展，彩色影像終於誕生。一九五四年，美國國家廣播公司（NBC）與美國哥倫比亞廣播公司（CBS）開始播放彩色電視節目，日本也在一九五七年由日本放送協會（NHK）與日本電視台共同開設彩色電視節目實驗局，一九六〇年起開始正式播送。一九六四年第十八屆奧林匹克在東京舉行時，彩色電視的魅力已經深入民眾的生活。

一九八〇年代以後，彩色電視普及至全球，電視深入世界的每個家庭，世界歷史已經進入無法忽略電視不談的時代。

●串聯世界的電視的發展

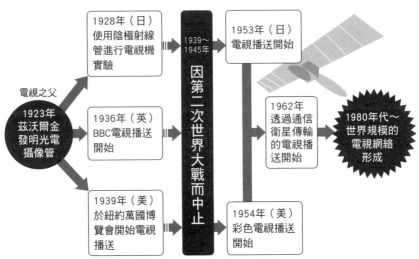

| 電視之父 |
| 1923年 茲沃爾金發明光電攝像管 |

1928年（日）使用陰極射線管進行電視機實驗

1936年（英）BBC電視播送開始

1939年（美）於紐約萬國博覽會開始電視播送

1939～1945年 因第二次世界大戰而中止

1953年（日）電視播送開始

1962年透過通信衛星傳輸的電視播送開始

1954年（美）彩色電視播送開始

1980年代～世界規模的電視網絡形成

大戰後急速進步的航空科技

隨著技術的革新,地球變得愈來愈小,戰爭、經濟、文化等皆因為飛機而有了大幅改變。

翱翔天空之夢竟然實現了

到了二十世紀,飛機與噴射機形成的空中網絡包圍整個地球,而飛機的開發源於二十世紀初。一九〇三年十二月,萊特兄弟在北卡羅來納州的除魔丘頂進行飛行實驗,成功完成動力飛機的首次飛行,滯空時間達五十九秒,為二十世紀的空中世界開發揭開序幕。此後,飛行技術進步迅速,一九〇九年法國的布萊里奧成功地飛越寬三十八公里的英法海峽。

航空時代開始於一次大戰

第一次世界大戰中,當各國知道飛機可以做為偵查或空投炸彈的武器後,便開始致力於飛機的量產及性能提升。大戰爆發初始,全世界只有大約四百七十架飛機,但在大戰進行的四年之間,以德國的四萬八千架為首,全世界共製造約十七萬架飛機,甚至出現了時速二百公里、可連續飛行八個鐘頭的轟炸機。

一九二七年起陸續開設連接佛羅里達與古巴郵遞航線的泛美世界航空公司快速成長,在八年後的一九三五年已經完成繞行世界一周的航線,其成功的原因在於美國政府深厚的保護及美國國內資金對航空業的巨額投資。

二次大戰爆發後,空軍超越陸、海軍,在軍事上居於要位,戰鬥機和轟炸機也開始量產。以美國的三十萬架為首,當時全世界共計製造了七十五萬架飛機。雷達、噴射引擎、火箭等陸續開發,徹底改寫了戰後的飛行世界。

噴射機讓地球變小

一九四九年英國製造的「彗星號」是世界上最初的民間噴射運輸機,但由於機體不夠堅固,事故不斷發生,大約兩年便停止飛

歷史筆記 世界的國際航線旅客運送人次從一九八〇年的一億六千三百萬人成長至一九九七年的四億三千八百萬人,增加約二‧七倍。

行。一九五二年，美國波音公司投入一千六百萬美元的巨額資金，讓噴射機的製造步上正軌。一九五八年，泛美航空開設波音七〇七紐約與巴黎的定期航線，麥道公司的DC8也正式啟航。

到了一九六〇年代，渦輪引擎經過改良後大型噴射機也登場，噴射機建立的「高速、大量運輸時代」來臨。一九七〇年代中期，以波音為首的美國航空企業供給全世界航空公司95％以上的噴射機，稱霸航空產業與「世界的天空」。

如今，噴射機構成的高速運輸網絡覆蓋整個地球，對全球化的發展有著極大的貢獻。

● 飛機的發展史

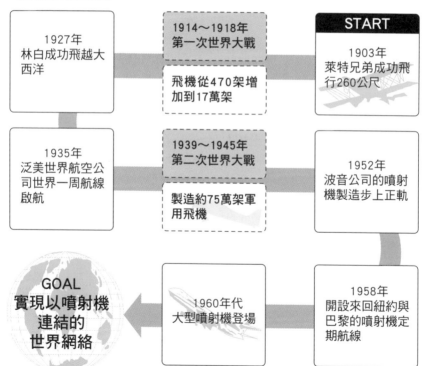

		START
1927年 林白成功飛越大西洋	1914～1918年 第一次世界大戰 / 飛機從470架增加到17萬架	1903年 萊特兄弟成功飛行260公尺
1935年 泛美世界航空公司世界一周航線啟航	1939～1945年 第二次世界大戰 / 製造約75萬架軍用飛機	1952年 波音公司的噴射機製造步上正軌
GOAL 實現以噴射機連結的世界網絡	1960年代 大型噴射機登場	1958年 開設來回紐約與巴黎的噴射機定期航線

國際經濟走向世界協調體制

原本由美元支撐的世界經濟秩序，變成保護美元、由世界各國互相協調的體制。

世界經濟的變動開始於「美元危機」

戰後的國際經濟秩序「布雷頓森林體制」（ＩＭＦ體制，參見P260）在美國順應各國貨幣當局要求，實行以美元兌換黃金的體系下而得以維持。因此，為了擴大世界國際貿易，美國必須不斷地向世界各國流出做為結算手段的美元。

在戰後的固定匯率制下，日本和西德的國際收支盈餘增加。另一方面，美國由於國際競爭力降低，並對西方各國提供經濟與軍事援助、維持多處軍事基地、介入韓戰及越戰等，導致儲備的現金日益減少。一九六〇年代，美國的對外債務已經高於黃金準備數量，一九七〇年美國的黃金保有量從一九四九年的二百四十六億美元降到一百一十一億美元，減少了一半。

在如此的情況下，為了解決黃金保有量減少引起的「美元危機」及重建美國經濟，美國總統尼克森於一九七一年八月發表暫時停止黃金與美元的兌換業務並追加10％進口稅等內容的經濟政策（尼克森衝擊）。結果，黃金美元本位制的國際貨幣制度瓦解，布雷頓森林體制的根基徹底動搖。

極度不安定的國際經濟

美元與黃金無法兌換後，各國被迫必須互相協調，保護做為國際結算手段的「美元」，因為沒有其他可以替代美元的基軸貨幣。一九七一年十二月，十國的經濟部長聚集至華盛頓的史密森博物館，通過美元貶值（一盎斯黃金＝三十八美元，過去為三十五美元），並調漲日圓、英鎊、馬克等主要貨幣對美元的匯率。不過，史密森體制實行沒有多久便終止，一九七三年之後各國均採用浮動匯

歷史筆記 固定匯率制變成浮動匯率制後，國際資金的流動活絡，為了賺取資金交易和匯差，外匯交易開始提供二十四小時的交易服務。

率（布雷頓森林體制崩潰）。

　　在國際經濟如此不安的局勢中，貿易不均衡、貿易摩擦變得更加嚴重。一九九五年，關稅暨貿易總協定（GATT）為了將來的發展改組為監視機能更強的聯合國機構，名為世界貿易組織（WTO）。

高峰會議的召開

　　國際經濟發生動盪後，主要工業國家開始體認到相互協調的重要性，一九七五年主要六國（美、英、法、日、西德、義）代表在巴黎郊外的朗布依埃召開第一次高峰會議（主要先進國家領袖會議），

討論景氣政策、貨幣問題、能源問題等，世界經濟在大國的決策下開始大幅運轉。

　　第二次會議召開時加拿大代表加入，第三次召開時歐洲聯盟（EC）代表也參加。到了一九九一年的倫敦高峰會議，蘇聯的戈巴契夫也前來參與（七大工業國〔G7〕外再加一國），擴展為更具世界規模的會議。依據多次高峰會議與七大工業國財長暨央行總裁會議的政策協調，國際經濟政策以全球規模進行調整，美元做為國際結算手段的地位終於守住。

●美元危機後的世界金融

1944年 布雷頓森林體制	世界經濟規模快速擴大	美元與黃金 無法兌換

1944年
布雷頓森林體制

- 日本、西德的美元債券保有量增加
- 美國經濟競爭力降低
- 介入越戰等導致美元流出

世界經濟規模快速擴大

美元與黃金
無法兌換

↓

1971年 尼克森衝擊
（停止美元與黃金的交換）

↓

大戰後的國際貨幣制度崩解潰

↓

1973年 改為浮動匯率制
（布雷頓森林體制結束）

↓

國際經濟不安定

↓

1975年～
召開高峰會議，
調整各國的經濟政策

世界經濟的角力關係逐漸改變

產油國對世界經濟產生很大的影響，加上新興工業化經濟體各國抬頭，世界經濟的角力關係正在逐漸改變。

從石油危機開始的經濟蕭條

一九七三年，第四次中東戰爭（以色列對阿拉伯，參見P287）爆發後，阿拉伯石油輸出國組織（OAPEC）採取停止供應石油給親以色列國家、石油輸出減量、石油價格大幅調漲等政策，一九七四年春天的石油價格比一九七二年年底提高將近五倍（第一次石油危機），主要各國為此於一九七五年召開第一次高峰會議。接著，一九七九年伊朗革命發生，一九八○年兩伊戰爭發生，兩國停止石油輸出，石油價格飆漲兩倍半以上（第二次石油危機，參見P289）。

二戰之後，每桶石油（約一百五十九公升）維持在二美元以下，由於石油供應價格低廉，歐美各國和日本的經濟達成高度成長。然而，到了一九八○年年底，石油每桶上升為三十二美元，物價飆漲與經濟不景氣同時襲擊先進各國（停滯性膨脹），於是先進各國將經濟結構從大量消費石油的工業轉型為高科技產業與服務業等。

流出國外的資金

在數個國家設置經濟活動據點，以世界性策略為基礎經營的多國企業（世界企業），是一九六○年代以後以美國為中心誕生的企業型態，企業目標為世界規模利潤的極大化。

「石油危機」使得先進國家企業之間的競爭愈來愈激烈。一九八○年代以後，以日本企業為中心的海外投資急速增加，中國、東南亞國協組織（ASEAN）各國（參見P323）等是主要的投資對象。

由於多國企界（世界企業）的規模愈來愈大，經濟規模甚至超越中小國家的財政，對世界的經濟和政治產生很大的影響。不過，在擁有多國企業的先進國家，工廠

歷史筆記　石油危機導致石化產品價格平均上漲63%，大量消費石油能源的產業經營頓時惡化。

外移引發的「國內產業空洞化」問題也逐漸出現，只是對接受投資的國家而言，可增加僱用機會及接受技術移轉等也是事實。當時充分活用外國投資，經濟快速成長的國家有被稱為「亞洲四小龍」的韓國、台灣、香港、新加坡，以及墨西哥、巴西、西班牙、葡萄牙、希臘、南斯拉夫等新興工業化經濟體（NIES）十國。

亞洲NIES充分利用後進的優勢

　　隨著先進國家之間的競爭日益激烈，擁有廉價且優秀勞動力的新興國家導入外資，採行出口導向的工業化政策，生產廉價的纖維產品、日常用品、家電用品、電子產品等搶攻先進國家市場，完成快速的經濟成長。韓國、台灣、新加坡、馬來西亞等快速成長的國家被稱為亞洲NIES，這些國家充分利用低工資等「後進」的優勢，在很短的期間內完成高度工業化。

　　NIES各國已從工業產品的生產提升到高科技產品，近來與先進國家的經濟摩擦也逐漸增大。亞洲NIES與中國及ASEAN在投資、貿易層面的結合性極強，是「成長的三角地帶」——華南經濟圈、兩岸經濟圈、環黃海經濟圈等投資活動的中心。

●從石油危機到經濟世界化

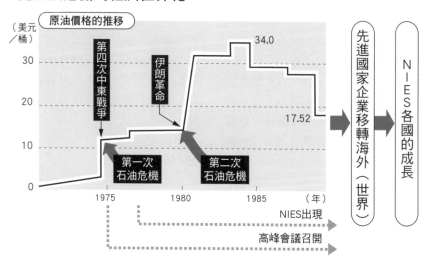

柏林圍牆因主權限制論廢止而倒塌

一九八九年，自由化的巨浪襲向東歐。在民主化運動的高漲之中，民眾拆毀柏林圍牆。

東歐被解放的一九八九年

一九八五年，蘇聯繼契爾年柯之後成立的戈巴契夫政權推動改革，著手進行蘇聯的體制改革，同時也撤回以往蘇聯對東歐各國強制實行的「主權限制論」（參見P263），採取對等國家關係方針。

之後，匈牙利以「民主論壇黨」為中心推展改革運動，一九八九年廢除一黨獨裁體制更改國名為「馬扎爾共和國」（譯注：馬扎爾〔匈牙利〕語，英文稱為匈牙利共和國）。一九八九年，保加利亞首都索非亞召開十萬人的大集會，要求民主化並通過實施自由選舉。捷克斯洛伐克也同樣於一九八九年修改憲法，打破一黨體制，身為「公民論壇黨」代表的反體制知識分子哈維爾就任總統，成立聯合內閣（絲絨革命）（譯注：政治改革雖然急速展開，但進展順利，並未發生暴動或破壞行動，因而被喻為輕柔的絲絨），而一九九三年，捷克與斯洛伐克分離。

在羅馬尼亞，一九八九年時打倒政府的聲浪高漲，民眾在首都進行要求民主化的示威遊行，與治安部隊展開巷戰。由於軍隊拒絕接受總統的戒嚴令，察覺情況不利的希奧塞古總統企圖逃亡國外，但遭到逮捕並槍殺。自示威遊行開始，羅馬尼亞在短短的十天就完成民主化。

在波蘭，華勒沙領導的「團結工聯」正式登記成為合法組織，於一九八九年的國會選舉中獲得壓倒性勝利，團結工聯政府成立，過去的執政黨統一工人黨權威落地。誠如上述，一九八九年時東歐各國的一黨獨裁體制如雪崩般地接連瓦解。

柏林圍牆拆除

一九八九年五月，匈牙利邊界

歷史筆記　東歐解放的最大武器是衛星電視。波蘭華勒沙曾說：「衛星電視將世界合而為一，已經沒有什麼事情可以隱瞞。」

上的鐵絲網拆除後，二十萬以上的東德民眾從與匈牙利相接的邊境經由奧地利逃亡到西德。於是，東德開啟圍牆，並答應舉行自由選舉。

接著，趁著德意志民主共和國（東德）舉行建國四十週年的紀念活動，民眾多次進行要求民主化的大規模示威遊行，社會主義統一黨（SED）主席被迫辭職。一九八九年十一月，東柏林發生超過五十萬人的示威大遊行，分隔東西柏林的「柏林圍牆」終於在民眾的要求下拆除，柏林圍牆的倒塌也成為宣告愚蠢「冷戰」結束的象徵性歷史事件。

和平統一的東西德

戰敗和冷戰讓德國分裂為東西兩側，隨著東德社會主義體制的瓦解，雙方走向統一可說是理所當然的發展。

當東德的一黨獨裁體制崩潰、柏林圍牆倒塌之後，在經濟危機的背景下，基督教民主聯盟於一九九〇年的總選舉中獲得壓倒性勝利，並於八月與西德簽署「兩德統一條約」，十月東德被德意志聯邦共和國吸收，兩德完成統一。

此時德國成為人口八千萬的統一國家，準備重新出發。但由於舊東德的經濟混亂，兩年之間便出現四百萬失業者。一九九二年，總理柯爾預估兩德統一的費用超過三十二兆日圓。

●從東歐革命到德國統一

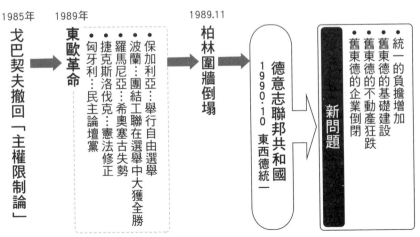

1985年　1989年　1989.11

戈巴契夫撤回「主權限制論」　➡　東歐革命
・波蘭…團結工聯在選舉中大獲全勝
・保加利亞…舉行自由選舉
・羅馬尼亞…希奧塞古失勢
・捷克斯洛伐克…憲法修正
・匈牙利…民主論壇黨
➡　柏林圍牆倒塌　德意志聯邦共和國 1990.10 東西德統一　➡　新問題
・統一的負擔增加
・舊東德的基礎建設
・舊東德的不動產狂跌
・舊東德的企業倒閉

長達四十年的冷戰結束

戰後冷戰自一九四五年的雅爾達會議揭開序幕，最後終於在一九八九年的馬爾他美蘇會議中落幕。

繃緊的弓弦必須放鬆

法語「de tente」（譯注：冷戰時期用語譯為「低溫」），意為將繃緊的弓弦放鬆。為脫離以核武報復為手段所維持的國際關係現狀，一九六九年美蘇開始展開核武軍備縮減。一九六九年成立的美國尼克森政權為了結束越戰、抑制中蘇對立可能引發的局部核戰、限制軍備擴充以恢復美國的經濟競爭力，於是展開對蘇低溫（從對立關係走向協調關係）政策及與中國和解。

一九七二年，美蘇簽署「第一階段戰略武器限制條約」（SALT I）等多項條約與協定，進行核武的縮減及管理。SALT I中限制洲際彈道飛彈（ICBM）的上限為美國一千零五十四枚、蘇聯一千六百一十八枚。此外，一九六八年「禁止核子擴散條約」（NPT）成立，條約中約定美、蘇、英、法、中五國為核武國家，其他國家則禁止擁有核武。

局部核戰的危機

一九七九年，美蘇又締結「第二階段戰略武器限制條約」（SALT II），但由於美國的卡特政權和與蘇聯關係惡化的中國建交（與台灣斷交），同年蘇聯進攻阿富汗，美國上議院於是拒絕批准SALT II。當時美國杯葛在莫斯科舉行的第二十二屆奧運，蘇聯則開始加強遠東海軍的軍力，雙方的緊張一觸即發。

在一九八一年開始的雷根政權下，美蘇兩國的對立越發嚴重。一九八三年，雷根發表「戰略防衛計畫」（SDI），並安排INF（中距離核武，潘興二型）與蘇聯在歐洲布署的SS20型對抗，歐洲的局部核戰危機愈來愈大。

馬爾他會議宣布冷戰結束

一九八五年，就任蘇聯共產黨總書記的戈巴契夫著手重建一九八〇年代陷入嚴重經濟不振的蘇聯，

歷史筆記　在「核威懾」（受到核攻擊時，要發射核飛彈將敵國全部毀滅）理論下形成的冷戰，終於在戈巴契夫的新外交思維下結束。

他撤回駐阿富汗的軍隊、廢除主權限制論、改善與中國的關係、大幅削減軍力。一九八七年，蘇聯幾乎完全接受美國的要求，簽署了「中距離核武（INF）全面廢除條約」。

隨著蘇聯勢力陸續退出東歐，一九八九年五月美國總統布希宣布結束「圍堵政策」，以回應蘇聯的民主化與自由化。同年十二月，美蘇領袖在馬爾他島會談，正式宣布「冷戰」結束。

不過，以美國約一萬二千枚、舊蘇聯約一萬一千枚的核彈頭（一九九九）為首，至今世界上仍殘留著數量多到超乎想像的核子武器。不只是美蘇兩國，英國、法國、中國、以色列也持續進行核武發展，印度、巴基斯坦等也朝核武的方向邁進，世界目前正面臨核子武器擴張的問題。

●冷戰終於結束

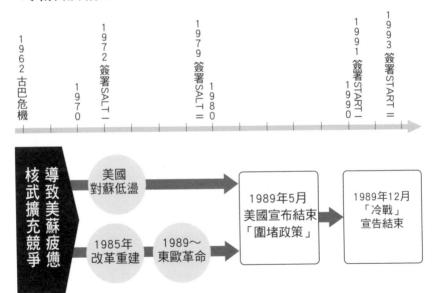

※SALT為「戰略武器限制條約」，START是「戰略武器削減條約」。

超級大國蘇維埃聯邦解體

戈巴契夫與葉爾欽對立所引發的內部紛爭，加速了蘇維埃聯邦的解體。

另一項不見成果的重建

一九八三年，美國總統雷根提出總預算一兆美元、利用戰略飛彈早期發覺外部攻擊並加以擊落的「戰略防衛計畫」（SDI）。當時，蘇聯為了維持「冷戰」必須負擔龐大的軍事費用，經濟情況非常惡劣，蘇聯領導內部普遍認為如此下去將無法應付與美國之間的軍備擴充競爭。

在這樣的背景下，一九八五年就任蘇聯共產黨總書記的戈巴契夫推動改革，藉著提高勞動紀律促進經濟成長。一九八六年車諾比核能發電廠發生爆炸後，蘇聯政府也開始重新審視經濟管理體制。

另一方面，為了重建共產黨的權威，戈巴契夫也實行「情報公開」、「自由化」與政治的民主化、以史達林批判為基礎的「歷史重審」等，但是改革始終無法步上正軌，通貨膨脹與慢性的「物資不足」持續，全國各地展開罷工活動。

民族問題加速崩潰

戈巴契夫雖然自一九八七年開始從阿富汗撤回蘇聯軍隊，但聯邦內新的紛爭不斷擴大。大約五十年前，波羅的海三國（立陶宛、拉脫維亞、愛沙尼亞）被史達林以「德蘇互不侵犯條約」（一九三九）片面合併。受到東歐革命的影響，波羅的海三國於一九八九年發動一百萬人手牽手串連成六百二十公里的「人鏈」進行抗議，訴求脫離蘇聯的運動高漲。

另一方面，亞塞拜然共和國境內的「亞美尼亞人飛地」（中間夾著亞美尼亞）納戈爾諾—加拉巴赫自治區也發生民族紛爭，不久後又出現蘇聯幹部之間的主導權鬥爭。

一九九〇年三月，為了加強權力基礎，戈巴契夫導入具有強大

 歷史筆記 獨立國共同體（CIS）在經濟面上取得同一步調，包括維持單一經濟市場、經濟政策的協調、單一貨幣的流通、共同參加國際貨幣基金組織（IMF）等。

權限的「總統制」。當時共產黨幹部為了保護自己的既得權利而煽動各地的「民族主義」，企圖維持在各共和國內的地位。六月，俄羅斯共和國發表主權宣言，葉爾欽以四千五百五十五萬的壓倒性高票當選俄羅斯共和國總統，蘇聯與俄羅斯形成對立。

對立的蘇聯與俄羅斯

一九九一年春天，戈巴契夫為了改變局面而縮小聯邦政府的權限（共和國權限擴大），反對這項政策的戈巴契夫心腹於八月發動政變但並未成功，九月波羅的海三國宣布獨立。

為了對共產黨員涉及政變負責，戈巴契夫辭去總書記的職位並解散共產黨。此時，聯邦政府與各共和國的角力關係出現逆轉，十一月葉爾欽以俄羅斯總統之命禁止蘇聯共產黨的活動，十二月接受烏克蘭的獨立，除了拒絕加入的喬治亞，共計十一個共和國在阿拉木圖組成獨立國共同體（CIS），而喬治亞則在後來加入。此外，戈巴契夫也辭去蘇聯總統之位，誕生於一九二二年的蘇聯在歷經六十九年的歷史後終於畫下句點。

●蘇聯的消失

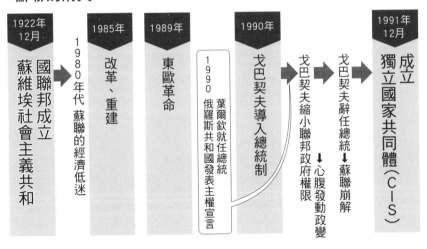

1922年12月		1985年	1989年		1990年			1991年12月
國聯邦成立 蘇維埃社會主義共和	1980年代 蘇聯的經濟低迷	改革、重建	東歐革命	1990 葉爾欽就任總統 俄羅斯共和國發表主權宣言	戈巴契夫導入總統制	戈巴契夫縮小聯邦政府權限 ↓心腹發動政變	戈巴契夫辭任總統 ↓蘇聯崩解	成立獨立國家共同體（CIS）

中國的開放

鄧小平實行經濟開放政策之後，中國快速成長，目前仍持續著戲劇性的經濟成長。

經濟成長需要外資

繼毛澤東、劉少奇之後，重視實務與現實的領導人鄧小平於一九七八年掌握權力，開始推行改革開放路線。一九七八年年底，中國開始實行導入外資與擴大貿易的經濟開放政策。

一九八〇年代，中國開始利用廉價勞工承接委外加工，一九九〇年代甚至擴及內陸地區和邊境，為了接受外資也開始調整法規和建立體系。雖然香港、台灣、東南亞等地一直有華人資本的投資在進行，但由於出現過熱現象，因此面臨必須調整的局面。此外，一九九〇年代外資企業對中國的投資也逐漸增加。

一九八〇年代中國的經濟成長率是9.7％，一九九一至一九九五年甚至飆高至10.2％，呈現令人驚嘆的高經濟成長。但是在一九九〇年代後期，一九九八年的經濟成長率為8％，有逐漸減緩的趨勢。

設法吸引外國企業

為了培育出口導向的產業，中國政府在沿海地區設立「經濟特區」（目前有五區）（注：現今已有7區），這些地區對外資企業提供減稅及免除關稅等優惠政策，同時也將「經濟特區」建設為技術、經營管理、對外政策等的窗口。一九九二年，鄧小平在南巡談話中表示：「改革開放要拿出勇氣大膽嘗試，下定決心去嘗試，下定決心去投入。」在政府獎勵開放及放鬆稅制等政策下，中國的經濟開放進展迅速，現已成為世界上最大的外資吸收國。

一九九七年，六百萬人口的香港回歸中國，一九九九年澳門也回歸，中國期望兩地可以成為中國的貿易、國際金融與資訊中心。但另一方面，中國國內三十六萬家國營

歷史筆記 高揭全球化對策、導入外資後完成高經濟成長的中國，從美國的西部開拓得到靈感，提倡中國的西部大開發。

企業的改革卻毫無進展，其中有四成呈現虧損。此外，中國的失業人口也攀升到一億七千萬，社會問題情況嚴重。

人口從內陸流向沿海

沿海地區的經濟發展策略見到成效後，沿海地區與毫無經濟成長可言的內陸地區的經濟差距明顯擴大。例如在中國個人國內生產毛額（GDP）最高的上海市，一九九六年的GDP是人民幣二萬四百五十二元，而內陸地區則非常的低，甘肅省二千八百九十五元、西藏二千六百五十四元、貴州二千零二十九元，上海市是全國平均的四倍、貴州的十倍。如此的地區差距導致人口流動，許多內陸民眾成群結隊地前往沿海地區謀生（盲流）。

在中國，民眾被分為農村戶籍和都市戶籍，中國政府雖然不允許農民從農村移居都市，但該政策也已經開始動搖。夾雜著可能與不安的中國經濟，目前仍持續地擴大規模。

●中國的歷程

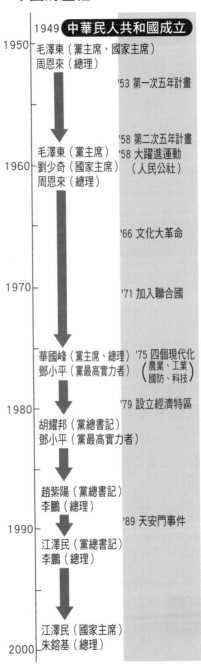

歐盟的目標──歐洲合眾國

為了抑止德法之間紛爭而成立的煤鋼共同體，最後發展成為歐洲聯盟（EU）。

抑止德法之爭的一計

歐洲統合的第一步是「歐洲煤鋼共同體」（ECSC），「歐洲統合之父」莫內的構想經法國外交部長舒曼具體化後成形，一九五二年做為最初的超國家行政組織成立，目的是要超越國家範疇，管理造成德國與法國之間紛爭的原因──煤炭及鋼鐵。

一九五八年，歐洲各國為了共同儲備資源及和平使用原子能而成立「歐洲原子能共同體」（EURATOM），接著又成立以廢除關稅與階段性完成產品、服務、勞動力的自由移動為目標的「歐洲經濟共同體」（EEC，六會員國）。

統合在德法的決定下開始進展

一九六三年，法國戴高樂總統與西德艾德諾總理簽訂合作條約，一九六七年六個會員國簽訂合併前述三個共同體的條約，統稱為「歐洲共同體」（EC）。EC的主要運作大綱是（一）廢除共同體內的關稅；（二）規定農產品的統一價格及對共同體外進入的農產品課徵進口稅。一九六〇年代後期貨幣不安定蔓延至各地之後，一九六八年關稅同盟成立，實現了工業產品的自由貿易。

為了對抗歐洲經濟共同體（EEC），一九六〇年成立的「歐洲自由貿易協會」（EFTA，英國、北歐三國、奧地利、瑞士、葡萄牙的七會員國）也在一九六六年之前整頓起自由貿易地區該有的體制。一九七〇年代，歐洲共同體（EC）在英國等歐洲自由貿易協會（EFTA）會員國加入後擴大為十二國（擴大EC），人口共三億二千萬，國內生產毛額（GDP）超越美國。

 歷史筆記　歐盟的出發點是企圖藉著歐洲煤鋼共同體的成立，確立德國與法國之間的非戰體制，以建立西歐安全保障體制的基礎。

歐洲合眾國的夢想

一九九〇年德國統一後，各國也意圖藉著歐洲共同體（EC）來抑制德國抬頭，EC的機能因此更加充實。一九九二年各會員國簽訂「馬斯垂克條約」（內容為導入歐洲公民權、設立歐洲議會、廢除各國貨幣並發行單一貨幣「歐元」等），一九九三年一月成立由同一經濟路徑統合財貨與服務市場的單一市場，十一月發展為歐洲聯盟（EU）。歐洲共同體產業的國際競爭力下降及國際經濟地位相對降低，是促進統合發展的背景原因。

一九九九年，歐洲經濟貨幣同盟（EMU）成立，歐洲共同體十五個會員國中有十一會員國參加（英國等四國除外），資金交易開始使用稱為「EURO」（歐元，最初稱為ECU，後改為EURO）的共同貨幣，英國因為國內輿論尚未統一而無法參加。

二〇〇二年，歐元的紙鈔與硬幣發行，各會員國原本的貨幣不再使用，「歐元」成為擁有約三億六千萬人口及國內生產毛額約七兆美元、經濟圈足以與美國匹敵的共同貨幣。

●歐盟成立的經過

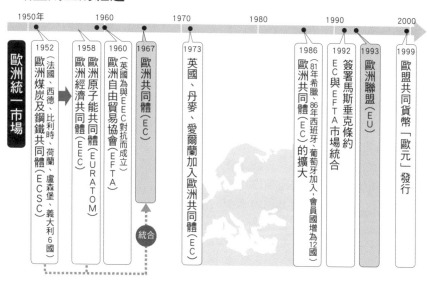

廣大經濟圈是經濟世界化的階段之一？

歐洲、美國、亞洲…等廣大經濟圈逐漸成形，這些經濟圈是否會成為各國去除彼此界限的序幕？

廣大經濟圈為何出現？

第二次世界大戰後，美國以壓倒性的生產、金融、軍事力量君臨世界，邁入「美國和平」時代。不過「黃金六〇年代」是其頂點，一九八〇年代之後美國國力快速衰退，世界進入美國、歐洲、日本為三極的「多極化時代」。

在這樣的變化中，一九八〇年代，繼領先一步的歐洲之後，有幾個國家開始以自由貿易地區、關稅同盟、共同市場、經濟貨幣聯盟等完整的經濟統合方式建立經濟圈。此現象可視為各國為度過激烈經濟競爭所產生的世界經濟聯盟化、地域主義化。不過在全球化快速發展、各體制架構也不得不廣域化的局勢之下，也可將之視為伴隨諸多摩擦、持續走向「世界經濟化」的一個階段。

除了擁有明確願景的歐盟（EU）和北美自由貿易協定（NAFTA）外，其他也有以多樣型態組成的經濟聯盟。

美國主導的NAFTA為何？

一九八〇年代之後，北美洲設立廣大經濟圈的動向也逐漸明顯。一九八五年，美國、加拿大依據「美加自由貿易協定」於一九九四年一月成立「北美自由貿易協定」（NAFTA）。美國、加拿大、墨西哥三國為會員國，面積二千萬平方公里、人口三億七千萬、國內生產毛額約八兆美元，足以匹敵歐洲聯盟（EU）的廣大經濟圈形成。

比起共同市場，NAFTA的目標是鬆緩的結合，其內容為（一）協定成立後十五年之內廢除三國間的所有關稅；（二）二〇〇〇年前實

 歷史筆記　世界工業生產的大約四分之三由美國、日本、俄羅斯、加拿大、歐洲聯盟（EU）所占據，但其人口總數僅占世界總人口的五分之一。

現金融市場的完全自由化；（三）八年後零件的當地調度率提高至62.5％等。不過，對於會員國以外的國家，各國的關稅依然保持不變。

期盼躍進的ASEAN

此外在一九六七年，為了對抗社會主義國家越南的威脅，印尼、新加坡、泰國、馬來西亞、菲律賓五國組成東南亞國家協會（ASEAN）。一九八〇年代汶萊、一九九〇年代越南、緬甸、寮國、東埔寨陸續加入，會員國增加至十國。ASEAN的人口雖多達五億，但國內生產毛額卻只有歐洲聯盟（EU）的十分之一。

ASEAN在冷戰結束後開始致力於經濟合作及經濟成長，為了對抗歐洲的聯盟化，高揭（一）二〇〇三年前降低協會內的關稅與非關稅障礙，實現ASEAN自由貿易地區（AFTA）；（二）讓東南亞所有國家加入ASEAN等為目標。

●向全世界擴展的聯盟化

歐洲聯盟（EU）
歐洲各國15國

北美自由貿易協定（NAFTA）
美國、加拿大、墨西哥
↓
北美自由貿易圈（FTAA）（北、中、南美洲的單一市場）

亞太經濟合作會議（APEC）
日本、韓國、中國、台灣、新加坡、馬來西亞、印尼、泰國、菲律賓、汶萊、加拿大、美國、墨西哥、智利、澳洲、紐西蘭等21國

東南亞國家協會（ASEAN）
馬來西亞、印尼、菲律賓、新加坡、東埔寨、泰國、汶萊、越南、寮國、緬甸

拉丁美洲統合協會（ALADI）
巴西、墨西哥、智利、阿根廷等11國

冷戰結束帶來的網際網路時代

為軍事目的建立的美國通信網，在冷戰之後移轉至民間。

為「冷戰」而開發的網際網路

目前美國正在推展全球化與資訊網路化，走在人類新時代的尖端。正如十九世紀的英國在地球上建設世界規模的鐵道網、定期航線等網絡，奠定「大不列顛和平」的工業社會基礎一樣，現在美國也試圖讓網際網路普及至全世界，將其技術與「標準」輸出，以建立第二次「美國和平」時代。

一九六二年的「古巴危機」，讓深切感受到全面核戰危機的美國將如何對付蘇聯的核武攻擊視為一大課題。在這樣的背景下，一九六九年美國國防部將分布在美國各地的軍事設施、政府機關、研究單位的電腦串聯，構成一大網路。如此一來，即使電話和傳輸網因為核武攻擊而遭到破壞，依然可維持戰力。

從軍用到民用

一九七〇至一九八〇年代冷戰緩和之後，美國國防部高等研究計劃署（DARPA）開發的網際網路逐漸移轉給民間的學術機構做為資訊交換網路。一九八九年，東歐的蘇聯圈震盪引起柏林圍牆倒塌等象徵性的歷史事件發生，大致在此時期，民間企業開始自行設立電腦網路，稱為「Network Service Provider」的網路服務業起跑，此即為軍事技術移轉至民間的結果。

網際網路在短時間內串聯起位於各地的多台電腦，創造出伺服器空間（網路上的三次元模擬空間），成為推展全球化的助力，目前正快速地普及至全世界。

網際網路可望推動美國經濟？

美國政府提出「資訊高速公路」構想，即活用一九五〇至

歷史筆記：一九八〇年代之後，位於矽谷、結合半導體與電腦的產業大幅成長，而在背後提供資金的是那斯達克證券交易所。

一九六〇年代建設高速公路網帶動美國經濟躍進式發展的經驗，建立可即時傳遞資訊的快速路徑，將伺服器空間融入企業活動及民眾的日常生活。一九九三年，美國柯林頓總統於加州的矽谷發表「國家資訊基礎建設」（NII）構想。

這個構想正在進行當中，透過「虛擬購物中心」進行的電子交易為虛擬空間創造出廣大的市場，同時更擴大了商機，因此已經快速地普及。另外，透過網際網路的資訊收集及金融交易也已一般化，網際網路成為經濟全球化的主力。

當前的美國經濟以軍事技術轉用的網際網路與資訊及金融產業為中心，呈現出一片好景氣。

●網際網路時代來臨

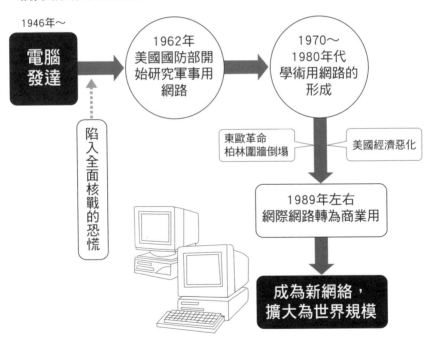

世界金融戰爭的主角仍是美國

美國之所以由軍備擴充競爭轉向經濟戰爭，是因為企圖以資訊及經濟稱霸世界嗎？

從冷戰走向經濟戰爭

戰後持續了四十五年的「冷戰」在蘇聯瓦解、美國獲勝的情況下結束，但是美國卻在一九八〇年代淪為世界最大的債務國。之後，美國正式加入經濟戰爭，鎖定的最大目標就是「貿易盈餘國」日本。為了減少貿易赤字、調整日美貿易收支，美國制定「超級301條款」及「美日構造協議」等對日本施壓，設法讓日圓大幅升值、美元貶值。不過，現狀並非能夠容易改變，於是美國將希望投注於動用「衍生性金融商品」等金融高科技技術的「金錢戰爭」上。

一九八〇年代，在經濟正景氣的日本國內，「日圓升值」及「貿易盈餘」所創造的過剩資金被用於投機性的土地與股票投資，結果引起「泡沫經濟」現象。不久之後，不健全的泡沫經濟崩潰，日本的金融機構背負著巨額的不良債權，國際競爭力因而大減。在此情況下，日本政府及日本銀行為了拯救金融機構而採取零利息政策，另一方面實行「金融大改革」開放金融、證券市場，調整日本資金流出美國及美國金融資本進軍日本的條件。

一九九六年，日本有三千四百億美元的龐大資金流入美國。儘管美國貿易赤字依然持續，但是股價、特別是資訊技術（IT）相關產業的股價狂飆，民眾無不沉醉於泡沫經濟所帶來的好景氣。

衍生性金融商品的盛行

匯率改為浮動匯率後所造成的經濟不安定，使得銀行等必須擴大投資範圍以分散風險，而分散風險的技術便在於以衍生性金融商品為中心的金融工學。由創造股票選擇權價格方程式的美國經濟學者獲得諾貝爾獎一事可見，經濟學已經轉變為一門實用的學問。

 歷史筆記 賭博性外匯交易橫行，一九九七年泰國貨幣泰銖的大量賣出導致泰國經濟受到毀滅性的衝擊，引發「貨幣危機」。

以期貨、選擇權、交換契約等為主的衍生性金融商品，是以所持有的資金為抵押，進行資金持有量之數倍甚至數十倍的投資。若預測結果準確將可賺取巨額利潤，但如果預測失敗，也會有非常大的損失。

專業集團利用電腦進行的投資，原本的目的是為了分散風險。但不久之後，高風險、高回收的賭博性投資以世界規模展開，避險基金等美國金融資本操控著世界的金融市場，從中獲取莫大的財富。

●走向金錢戰爭的美國經濟

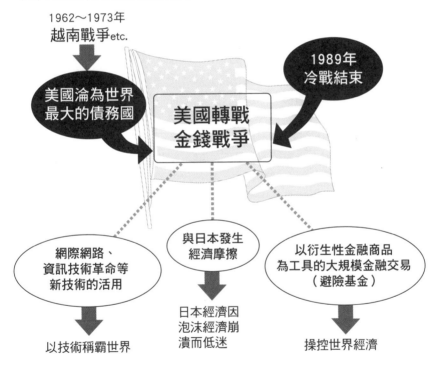

1962～1973年
越南戰爭etc.

1989年
冷戰結束

美國淪為世界最大的債務國

美國轉戰金錢戰爭

網際網路、資訊技術革命等新技術的活用

與日本發生經濟摩擦

以衍生性金融商品為工具的大規模金融交易（避險基金）

以技術稱霸世界

日本經濟因泡沫經濟崩潰而低迷

操控世界經濟

新出現的南南問題為何？

在以開發中國家占多數的南半球，各國的經濟水準也出現差距，問題極可能更加惡化。

中途失敗的資源民族主義

二次大戰後的布雷頓森林體制（國際貨幣基金組織體制IMF）是以先進國家為中心，開發中國家的立場幾乎未被列入考慮。於是，聯合國接受開發中國家的要求，設立貿易暨開發會議（UNCTAD）做為討論南北問題（參見P298）的場所，並於一九六四年召開第一次大會。

開發中國家組成「七十七國集團」，要求先進國家建立公正的國際經濟秩序。但是一九七〇年代之後，多國企業的出現使得「南方」的經濟更加受到威脅。對此，開發中國家以明確的態度表現確保資源及期望建立新國際經濟關係的要求，那便是資源供給國聯合提高初級產品價格的「資源民族主義」。

特別是石油輸出國家組織（OPEC）的調漲原油價格行動，帶給先進工業國家的經濟相當大的衝擊，引起全球性的嚴重蕭條。在此局勢下，一九七四年的聯合國資源特別大會通過要求變更有利於先進國家國際貿易架構的「建立新國際經濟秩序（NIEO）宣言」。

對於這樣的進展，自一九七五年開始，美、英、法、西德、義、加、日等先進國家領袖每年都會聚集召開高峰會議（主要先進國家領袖會議），針對經濟、能源、國際政治等問題決定協調體制。不過，經濟不景氣以及先進國家換用其他替代能源的做法讓石油的需求量銳減，出現石油過剩且價格下滑的情形，「資源民族主義」的發展因此挫敗。

階層化的亞非各國

石油危機引發了全球性的不景氣，受害的不只是先進國家，就連「南方」世界也受到衝擊，出口不振、工業產品價格高漲等對南方世界造成重大打擊。一九七五年，全

歷史筆記　一九七〇年代之後成功完成壓縮性工業化的香港、台灣、韓國、新加坡等開發中國家，稱為新興工業化經濟體（NIES）。

面受到石油危機衝擊的「最貧國」多達四十二國，人口高達十億三千萬人，約占「南方」總人口的半數。

這些國家的底層民眾可說是活在飢餓當中。依據聯合國開發計畫署（UNDP）的報告，當今世界人口約五分之一的十三億人生活在一天一美元以下的絕對貧窮狀態，而這些人口都集中在「最貧國」。

此外，別的問題也隨之而來，首先是產油國與非產油國的經濟差距顯著擴大。其次，在出口競爭日益激烈的情況下，先進國家為了尋求廉價勞動力便將資金及技術移轉到「南方」世界，帶動外國資金經營的出口導向工業發達，亞洲新興工業化經濟體（NIES）隨之出現。總之，「南方」開始分極化，正如所謂的「南南問題」一樣，過去開發中國家之間的經濟差距也成為一大問題。

●亞非各國的多極化

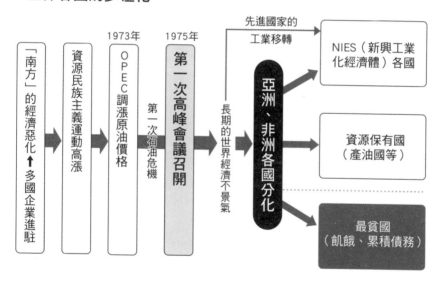

部落與民族的差異無法單純區分

世界上有許多國家存在不同民族、部落、宗教同處一國的問題，目前亟需可以融和這些差異的體系。

二十世紀後葉是地區紛爭的時代

有人說二十世紀前葉是「世界戰爭的時代」，後葉則是「地區紛爭、民族紛爭的時代」。「Ethnicity」一語源於希臘語「Ethnos」，意指「人種」、「文化」，較「部落」廣義、比「國民」狹意，指的是擁有共同語言、文化、宗教的共同體，或者指對此共同體的歸屬意識。

二十世紀同時也是「非殖民地化」與「民族國家建設」的世紀。一戰後的東歐及二戰後的亞洲與非洲的舊殖民地陸續獨立組成「民族國家」，而這股浪潮也湧向了舊蘇聯。

二次大戰後的亞非各國制定國家語言，並努力創造各種可建立「國民」意識的象徵，由上而下地建立近代化體系。不過，現實上許多不同部落、民族、文化同時存在的國家並不少，再加上從宗主國來的勞工移民等，使得民族問題更形複雜，要建立歐洲式的「民族國家」變得極為困難，也成為各種民族紛爭的主要原因。

要克服部落或宗教間的對立並非易事，結果往往是在「權力」或「多數表決」的原則下由多數派壓制少數派，少數派則主張「分離」或「抵抗」，紛爭於是如此持續不斷。特別是宗教對立，因為宗教具有非寬容性，因此有越發激烈的傾向。

民族主義的極限

「民族國家」是十九世紀以後，由歐洲傳到亞洲及非洲的政治體系。若要形成此體系，需要有擁有共同歷史過程的單一民族認同、採取組織單一民族的行動，以及對帝國主義統治或殖民地統治的抵抗和挑戰，而組織單一民族所需要的

歷史筆記　加拿大、澳洲、北歐各國等以平等對待多種民族族群的多文化主義政策，摸索著民族間的共存。

意識形態便是「民族主義」。

　　然而，民族主義通常會伴隨抵抗、競爭、戰爭等暴力的行使，因此十九至二十世紀的世界史出現了許多紛爭。二次大戰後，民族主義基礎下的民族獨立完成，世界被將近兩百個「民族國家」所瓜分，而民族紛爭的新問題也日益表面化。現在人類已經進入必須具有可以解決民族紛爭的柔軟政治理念及政治體系的時代。

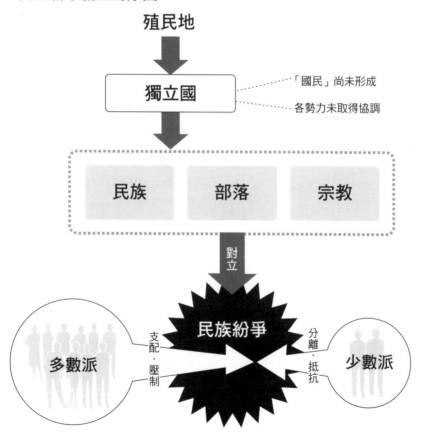

●民族紛爭發生的原因

殖民地

獨立國 ………「國民」尚未形成
………各勢力未取得協調

民族　　部落　　宗教

對立

多數派 ──支配・壓制── 民族紛爭 ──分離・抵抗── 少數派

西歐也出現民族自立的動向

各國採取承認自治權及個別文化等各種對策，可望解決分離獨立運動。

歐洲也見到民族紛爭

在最早形成「民族國家」的西歐，不僅歐盟推動的地區統合大有進展，各國對於解決國內的民族問題也不遺餘力。瑞士、比利時、荷蘭以多語言、多民族為前提研究國家的重新編制，對於英國的北愛爾蘭、西班牙的加泰隆尼亞、法國的不列塔尼、科西嘉島等強烈要求分離的地區，這些國家則期望制定法律承認其自治制度與個別文化，和平地解決問題。

美國必須提出新對策

美國是一個由多種民族構成的「沙拉碗」型多民族國家，在一九六〇年代前期公民權運動（黑人抗議人種歧視，要求保障各項權利的運動）與行政機關及企業的「積極性優待措施」實行下，占人口12％的黑人的社會地位終於獲得提升。

不過，美國境內急速增加的拉丁美洲裔與亞洲裔族群也要求社會上的發言權，美國政府被迫必須提出新的對策。

全境皆是火藥庫的蘇聯與東歐

直接繼承帝政俄羅斯殖民地的蘇聯，境內雖然同時存在一百二十個以上的民族，不過在集權式意識形態統治下，紛爭受到壓制。此外，聯邦內的非俄羅斯民族的利益也未獲得完全的保障，蘇聯政府甚至還實行「俄羅斯化政策」，27％的人口（七千五百萬人）被迫移居非出生地的共和國，而居住在俄羅斯共和國境外的俄羅斯人也有二千四百萬人。隨著一黨獨裁與聯邦制崩潰，在舊蘇聯地區，價值的多元性逐漸獲得認可，當民主化、自由化運動遇上複雜的民族構成，極容易轉變為民族紛爭。

歷史筆記：由於來自裏海油田的油管經過高加索山脈的要塞車臣共和國，因此俄羅斯強行鎮壓車臣的獨立運動。

這種情況在民族構成原本就很複雜的東歐亦然。特別是南斯拉夫，是個由數個民族族群建立六個共和國、各共和國內又混居著不同族群的聯邦國家。一九九一年，克羅埃西亞、斯拉維尼亞宣布獨立。之後，不同族群混居的波士尼亞、赫塞哥維納展開激烈的民族紛爭，甚至科索沃自治州也有紛爭出現。

●俄羅斯（舊蘇聯領土）與民族紛爭

英國

法國　比利時　荷蘭　挪威

瑞士　西德　東德　瑞典

奧地利　捷克

斯洛維尼亞　斯洛伐克　波蘭　立陶宛　拉脫維亞　愛沙尼亞

克羅埃西亞　匈牙利

南斯拉夫　羅馬尼亞　白俄羅斯　俄羅斯

保加利亞　摩爾多瓦

黑海　烏克蘭

土耳其

1991年 波羅的海三國獨立

1990年 摩爾多瓦紛爭

敘利亞　亞美尼亞　喬治亞

伊拉克　亞塞拜然　裏海

1994年～ 車臣紛爭

1988年 民族暴動

伊朗　土庫曼

烏茲別克　哈薩克

阿富汗　塔吉克　吉爾吉斯

巴基斯坦

印度

333

一言難盡的南斯拉夫內戰

南斯拉夫的內戰極為複雜，而波士尼亞赫塞哥維納的紛爭雖已解決，但問題依然存在。

第一階段——斯拉維尼亞、克羅埃西亞的獨立戰爭

一九八〇年狄托總統逝世後，南斯拉夫轉為集體領導制。接著，一九九一年蘇聯瓦解帶動民族主義的高揚，經濟情況最佳且反對塞爾維亞人集權統治的斯拉維尼亞與克羅埃西亞於一九九一年宣布獨立。不過塞爾維亞不承認兩國的獨立，進行武力介入（第一次南斯拉夫內戰）。內戰持續一年後，一九九二年歐盟承認兩國獨立，第一次的分裂結束。

第二階段——波士尼亞紛爭

一九九二年四月，塞爾維亞與蒙特內哥羅合併為南斯拉夫聯邦共和國（新南斯拉夫）。不過，波士尼亞與赫塞哥維納於同年二、三月經公民投票表決通過獨立，並於五月加入聯合國。兩地的民族構成非常複雜，伊斯蘭教徒占43.7％、塞爾維亞人占31.4％、克羅埃西亞人占17.3％。波士尼亞境內的塞爾維亞人得到新南斯拉夫的支援發動戰爭，占領波士尼亞七成的土地。過程中，塞爾維亞人實行稱為阿爾巴尼亞「民族淨化」的殘酷屠殺行動。

當時聯合國保護軍所執行的和平維持活動（PKO）無法完全發揮效用，結果美、英、法、德、俄五國代表組織的接觸小組派遣北約軍介入，進行兵力驅離及和平維持活動。一九九六年，波士尼亞赫塞哥維納實施將波士尼亞聯邦與塞爾維亞人共和國置於中央政府轄下的「一國兩制」，紛爭終於平息。

第三階段——科索沃紛爭

一九九二年成立的新南斯拉夫聯邦中的塞爾維亞共和國，其境內65.8％為塞爾維亞人、17.2％為阿爾巴尼亞人，不過在與阿爾巴尼亞交接的科索沃自治州（面積一

歷史筆記 所謂「民族淨化」，是指屠殺或放逐其他民族，使該地區成為「純粹」單一民族土地的行動。

萬零九百平方公里、人口約兩百萬人），人口的九成是阿爾巴尼亞人，塞爾維亞人僅占一成。科索沃是中世紀塞爾維亞王國的中心，也是一三八九年為王國存亡而戰的戰場，在阿爾巴尼亞人被重用為官員的鄂圖曼帝國時期，阿爾巴尼亞人大量流入，形成現在的人口構成，之後受到中央政府的民族差別待遇，成為南斯拉夫中最貧窮的地區。此外，由於反對中央政府的「塞爾維亞化」，科索沃在一九九〇年宣布獨立成為科索沃共和國，一九九八年設立科索沃解放軍。

對此，塞爾維亞聯邦治安部隊在科索沃展開屠殺，造成三十萬民眾淪為難民。一九九九年，歐美各國示意派遣北約軍展開空襲，要求塞爾維亞接受和平提案，即科索沃依然為塞爾維亞領土，但須給予高度自治權。由於南斯拉夫政府拒絕接受，北約軍不顧中國及俄羅斯的反對，於一九九九年三月強制展開空襲（持續至六月）。

聯合國在承認南斯拉夫主權的同時，也組織聯合國科索沃臨時統治機構，並與南斯拉夫就科索沃獨立問題持續展開對話。

●舊南斯拉夫的紛爭

與世界的連結不再限於國與國

國家已不足以解決多樣化的問題，許多非政府的國際組織因此出現。

跨國動向迅速發展

民族國家體制從歐洲擴展至全世界，其重點為（一）國家主權；（二）權力平衡；（三）國際法，其中國際法的主體只有國家。

不過近來「金錢」、「人才」、「物品」、「資訊」的國際交流與國家間的相互依賴關係加深，促使「跨國」發展日益蓬勃，包括聯合國等政府間組織（IGO）或歐洲聯盟等地區組織、通用汽車等世界企業、無國界醫師團隊等非政府組織（NGO），甚至是跨越民族國家範疇、互相連結進而影響國際社會的個人，都可能是交流的非國家主體。

各種方式的連結

一九六〇年代之後，美蘇兩國在政治與軍事方面持續「冷戰」。另一方面，為避免核戰發生，各國不得不建立協調體制，於是各先進國家的相互依賴關係逐漸加強。

一九七〇年代，石油危機與美元危機產生的經濟危機與資訊革命的技術革新結合，經濟的無國界化開始發展。此外，在經濟上統合數個國家，建立廣大經濟圈的動向也愈來愈明顯，如歐洲聯盟（EU）及北美自由貿易協定（NAFTA）等。

而過度開發導致全球的自然破壞日益嚴重，對於地球環境的保護（環保問題），各國也必須互相合作及監視。在這樣的情況下，各國必須互相調整國家主權，建立「全球治理」體制。於是，為保持臭氧層的國際合作體制、為因應國際交通體系變動的國際民間航空體制等各種「架構」應運而生。聯合國、布雷頓森林體制（IMF）、聯合國教科文組織（UNESCO）等政府間組織，在國際性架構的建立及紛爭解決上發揮了很大的作用。

歷史筆記 一九六〇年代以後，國際非政府組織（INGO）快速發展，到了一九九〇年代中期，光是聯合國的諮詢組織便超過九百個。

非國家的政治與經濟主體登場

飛機、高速公路網等的發達，讓「人才」與「物品」的國際性移動變得容易，透過網際網路及通信衛星，大量的資訊可瞬間流通至世界的時代來臨。全球多樣性社會機能的連結形成，非政府組織（NGO）透過傳真、電子郵件、網際網路，在人權、環境、開發等議題上互助合作。此外，隨著經濟的全球化，企業也發展為超越國家的多國企業，跨越了民族國家的限制。世界最大的多國企業通用汽車的營業額為一千五百五十億美元，遠超過波蘭一九九四年的國家預算。

在非政府組織（NGO）、多國企業及個人發揮多樣功能的情況下，民族國家已經無法利用所謂的「外交」獨占國際談判，人類歷史正朝向更複雜的國際社會邁進。

● 新國家主體

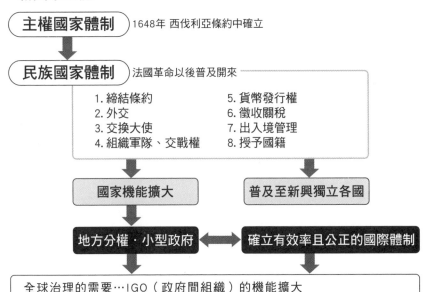

337

兩萬枚的核彈將開拓怎樣的未來？

冷戰雖已結束，但世界各地約有兩萬枚核彈頭散布，人類該如何管理原子能仍是一大課題。

地球上存在著兩萬多枚核彈頭

二戰結束時，美國獨占原子彈技術，到了一九四九年九月，蘇聯也成功完成原子彈實驗。一九五〇年，美國在總統杜魯門的指示下製造氫彈，並在比基尼環礁進行試驗；一九五二年，蘇聯完成第二次原子彈試驗，並開始進行量產。

美國與蘇聯相繼於一九五二年及一九五三年完成氫彈試驗，而英國也在一九五二年完成原子彈、一九五七年完成氫彈試驗，躋身核武擁有國之列。當時美蘇的核武競爭愈演愈烈，蘇聯的軍事費用已經占據國民生產毛額（GNP）的四分之一。一九五七年，美國在西德配置核武，一九六〇年法國也晉身核武擁有國。

一九六一年之後核試驗進入地下化的時代，一九六三年的「部分禁止核試驗條約」（PTBT）禁止陸上及大氣中的試驗。一九六四年，中國成功完成地下核試驗；一九九八年，印度與巴基斯坦也進行核試驗。到了一九九九年，世界上已囤積有兩萬枚以上的核彈頭。

家庭主婦發起反核運動

一九五四年，美國在馬紹爾群島的比基尼環礁進行氫彈試爆，環礁以東一百四十公里海域上的日本鮪魚船受到波及，船上全體人員受到近乎致死量的核輻射危害。對此，衫並區（譯注：日本東京都的其中一區）的家庭主婦率領民眾發起禁止試爆原子彈與氫彈的連署運動，一年之間募集到二千萬個以上的簽名。該運動便是延續至今的原子彈、氫彈禁止運動。一九九五年，第十四屆聯合國大會通過八十二會員國對全面完全軍縮的決議。

核能發電擴展至全世界

大戰後，各國開始將「核子」

歷史筆記　一九九五年時世界上共有四百三十二座核能發電廠在運作，17%的電力依賴核能。

做為能源利用。一九五一年，美國在愛達荷州阿爾貢國家原子爐實驗室進行非實用核能發電，之後蘇聯、英國與日本也分別在一九五四年、一九五六年與一九五七年興建核能發電廠。此外，法國也在一九六〇年代之後成為核能發電的大國，一九八九年時法國的發電量有70％依賴核能。

然而，核能發電也有其問題存在。一九七九年美國三哩島發生原子爐災變之後，美國便開始加強安全規範。一九八六年，蘇聯烏克蘭地區的車諾比核能發電廠發生大爆炸，約莫廣島原子彈爆炸三百倍的輻射能飛散半徑二千公里，約五十七萬人受害，再度突顯出核能管理的困難。

●大規模毀滅性武器的管理

大規模毀滅性武器

	核子武器		化學武器	生物武器
以軍縮為目的的、不擴散條約	全面禁止核子試驗條約（CTBT） 155國簽署	防止核子擴散條約（NPT） 1968年 56國簽署	禁止化學武器公約（CWC） 1997年生效 128國簽署	禁止生物武器公約（BWC） 1975年生效 143國簽署
以不擴散為目的的輸出管理體系	核子供應國集團（NSG）（原子能專用品、核子武器相關用品）		澳洲集團（AG） （生物、化學武器相關用品）	

※資料來源：2000年《外交青書》（日本外務省）。

抑制人口的關鍵在於提升女性地位

地球人口正以前所未有的速度急遽增加，是否有能夠有效抑制的方法？

人口從六十億增加到七十億

據說在自然生態未遭受破壞的情況下，地球上可以生存的人口約為五千萬。據推測，一百萬年前地球上的人口大約是十三萬，十七世紀時增加為五億，一八三○年時等倍成長至十億。

接著，一九三○年時又成長為二十億，一九六○年是三十億，目前世界的人口大約是六十億，估計二○一○年將會到達七十二億（注：二○一二年正式到達七十億）。聯合國人口基金（UNFPA）預測，二○五○年的人口將會增加到九十四億。短短一世紀，世界人口增加了三‧八倍，二十世紀可謂是個「人口爆炸的世紀」。

開發中國家增加，先進國家減少

當中，開發中國家的人口增加率出奇地高，這是因為嬰兒的死亡率高，所以不得不增加生產。在二○一○年前增加的十九億人口中，開發中國家占95％，其中十一億人出自亞洲。這些國家缺乏就業機會，多數人口由農村流入都市，落腳於貧民街成為多餘人口，引起都市巨大化與都市居民貧窮化的現象。目前開發中國家人口超過一百萬的都市有一百二十個以上，預測將會倍數成長至三百個。

相對地，先進國家由於物價高、雙薪家庭、子女的教育費用增加等因素，導致出生率下降，高齡化與少子化成為嚴重的社會問題。就環境問題的觀點而言，少子化是有益的，但就經濟層面而言，消費市場縮小、福祉財政增加等，將會使經濟成長陷入困境。

預估開發中國家的人口若成長兩倍，需要的糧食為四倍，能源則為二十倍。現在，地球人口之中有八億以上過著糧食不足的生活，南

 歷史筆記　儘管處於糧食不足與飢餓狀態，開發中國家的人口增加率依然非常高，亞洲與非洲的人口便占據了世界人口的三分之二。

亞人口約半數的六億處於營養不良的狀態。若以世界規模來看，目前的糧食尚算充足，但如果人口繼續以這樣的速度增加，開發中國家將會面臨嚴重的飢餓問題。

國際糧食政策研究所（IFPRI）在針對二○○○年為止糧食增加率與人口增加的關係報告中指出，先進國家的糧食供給呈現成長，但第三世界卻是嚴重短缺，即使先進國家提供多餘的糧食也無法完全補足。

該如何抑制人口？

聯合國於一九七四年首次召開國際人口與發展會議（譯注：於羅馬尼亞布加勒斯特召開，當時稱為國際人口會議，每十年舉辦一次，第二次在墨西哥城），一九九四年在一百六十個國家及地區代表與約一千二百個非政府組織（NGO）的參與下，於埃及的開羅召開第三次會議。會議上通過的「國際人口與發展會議行動綱領」主張女性地位的提升對抑制人口極為重要。

一九九五年在北京召開的世界女性會議上，強調女性必須從歧視女性的社會習慣中解脫，自主控制性行為與生育。

●人口增加的影響

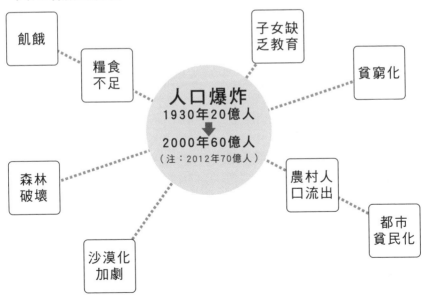

自然與生物消失，環境污染加劇

地表上的沙漠急速擴大，生物日漸減少，全球性的環保對策迫在眉睫。

備受破壞的自然

一九六六年，美國經濟學家鮑定提出「宇宙船地球號」的看法，告訴世人地球的資源及自然有限。如今，包含高山與沙漠面積，每個人平均生活在將近三公頃的土地上，「活生生的自然」正快速地消失。

都市膨脹促使農地和牧原（放牧用的草原）以驚人的速度不斷擴大，例如兩百年前四億公頃的農地已增加為十四億公頃，地球面積的三分之一變成農地與牧原，為了供養龐大的人口，人類將農業工業化並開始進行畜牧。

人口呈爆炸性成長的開發中國家燒掉森林和草原，將土地用於耕種農作物，藉以維持眾多的生命，而這些土地已經急速地沙漠化。據聞，在一九八○年至一九九○年間，每年有大約半個日本的土地變成沙漠。根據世界銀行的報告，過去二十年之間，非洲薩赫勒地區的沙漠往南擴大了三百五十公里。

不見生物蹤跡

自然界遭到壓縮，每年至少有五萬種生物消失。據估計到二○○○年為止，地球上現存動植物的15％，即相當於四十四萬至一百四十五萬種動植物可能會滅絕（《全球2000──給總統的報告The Global 2000 Report to the President》，一九八○，美國白宮環境品質委員會）。

現在雖然有一百六十二個國家簽署推展生物資源「永續利用」的「生物多樣性公約」（一九九三年生效），但該公約缺乏實效性。事到如今，人類歷史真的已經步入必須認真思考人類應如何與自然分居以及共生的新階段。

不斷被污染的地球

一九六二年，卡森（譯注：美國

歷史筆記　一九八六年蘇聯車比諾核能發電廠發生爆炸，白俄羅斯三分之二的農地受到輻射污染導致無法耕作，甚至連土耳其與德國也遭到波及。

生物學家與作家）警告殺蟲劑DDT等農藥造成環境嚴重破壞的著作《沉默的春天》在美國登上暢銷排行榜，甘迺迪政府開始規範農藥的使用。

一九七〇年，世界各地的非政府組織（NGO）舉辦「地球日」活動，訴求環境問題的重要性。由學者與企業家組成的羅馬俱樂部也在一九七二年提出以《成長的極限》為題的報告書，主張人類必須與環境取得協調方能永續成長。同年，聯合國人類環境會議於斯德哥爾摩召開，人類開始自覺到「我們只有一個地球」。一九九二年，一百多國政府代表及眾多非政府組織（NGO）參加的「聯合國環境與發展會議」（地球高峰會議）於巴西的里約熱內盧召開。會中發表有關臭氧層破壞、氣球溫室效應、酸性雨、熱帶雨林減少、沙漠化、生物多樣性減少、有害廢棄物的越境移動、海洋污染等的宣言，並通過「二十一世紀議程」等行動綱領。

●發生於先進國家及開發中國家的自然破壞

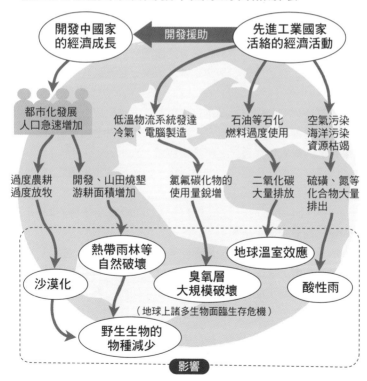

馬爾地夫群島將會沉沒？

十九、二十世紀是人類毫不思前顧後、毫無計畫地胡亂開發（自然破壞）的一段時期。目前地球的生態已經無法繼續負荷如此猛烈的開發，地球環境問題毫無疑問將是二十一世紀人類最大的課題。

一九七○年代之後，冷凍與冷藏技術串聯成網（冷凍鏈），所有食物皆可保存至一年，人們可在超市或便利商店買到全世界的食物，然後放入家中的冰箱，是個名副其實的「飽食時代」。然而，冷凍與冷藏系統使用的大量冷媒中所含的氯氟碳化物，被證實已大規模地破壞分布於大氣層成層圈、可阻擋對生物有害之紫外線的臭氧層，造成臭氧洞急速地擴大。

自然耗費了三十億年才建造出生物賴以生存的基礎，沒想到才短短三十年的時間，便遭到人類急速破壞。意識到問題嚴重性的先進國家急忙簽署「蒙特婁議定書」，禁止氯氟碳化物的製造。

目前地球上人口超過一百萬的都市有二百三十個以上，為數驚人的火力發電廠與工廠長期排放溫室瓦斯，約六億台汽車也排放著二氧化碳。學者專家警告，再這麼持續下去，到了二十一世紀末地球的溫度將會比現在升高二至六度，地球環境將出現劇烈的變化。

於是，各國不得不於一九九二年的地球高峰會議簽署「聯合國氣候變化綱要公約」。坐落於印度洋、由珊瑚礁群形成的馬爾地夫群島是個海上樂園，但如果海洋的水位上升一公尺，整個島嶼將會淹沒水中。專家表示，溫室效應若以目前的速度繼續發展，二十一世紀末海平面最少會上升一公尺。如此一來，美麗的馬爾地夫群島將會在一百年內消失蹤跡。

中文	日文	原文	頁數
3B	3B	Berlin-Byzantium-Baghdad	145,150,164
3C	3C	Cairo-Cape Town-Calcutta	145,151,164
ABC			
T型福特	T型フォード	Ford Model T	190
二劃			
七月革命	七月革命	July Revolution	58
九國條約	九カ国条約	Nine-Power Pact	206
二月革命	二月革命	February Revolution	60,66
二十一世紀議程	アジェンダ21	Agenda21	343
人民憲章	ピープルズ・チャーター	People's Charter	63
人民憲章運動	チャーティスト	Chartism	61,63
人權宣言	人権宣言	Declaration of Rights of Man and the Citizen	43
十一月革命	十一月革命	November Revolution	174
三劃			
三月革命	三月革命	March Revolution	70,174
三色旗	トリコロール	Tricolore	42
三帝同盟	三帝同盟	Dreikaiserbund	72,77
三哩島	スリーマイル島	Three Mile Island	339
三級會議	三部会	Estates General	42
三國同盟	三国同盟	Triple Alliance	72,145,150,157,170
三國協約	三国協商	Triple Entente	150,157,158,170
下機內亞	下ギニア	Basse-Guinee	53
下議院	下院	House of Representatives	70
上祕魯	アルト・ペルー	Alto Peru	100
凡爾登戰役	ヴェルダンの戦い	Battle of Verdun	173,177
凡爾賽和約	ベルサイユ条約	Treaty of Versailles	177,183,209,234
凡爾賽宮	ヴェルサイユ宮殿	Palace of Versailles	42,71
凡爾賽體制	ヴェルサイユ体制	Versailles system	167,182,188
土伊勒里宮	テュイルリー宮	Tuileries Palace	44
土耳其	トルコ	Turkey	110,168,172,196,198
土倫	トゥロン	Toulon	48
土埃戰爭	エジプト・トルコ戦争	Egypt-Turkish Wars	76,110
土庫曼	トルクメニスタン	Turkmenistan	181,194
土庫曼恰伊	トルコマンチャーイ	Torkomanchay	115
土庫曼恰伊條約	トルコマンチャーイ条約	Treaty of Torkomanchay	114
士每拿	スミルナ	Smyrna	198
大不列顛和平（大英盛世）	パクス・ブリタニカ	Pax Britannica	64
大洋洲	オセアニア	Oceania	135

中文	日文	原文	頁數
大英王國	イギリス王国	Kingdom of British	51
大英帝國	大英帝国	British Empire	62
大哥倫比亞共和國	大コロンビア共和国	Great Republic of Colombia	100
大莊園	プランテーション	Plantation	26,93
大陸封鎖令	大陸封鎖令	Continental System；Continental Blockade	50
大陸會議	大陸会議	Continental Congress	85
大德意志	大ドイツ	Grossdeutschland	61,70
大韓帝國	大韓帝国	＊	156
《大地》	『大地』	The Good Earth	232
大西洋憲章	大西洋憲章	Atlantic Charter	243
大衛營協定	キャンプ・デーヴィッド合意	Camp David Accords	287
小庇特	ピット（小）	William Pitt the Younger	45,50
小德意志	小ドイツ	Kleindeutschland	61,70
工業革命	産業革命	Industrial Revolution	24,28,42,106,108,111,140,148
工黨	労働党	Labour Party	65,264
已開發國家	先進国	Advanced Country	340
四劃			
不列塔尼	ブルターニュ	Brittany	333
中日甲午戰爭	日清戦争	Sino-Japanese War	123,128,130,154
中央太平洋鐵路	セントラル・パシフィック	CentralPacific Railroad	95
中東	中東	Middle East	284
中東戰爭	中東戦争	Arab-Israeli Conflict	286
中法戰爭	清仏戦争	Franco-Chinese War	119,123
中非	中央アフリカ	Central African	293
中美洲	中央アメリカ	Central America	103
中國	中国	China	128,130,132,140,208,216,270,274,300,318
中國共產黨	中国共産党	＊	210,212,214,270
中國同盟會	中国同盟会	＊	132
中國國民黨	中国国民党	＊	210,212,214,270
中途島	ミッドウェー	Midway	245
中途島戰役	ミッドウェー海戦	Battle of Midway	241
丹吉爾港	タンジール	Tangier	159
丹麥	デンマーク	Denmark	70,87
五月柱	メイ・ポール	Maypole	46
什列斯威	シュレスヴィヒ	Schleswig	70
什葉派	シーア派	Shia(h)	114,202,289
內布拉斯加	ネブラスカ	Nebraska	91
公民論壇黨	市民フォーラム	Civic Forum	312
公地放領法案	ホームステッド法	Homestead Act	93,94

345

中文	日文	原文	頁數
公安委員會	公安委員会	Committee of Public Safety	45
切・格瓦拉	ゲバラ	Ernesto Che Guevara	296
切羅基族	チェロキー族	Cherokee	89
匹茲堡	ピッツバーグ	Pittsburgh	192
厄瓜多爾	エクアドル	Ecuador	103
厄爾巴島	エルバ島	Elba Island	49,52
天安門事件	天安門事件	*	277
天命	マニュフェスト・デスティニー	Manifest Destiny	89
太平洋第二艦隊（波羅的海艦隊）	バルチック艦隊	Baltic Fleet	156
太平洋戰爭	太平洋戦争	Pacific War	219,242
太樂	ターレル	Thaler	70
巴伐利亞	バイエルン	Bavaria	57
巴西	ブラジル	Brazil	101,102
巴庫	バクー	Baku	79,241,243
巴拿馬	パナマ	Panama	98,104
巴拿馬運河	パナマ運河	Panama Canal	98,104
巴格達	バグダード	Baghdad	150
巴勒斯坦	パレスチナ	Palestine	164,196,200,202,284,286
巴勒維	パフレヴィー	Pahlevi	290
巴勒維二世	パフレヴィー二世	Pahlevi II	288
巴勒維王朝	パフラヴィー朝	Pahlavi dynasty	202
巴基斯坦	パキスタン	Pakistan	282
巴斯克	バスク	Basque	237
巴斯拉	バスラ	Basra	150,164
巴斯拉州	バスラ州	Basra	291
巴蒂斯塔	バティスタ	Fulgencio Batista y Zaldivar	296
巴達維亞（雅加達舊稱）	バタヴィア	Batavia（Jakarta）	119
巴爾巴羅薩	バルバロッサ	Barbarossa	241
巴爾博亞	バルボア	Balboa	99
巴爾喀什湖	バルハシ湖	Lake Balkhash	79
巴爾幹	バルカン	Balkan	72
巴爾幹半島	バルカン半島	Balkan Peninsula	57,74,76,110,145,166,168,170
巴爾幹同盟	バルカン同盟	Balkan League	170
巴爾福	バルフォア	Arthur James Balfour	200
巴爾福宣言	バルフォア宣言	Balfour Declaration	200,284
巴黎	パリ	Paris	51,112,153
巴黎公社	パリコミューン	Paris Commune	67
巴黎協議	パリ協定	Paris peace agreement	267
巴黎和平會議	パリ講和会議	Paris Peace Conference	167,177,182
巴黎條約	パリ条約	Treaty of Paris	75,88
戈巴契夫	ゴルバチョフ	Mikhail Sergeevich Gorbachev	309,312,315,316
戈蘭高地	ゴラン高原	Golan Heights	285,287
文化大革命	文化大革命	Cultural Revolution	276
日內瓦	ジュネーブ	Geneva	179,261,179

中文	日文	原文	頁數
日本	日本	*	124,126,154,156,228,244,246,250,326,338
日耳曼邦聯	ドイツ連邦	German Confederation	54
日俄戰爭	日露戦争	Russo-Japanese War	129,150,154,156
日美修好通商條約	日米修好通商条約	Treaty of Amity and Commerce	124
日朝修好條規	日朝修好条規	Korea-Japanese Treaty of Amity	127
日圓聯盟	円ブロック	Yen Bloc	225
日韓合併條約	日韓併合条約	Treaty of Mergence Between Japan and Korea	156
比夫拉	ビアフラ	Biafra	294
比利時	ベルギー	Belgium	59,71,95,136,172,294
比基尼環礁	ビキニ環礁	Bikini Atoll	338
毛澤東	毛沢東	*	123,212,214,270,274,276
爪哇	ジャワ	Java	118,243
爪哇戰爭	ジャワ戦争	Wars of Java	118
王黨派	王党派	Royalist	45
世界貿易組織	世界貿易機関	WTO（World Trade Organization）	261,309
世界資本主義	世界資本主義	Capitalism	82

五劃

中文	日文	原文	頁數
以色列	イスラエル	Israel	104,284
加州標準石油公司	カリフォルニア・スタンダード	Standard Oil Co. of California	285
加利福尼亞	カリフォルニア	California	79,83,89,135,325
加里波底	ガリバルディ	Giuseppe Garibaldi	68
加里曼丹	カリマンタン	Kalimantan	119
加拉罕	カラハン	L. M. Karakhan	210
加拿大	カナダ	Canada	37,64
加泰隆尼亞	カタロニア	Catalonia	333
加勒比海	カリブ海	Caribbean Sea	83,96
加通	ガトゥン	Gatun	99
加富爾	カヴール	Conte Camillo Benso di Cavour	68
加彭	ガボン	Gabon	293
加爾各答	カルカッタ	Kolkata（Calcutta）	117,151,204
加薩	ガザ	Gaza	286
北大西洋公約組織	北大西洋条約機構	NATO（North Atlantic Treaty Organization）	267,268
北加里曼丹	北カリマンタン	South Kalimantan	119
北卡羅來納	ノースカロライナ	North Carolina	85,306
北愛爾蘭	北アイルランド	Northern Ireland	80
北德意志	北ドイツ	North Germany	70
半島人	ペニンスラール	Peninsular	100
半島戰爭	半島戦争	Peninsular War	49
卡內基	カーネギー	Andrew Carnegie	149
卡布辛大道	キャプシーヌ街	Boulevard des Capucines	60

中文	日文	原文	頁數
卡札爾王朝	カージャール朝	Qajar Dynasty	114
卡米哈米哈王朝	カメハメハ王朝	Dynasty of Kamehameha	97
卡特	カーター	James Carter	314
卡特爾	カルテル	Cartel	147
卡斯楚	フィデル・カストロ	Fidel Castro	296
卡森	カーソン	Rachel Louise Carson	343
卡塞姆	カセム	Abdul Karim Kassem	164
卡爾	E・H・カー	Edward H. Carr	226
古巴	キューバ	Cuba	96,99,103,135,296,306
古巴危機	キューバ危機	Cuban crisis	296
史瓦濟蘭	スワジランド	Swaziland	293
史托夫人	ストウ夫人	Mrs. Harriet Beecher Stowe	91
史坦利	スタンリー	Henry Morton Stanley	136
史坦貝克	スタインベック	John Steinbeck	221
史密森博物館	スミソニアン博物館	Smithsonian Museum	309
史達林	スターリン	Joseph Vissarionovich Stalin	181,226,248,254,262,274,316
史達林格勒	スターリングラード	Stalingrad	241,243,245
台灣	台湾	*	131,140,216,270
四十九人隊	フォーティナイナーズ	49ers	90
四月提綱	四月テーゼ	April Theses	175
四國條約	四カ国條約	Four-Power Pact	206
外約旦	トランス・ヨルダン	Transjordan	200
奴隸制	奴隷制	Slavery	90
奴隸貿易	奴隷貿易	Slave Trade	26,134
尼日	ニジェール	Niger	293
尼古拉一世	ニコライ1世	Nicholas I	74,152,174,180
尼布楚	ネルチンスク	Nerchinsk	79
尼克森	ニクソン	Richard Milhous Nixon	308
尼克森衝擊	ニクソン・ショック	Nixon Shock	308
尼斯	ニース	Nice	66,68
尼赫魯	ネルー	Pandit Jawaharlal Nehru	279,282,286
巧斯島	キオス（シオ）	Chios Island	56
《巧斯島的屠殺》	シオの虐殺	The Massacre at Chios	56
布列斯特—立陶夫斯克和平條約	ブレスト・リトフスク条約	Treaties of Brest-Litovsk	175,177,180,257,260
布吉納法索	ブルキナファソ	Burkina Faso	293
布希	ブッシュ	George H.W. Bush	315
布里茲涅夫	ブレジネフ	Leonid Ilich Brezhnev	263
布里茲涅夫主義	ブレジネフ・ドクトリン	Brezhnev Doctrine	263
布宜諾斯艾利斯	ブエノスアイレス	Buenos Aires	102
波爾人	ボーア人	Boer	138

中文	日文	原文	頁數
布哈拉汗國	ボハラハン国	Khanate of Bukhara	79
布萊里奧	ブレリオ	Louis Bleriot	306
布萊爾	ブレア	Tony Blair	80
布雷頓森林體制	ブレトンウッズ体制	Bretton Woods System	219,299,308,328
布魯塞爾	ブリュッセル	Brussels	59
布蘭登堡門	ブランデンブルグ門	Brandenburg Gate	250
弗依弗丁納	ヴォイヴォディナ	Vojvodina	334
本地治里	ポンディシェリ	Pondicherry	117
本・貝拉	ベンベラ	Ahmed Ben Bella	292
正統主義	正統主義	Orthodoxy	54
民有、民治、民享	人民の、人民による、人民のための政治	Government of the people,by the people,for the people	92
民族之家	ナショナル・ホーム	National home	200
民族主義	ナショナリズム	Nationalism	55,56,144,147,152,350
民族派	ナショナリスト	Nationalist	80
民族紛爭	エスニシティ紛争	Ethnic Conflict	330,332
民族國家	国民国家	Nation State	40,46,102,106,124,126,331
民族戰爭	諸国民戦争	Battle of Nations	52
民答那峨	ミンダナオ	Mindanao	119
瓜達爾卡納爾島	ガダルカナル島	Guadalcanal	241,243,244
瓦哈比教派	ワッハーブ派	Wahhabi	202
瓦特	ワット	James Watt	29
瓦爾米之戰	ヴァルミーの戦い	Battle of Valmy	44
甘比亞	ガンビア	Gambia	293
甘地	ガンジー	Mohandas Karamchand Gandhi	196,205,282
甘伯亞	ガンボア	Gamboa	99
甘迺迪	ケネディ	John Fitzgerald Kennedy	297,343
甘寧	カニング	George Canning	55,101
田納西河	テネシー川	Tennessee River	222
白里安	ブリアン	Aristide Briand	189
白俄羅斯	白ロシア	Belarus	181,194,343
白朗	ルイ・ブラン	Louis Blanc	60
白澳政策	白豪政策	White Australia Policy	119
皮德蒙	ピエモンテ	Piedmont	68
石油危機	石油危機	Oil Crisis	310
石油輸出國家組織	石油輸出国機構	OPEC（Organization of Petroleum Exporting Countries）	328
立陶宛	リトアニア	Lithuania	179,245,253,316
生物多樣性公約	生物多様性条約	Convention on Biological Diversity	342
六劃			
伊士曼柯達公司	イーストマン・コダック社	Eastman Kodak Co.	163
伊士麥	イズミル	Izmir	198

中文	日文	原文	頁數
伊本·紹德	イブン・サウード	Ibn Saud	202,285
伊拉克	イラク	Iraq	164,200,285,290
伊朗	イラン	Iran	114,196,202,288,290
伊朗革命	イラン革命	Iranian Revolution	288
伊格那季耶夫	イグナチェフ	Ignatieff	123
伊格博族	イボ族	Igbo	294
伊斯坦堡	イスタンブール	Istanbul	77,115,150,168,170,198
伊斯蘭教	イスラム教	Islam	106
伊爾庫次克	イルクーツク	Irkutsk	79
全印穆斯林聯盟	全インド・ムスリム連盟	All India Mislim League	204
全球化	全球化、グローバリゼーション	Globlization	300,319,324
全球治理	グローバル・ガヴァナンス	Global Governance	336
共和國伊朗伊斯蘭共和國	イラン・イスラム	The Islamic Republic of Iran	289
共產國際（第三國際）	コミンテルン	Communist International	180,166,210
共產黨和工人黨情報局	コミンフォルム	Cominform	264
再保險條約	再保障条約	Reinsurance Treaty	72
列寧	レーニン	Vladimir Ilich Lenin	174,181,226
列寧格勒	レーニングラード	Leningrad	227
匈牙利	ハンガリー	Hungary	115,179,312
匈牙利民主論壇黨	民主フォーラム	Hungarian Democratic Forum	312
印尼	インドネシア	Indonesia	135
印第安人	インディアン	Indian	83,84,134
印第安人移居法	インディアン強制住法	Indian Removal Act	89
印度	インド	India	64,107,113,114,120,148,196,204,282
印度反英暴動（又稱印度叛變或士兵叛變）	セポイの反乱	Sepoy Mutiny（Indian Mutlny）	107,117
印度支那	インドシナ	Indochina	66
印度支那半島	インドシナ半島	Indochina Peninsula	119
印度帝國	インド帝国	Indian Empire	62,107,117
印度洋	インド洋	Indian Ocean	112,151,164,345
印度國民會議	インド国民会議	Indian National Congress	204
印度教	ヒンドゥ教	Hinduism	204,282
印僑	印僑	Overseas Indian	134
吉布地	ジブチ	Djibouti	293
吉倫特派	ジロンド派	Girondin	44
吉爾吉斯	キルギス	Kyrgyzstan	333
同盟國	同盟国	Central Powers	172
向羅馬進軍	ローマ進軍	March on Rome	187
地中海	地中海	Mediterranean Sea	112

中文	日文	原文	頁數
地租馬克	レンテンマルク	Rentenmark	185
多瑙河	ドナウ川	Danube River	77
多數派	ボルシェヴィキ	Bolshevik	174,330
好望角	ケープ	Cape	37
好斯敦	ホルシュタイン	Holstein	70
安卡拉	アンカラ	Ankara	57,115,198
安南	アンナン	Annam	119
安哥拉	アンゴラ	Angola	293,294
安曼	アンマン	Amman	285
州權主義	州権主義	Anti-Federalism	93
托拉斯	トラスト	Trust	147
托洛斯基	トロツキー	Leon Trotsky	175,181,226
托爾高	トルガウ	Torgau	252
托爾高進行曲	トルガウ行進曲	Der Torgauer Parademarsch	252
江青	江青	*	276
米拉特	ミラート	Millat	117
米哈伊爾	ミハイル	Mikhail	174
米索隆吉	ミソロンギ	Missolonghi	56
米爾·加法爾	ミール・ジャーファル	Mir Jafar	116
米德哈特憲法	ミドハト憲法	Midhat constitution	111,168
自由主義	自由主義	Liberalism	43,90,108
自由貿易	自由貿易	Free Trade	62,108
自由黨	自由党	Liberal Party	64,102
《自由領導人民》	自由の女神	Liberty Leading the People	58
《成長的極限》	成長の限界	Limits to Growth	343
色當	セダン	sedan	67,71
艾奇遜	アチソン	Dean (Gooderham) Acheson	254
艾恆	アハーン	Bertie Ahern	80
艾菲爾鐵塔	エッフェル塔	Eiffel Tower	192
艾爾米塔齊博物館	エルミタージュ	Hermitage museum	156
艾德諾	アデナウアー	Konrad Adenauer	320
血腥星期日	血の日曜日	Bloody Sunday	80
衣索比亞	エチオピア	Ethiopia	137,236,292
西北法令	北西部条令	Northwest Ordinance	86
西伐利亞和約	ウェストファリア条約	Peace of Westphalia	40
西西里	シチリア	Sicily	69,241
西西里王國	シチリア王国	Kingdom of Sicily	51
西伯利亞	シベリア	Siberia	37,78,181
西伯利亞鐵路	シベリア鉄道	Trans-Siberian Railway	155
西奈半島	シナイ半島	Sinai	285,287
西孟加拉	西ベンガル	West Bengal	204
西班牙	スペイン	Spain	66,83,87,89,96,100,159,236
西班牙王國	スペイン王国	Kingdom of Spain	51
西貢	サイゴン	Saigon	119
西勞德	シラード	Leo Szilard	246

中文	日文	原文	頁數
西奧多・羅斯福	セオドアローズヴェルト	Theodore Roosevelt	222,289
西蒙・玻利瓦爾	シモン・ボリバル	Simon Bolivar	100
西藏	チベット	Tibet	275
西伐利亞條約	ウェストファリア条約	Treaties of Westphalia	337

七劃

佛朗哥	フランコ	Francisco Franco	236
佛羅里達	フロリダ	Florida	89,306
但澤（格但斯克）	ダンツィヒ（グダニスク）	Danzig（Gandsk）	183,239
伯羅奔尼撒半島	ペロポネソス半島	Peloponnese Peninsula	56
克利斯托瓦爾	クリストバル	Cristobal	99
克里米亞半島	クリミア半島	Crimean Peninsula	74
克里米亞戰爭	クリミア戦争	Crimean war	66,68,74,76,111
克里特島	クレタ島	Creta	170
克里奧爾人	クリオーリョ	Creole	83,100
克拉斯諾亞爾斯克	クラスノヤルスク	Krasnoyarsk	79
克倫普頓	クロンプトン	Samuel Crompton	29
克勒索・盧瓦爾	クルーゾー	Creusot-loire	109
克萊蒙特號	クラーモント号	Clermont	31
克魯伯	クルップ	Krupp	109,173
克羅埃西亞	クロアチア	Croatia	333,334
冷凍鏈	コールド・チェーン	Cold Chain	345
冷戰	冷戦	Cold War	248,252,268,314,324
利比亞	リビア	Libya	169,170,245
利物浦	リヴァプール	Liverpool	28
利留卡拉尼女王	リリオカラニ	Queen Liliuokalani	97
利雅德	リヤド	Riyadh	115
利奧波德二世	レオポルド II	Leopold II	136
吳廷琰	ゴ・ディン・ジェム	Ngo Dinh Diem	280
呂宋	ルソン	Luzon	119
坎城	カンヌ	Cannes	53
宋姆戰役	ソンムの戦い	Battle of the Somme	177
希土戰爭	ギリシャ・トルコ戦争	Greco-Turkish Wars	199
希瓦汗國	ヒヴァハン国	Khanate of Khiva	79
希特勒	ヒトラー	Adolf Hitler	234,238,240,252
希奧塞古	チャウシェスク	Nicolae Ceausescu	312
希臘	ギリシア	Greece	56,110,170
希臘正教	ギリシャ正教	Greek Orthodox Church	56
希臘獨立戰爭	イギリス独立戦争	War of Greek Independence	76,110
庇護七世	ピオ七世	PiusVII	50
李滋羅斯	リース・ロス	Leith Loss	230
李頓調查團	リットン調査団	Lytton Commission	228
李爾（魯日・德・李爾）	リール(ルージュ・ド・リール)	Claude-Joseph Rouget de Lisle	45

八劃

中文	日文	原文	頁數
杜威	デューイ	John Dewey	96
杜爾	セク・トゥーレ	Ahmed Sekou Toure	293
杜魯門	トルーマン	Harry S Truman	247,251,264,273,338
杜魯門宣言	トルーマン宣言	Truman Doctrine	264
沙巴家族	サバハ家	Sabahs	164
沙烏地阿拉伯	サウジアラビア	Saudi Arabia	290
沙烏地阿拉伯王國	サウジアラビア王国	Kingdom of Saudi Arabia	202
沙烏地阿拉伯石油公司	アラムコ	Saudi Aramco（Saudi Arabian Amerian Oil Co.）	285
沙達特	サダト	Anwar al-Sadat	287
狄托	チトー	Tito	334
貝比・魯斯	ベーブ・ルース	Babe Ruth	191
貝加爾湖	バイカル	Lake Baikal	79
貝寧	ベナン	Benin	293
貝爾（亞歷山大・葛理翰・貝爾）	グラハム・ベル	Alexander Graham Bell	161
赤棉	クメール・ルージュ	Khmers Rouges（法）	280
赤道幾內亞	赤道ギニア	Equatorial Guinea	293
車臣	チェチェン	Chechen	194,303
車里雅賓斯克	チェリャビンスク	Chelyabinsk	79
車諾比	チェルノブイリ	Chernobyl	316,339,343
辛巴威	ジンバブエ	Zimbabwe	293,294
邦聯條例	連合規約	Articles of Confederation	86
那米比亞	ナミビア	Namibia	293
那斯達克	ナスダック	NASDAQ	325
里昂	リヨン	Lyon	162
里約熱內盧	リオデジャネイロ	Rio de Janeiro	102,343
《沉默的春天》	沈黙の春	Silent Spring	343

八劃

亞太經濟合作會議	アジア太平洋経済協力会議	APEC（Asia-Pacific Economic Cooperation）	323
亞非會議	アジア・アフリカ会議	Asian-African conference	257,279
亞洲	アジア	Asia	106,108,112,196,328
亞洲四小龍	アジアの四小竜	Four Little Dragons	140
亞美尼亞	アルメニア	Armenia	194
亞眠條約	アミアン和約	Treaty of Amiens	49
亞速海	アゾフ海	Sea of Azov	77
亞喀巴灣	アカバ湾	Aqaba	285,286
亞塞拜然	アゼルバイジャン	Azerbaijan	194,316
亞爾薩斯─洛林	アルザスロレーヌ	Alsace-Lorraine	71,72,183
亞歷山大一世	アレクサンドル1世	Alexander I	55
亞歷山大二世	アレクサンドル二世	Alexander II	74
亞羅戰爭	アロー戦争	Arrow War	67,78

中文	日文	原文	頁數
佩理	ペリー	Matthew Calbraith Perry	35,90,124
兩伊戰爭	イラン・イラク戦争	Iran-Iraq War	164,290
兩西西里	両シチリア	Kingdom of the Two Sicilies	69
兩種國民	二つの国民	Two nations	62,64
協和廣場	コンコルド広場	Place de la Condorde	44
協約國	協商国	Entente Powers	172
卓別林	チャップリン	Charles Chaplin	163
周恩來	周恩来	*	211,231
坦米爾人	タミル人	Tamils	283
坦尚尼亞	タンザニア	Tanzania	293
奈及利亞	ナイジェリア	Nigeria	293,294
奈瑟河	ナイセ川	Neisse River	266
委內瑞拉	ベネズエラ	Venezuela	100
孟加拉	ベンガル	Bengal	116,120,204, 283
孟買	ボンベイ	Mumbai	113,117
孤立主義	孤立主義	Isolationism	176
季爾錫特	ティルジット	Tilsit	51
尚比亞	ザンビア	Zambia	293
帛琉群島	パラオ諸島	Palau Islands	243
彼得杜蘭	ピーター・デュラン	Peter Durand	38
彼得格勒	ペトログラード	Petrograd	174
彼得堡	ペテルブルク	Peterburg	79,174
拉丁美洲	ラテン・アメリカ	Latin America	82,100,102
拉丁美洲統合協會	中南米統合連合	ALADI（Asociacion Latinalericana de Integracion）	323
拉巴洛	ラパロ	Rapallo	188
拉巴洛條約	ラパロ条約	Treaty of Rapallo	188
拉包爾	ラバウル	Rabaul	243
拉脫維亞	ラトヴィア	Latvia	179,183,245, 316
拉斐德侯爵	ラファイエット	Marquis of Lafayette	42
拉斯普丁	ラスプーチン	Rasputin	174
旺代	ヴァンデー	Vendee	45
易北河	エルベ川	Elbe River	252
明斯克	ミンスク	Minsk	194
東印度公司	東インド会社	East India Company	84
東南亞國協	東南アジア諸国連合、アセアン	ASEAN（Association of Southeast Asian Nations）	140,311,323
林白	リンドバーグ	Charles Augustus Lindbergh	191,307
林肯	リンカーン	Abraham Lincoln	92,134
武裝中立同盟	武装中立同盟	League of Armed Neutrality	87
河內	ハノイ	Hanoi	119
波士尼亞	ボスニア	Bosnia	77,303,333, 334
波士尼亞赫塞哥維納（簡稱波赫）	ボスニア・ヘルツェゴヴィナ	Bosnia and Herzegovina	76,169,170

中文	日文	原文	頁數
波士頓茶會事件	ボストン茶会事件	Boston Tea Party	84
波士頓港	ボストン港	Boston Habor	85
波札那	ボツワナ	Botswana	293
波多黎各	プエルトリコ	Puerto Rico	96
波希米亞	ボヘミア	Bohemia	61
波坦金艦	ポチョムキン	Potemkin	156
波音公司	ボーイング社	Boeing Company	307
波旁王朝	ブルボン朝	Bourbon Dynasty	42,58
波旁家族	ブルボン家	the Bourbons	87
波茨坦會議	ポツダム会談	Potsdam Conference	241,247,266
波斯	ペルシア	Persia	114,196,202
波斯灣戰爭	湾岸戦争	Persian Gulf War	164,290
波塔	ボータ	Louis Botha	139
波爾戰爭	ブーア戦争	Boer War	139
波羅的海三國	バルト三国	Baltic States	194
波蘭	ポーランド	Poland	59,177,179,183, 239
波蘭走廊	ポーランド回廊	Polish Corridor	183
波蘭統一工人黨	統一労働者党	Polska Zjednoczona Partia Robotnicza	312
法西斯大評議會	ファシズム大評議会	Great Council of Fascism	187
法西斯主義	ファシズム	Fascism	186
法西斯戰鬥團	戦闘者ファッショ	Fasci di combattimento（Fasci Italiani di Combattimento）	186
法西斯黨	ファシスト党	Fascist Party	186
法郎聯盟	フラン・ブロック	Franc Bloc	225
法納爾人	ファナリオット	Phanariot	56
法國	フランス	France	72,74,87,89,95, 100,109,110, 113,116,122, 124,130,147, 150,156,176
法國大革命	フランス革命	French Revolution	40,42,44,46,82, 100
法國印第安人戰爭	フレンチ・インディアン戦争	French and Indian War	84
法國東印度公司	フランス東インド会社	French East India Company	116
法紹達	ファショダ	Fashoda	137
法蘭西帝國	フランス帝国	France Empire	51
法蘭克福	フランクフルト	Frankfurt	61
法蘭克福國民議會	フランクフルト国民議会	Frankfurt National Assembly	61
泛土耳其主義	パン・トルコ主義	Pan-Turanism	169
泛日耳曼主義	パン・ゲルマン主義	Pan-Germanism	155,157,170
泛美世界航空公司	パン・アメリカ航空会社	American World Airways, Inc	307
泛斯拉夫主義	パン・スラブ主義	Pan-Slavism	76,155,157,170
的黎波里	トリポリ	Tripoli	169,170

350

中文	日文	原文	頁數
直布羅陀海峽	ジブラルタル海峡	Strait of Gibraltar	50
矽谷	シリコンバレー	Silicon Valley	325
社會主義	社会主義	Socialism	32,153,180
社會主義統一黨	社会主義統一党	Socialist Unity Party	313
社會民主黨	社会民主党	Social Democratic Party	184
肯亞	ケニア	Kenya	293
肯南	ジョージ・ケナン	George Frost Kennan	253,264
肯塔基	ケンタッキー	Kentucky	91,92
芬蘭	フィンランド	Finland	156,177,179
邱吉爾	チャーチル	Winston Leonard Spencer Churchill	202,241,243, 248,262,265
金德訥格爾	シャンデルナゴル	Chandernagore	117
門戶開放政策	門戸開放宣言；オープン・ドア・ドクトリン	Open Door Policy	97,131
門羅	モンロー	James Monroe	101,189
門羅宣言	モンロー宣言	Monroe Doctrine	101
阿加迪爾	アガディール	Agadir	159
阿克萊特	アークライト	Richard Arkwright	29
阿佩爾	アペール	Nicolas Appert	38
阿姆利則	アムリットサル	Amritsar	205
阿姆斯托朗	アームストロング	Armstrong	109
阿帕拉契山脈	アパラチア山脈	Appalachian Mountains	85
阿木圖	アルマアタ	Alma Ata	317
阿拉比帕夏	アラビ・パシャ	Arabi Pasha	113
阿拉伯半島	アラビア半島	Arabian Peninsula	79
阿拉法特	アラファト	Yasir Arafat	286,291
阿拉莫戈多	アラモゴード	Alamogordo	247
阿拉斯加	アラスカ	Alaska	89,90
阿芙樂爾號	オーロラ号	Aurora Crusier	175
阿奎納多	アギナルド	Emilio Aguinaldo	96
阿根廷	アルゼンチン	Argentine	38,69,102,148
阿富汗	アフガニスタン	Afghanistan	79,114,314,316
阿富汗戰爭	アフガン戦争	Afghan Wars	114
阿爾及利亞	アルジェリア	Algeria	37,58,137,292, 183,262,334
阿爾貢	アーコ	Argonne	339
阿爾斯特防衛協會	アルスター防衛協会	Ulster Defense Association	80
阿德里安堡	アドリアノープル	Adrianople	57
阿德里安堡條約	アドリアノープルの条約	Treaty of Adrianople	75
青年土耳其黨	青年トルコ	Young Turks	111,168
青年義大利黨	青年イタリア	Young Italy	69
非政府組織	非政府組織	NGO（Non-Governmental Organization）	336,341
非洲	アフリカ	Africa	72,106,108,112,
非斯	フェズ	Fez	159

中文	日文	原文	頁數
非戰公約（赤稱凱洛格－白里安公約或巴黎公約）	不戦条約	Anti-War Pact（Kellogg-Briand Pact or Paris Pact）	188
《革命》	「革命」	Revolutionary	59
九劃			
侯賽因－麥克馬洪協定	フサイン・マクマホン協定	Husayn - McMahon Agreement（correspondences between Husayn ibn Ali and Henry McMahon）	200
侯賽因・伊本・阿里	フサイン	Husayn ibn Ali	200
保大	バオ・ダイ	Bao Dai	280
保加利亞	ブルガリア	Bulgaria	75,76,111,170, 172,183,262, 312
保加利亞公國	ブルガリア国	Principality of Bulgaria	77
保守黨	保守党	Conservative Party	64,102
俄土戰爭	露土戦争	Russo-Turkish Wars	75,76,111,168
俄羅斯	ロシア	Russia	66,72,74,76,78, 87,90,110,114, 123,124,126, 129,130,145, 150,154,156, 169,174,177, 180
俄羅斯帝國	ロシア帝国	Russia Empire	51,156,179
南北戰爭	南北戦争	Civil War	83,92,94
南卡羅來納	サウスカロライナ	South Carolina	85
南非	南アフリカ	South Africa	135
南非共和國	南アフリカ共和国	Republic of South Africa	139
南非戰爭	南ア戦争	South African War	138
南非聯邦	南アフリカ連邦	Union of South Africa	139,292
南俄羅斯	南ロシア	South Russia	148
南美洲	南アメリカ	South America	37
南高加索	ザカフカス	South Caucasus Federal	181
南斯拉夫	ユーゴスラビア	Yugoslavia	164,179,183, 262,334
南德意志	南ドイツ	South Germany	70
哈布斯堡家族	ハプスブルク	Habsburg Family	179
哈瓦那	ハバナ	Havana Harbor	96
哈利斯	ハリス	Townsend Harris	124
哈格里夫斯	ハーグリーヴス	James Hargreaves	29
哈里發	カリフ	Kalifa	196,198
哈定	ハーディング	Warren G(amaliel) Harding	206
哈維爾	ハベル	Vaclav Havel	312
哈薩克	カザフスタン	Kazakhstan	181,194
哈薩克族	カザーフ族	Kazak	79
契爾年柯	チェルネンコ	Konstantin Ustinovich Chernenko	312
威尼斯	ヴィネツィア	Venice	69
威廉二世	ヴィルヘルム2世	Kaiser Wilhelm II	150,159

中文	日文	原文	頁數
威爾斯	ウェルズ	Herbert George Wells	246
威爾遜	ウィルソン	Thomas Woodrow Wilson	177,182
威爾遜十四條原則	ウィルソンの十四ヵ条	Woodrow Wilson's 14 Points	182
威瑪	ワイマール	Weimar	184
威瑪共和國	ワイマール共和国	Weimar Republic	184
威瑪憲法	ワイマール憲法	Weimar Verfassung	184
帝汶	ティモール	Timor	119
帝國主義	帝国主義	Imperialism	150
拜占庭	ビザンチウム	Byzantium	150
拜倫	バイロン	George Gordon Byron	56
政府開發援助	政府開発援助	ODA（Official Development Assistance）	299
政府間組織	政府間組織	IGO（Inter-Governmental Organization）	336
施利芬伯爵	シュリーフェン伯爵	Alfred von Schlieffen	172
施利芬計畫	シュリーフェン作戦	Schlieffen Plan	172,177
柔佛王	ジョホール王	King Johore	118
柬埔寨	カンボジア	Cambodia	66,119
柯林頓	クリントン	William Jefferson Clinton	325
柯梅尼	ホメイニ	Ayatollah Ruhollah Khomeini	288,290
柯爾	コール	Helmut Kohl	313
查理斯敦	チャールストン	Charleston	92
查德	チャド	Chad	293
柏林	ベルリン	Berlin	51,150,266
柏林—羅馬軸心	ベルリン・ローマ枢軸	Berlin- Rome Axis	237
柏林西非會議	ベルリン西アフリカ会議	Berlin West Africa Conference	136
柏林封鎖	ベルリン勅令	Berlin Blockade	50
柏林條約	ベルリン条約	Treaty of Berlin	75,77,106
柏林圍牆	ベルリンの壁	Berlin Wall	267,312
柏林會議	ベルリン会議	Congress of Berlin	72,77,107,111
流血的星期日事件	血の日曜日事件	Bloody Sunday	156
活動電影機	シネマトグラフ	Cinematographe	163
洛克斐勒家族	ロックフェラー家	Rockefelles	95
洛桑	ローザンヌ	Lausanne	152
洛桑條約	ローザンヌ条約	Treaty of Lausanne	199
洛桑會議	ローザンヌ会議	Lausanne Conference	189
洛塞勒摩斯	ロス・アラモス	Los Alamos	247
玻利維亞	ボリビア	Bolivia	100
珍妮紡織機	ジェニー紡績機	Spinning Jenny	29
珍珠港	パールハーバー	Pearl Harbor	242
砂勞越	サラワク	Sarawak	119
科西嘉	コルシカ	Corsica	69,48,333
科威特	クウェート	Kuwait	164,290,291
科索沃	コソボ	Kosovo	333
科爾尼洛夫	コルニーロフ	Lavr Georgiyevich Kornilov	175
科摩羅	コモロ	Comoros	293
科蘇特	コッシュート	Lajos Kossuth	61
突尼西亞	チュニジア	Tunisia	72,245,292
紅杉軍	赤シャツ隊	Red Shirts	69
《紅興黑》	『赤と黒』	Red and the Black	58
約旦	ヨルダン	Jordan	200,285
約克鎮圍城戰役	ヨークタウンの戦い	Siege of Yorktown	88
約翰尼斯堡	ヨハネルブルク	Johannesburg	138
美元危機	ドル危機	Dollar Crisis	308
美元衝擊（尼克森衝擊）	ドル・ショック	Dollar Shock（Nixon Shock）	261
美元聯盟	ドル・ブロック	Dollar Bloc	225
美日親善條約	日米和親条約	Convention of Kanagawa	124
美西戰爭	米西戦争	Spanish-American War	83,96,98
美利堅合眾國	アメリカ合衆国	United States of America	82,92
美利堅合眾國憲法	アメリカ合衆国憲法	Constitution of the United States	88
美利堅聯盟國	アメリカ連合国	Confederate States of America	92
美法同盟條約	米仏同盟条約	Franco-American Treaty of Amity and Commerce	87
美洲大陸	アメリカ大陸	American continent	134
美索不達米亞	メソポタミア	Mesopotamia	200
美國	アメリカ	America	37,82,88,104,131,140,147,148,150,167,176,178,190,260,268,280,324,326,338
美加自由貿易協定	米加自由貿易協定	NAFTA（North Aamerica Free Trade Agreement）	322
美國哥倫比亞廣播公司	コロンビア放送会社	CBS（Columbia Broadcasting System）	305
美國國防部高等研究計劃署	アメリカ国防省高等研究計画局	DRAPA（Defense Advanced Research Projects Agency）	324
美國國家廣播公司	ナショナル放送会社	NBC（National Broadcasting Company）	305
美國獨立戰爭	アメリカ独立戦争	United States War of Independence	42,83,84,86,88
美國鋼鐵	USスティール	US Steel	149
美好時代	ベル・エポック	Belle Epoque	160
胡佛	フーバー	Herbert Clark Hoover	185,220,222
胡佛村	フーヴァーヴィル	Hooverville	220
胡佛延期償付案	フーヴァー・モラトリアム	Hoover moratorium	185,221
胡志明	ホー・チ・ミン	Ho Chi Minh	280
茅利塔尼亞	モーリタニア	Mauritania	293
苦力貿易	クーリー貿易	Coolie Trade	134

中文	日文	原文	頁數
英日同盟	日英同盟	Anglo-Japanese Alliance	131,145,154,158,206
英伊石油公司	アングロ・イラニアン石油会社	Anglo-Iranian Oil Co.	288
英法協約	英仏協商	Entente Cordiale	145,157
英法通商條約	英仏通商条約	Anglo-French Treaty	67
英俄協約	英露協商	Anglo-Russian Entente	115,145,158
英國	イギリス	United Kingdom	30,34,42,64,74,76,86,100,107,109,110,113,114,116,120,122,124,140,144,147,148,164,169,176
英國東印度公司	イギリス東インド会社	English East India Company	107,116,120
英國國家廣播公司	BBC（ブリティシュ・ブロードキャスティング・カンパニー）	BBC（British Broadcasting Corporation）	192
英國廣播協會	英国放送協会	BBC（British Broadcasting Corporation）	304
英德協定	揚子江協定	Anglo-German Agreement	154
英鎊聯盟	ポンド・ブロック	Pound Bloc	225
計畫經濟	計画経済	Planned Economy	226
迦納	ガーナ	Ghana	292
迪斯累利	ディスレーリ	Benjamin Disraeli	63,64,113
重建法案	再建法	Reconstruction Act	94
革命曆	革命暦	French Revolutionary calendar	45,46
香港	香港	Hong Kong	121,123,140
〈哀希臘〉	ギリシアの島々よ	The Isles of Greece	56
十劃			
俾斯麥	ビスマルク	Bismarck	61,70,72,151
倫巴底	ロンバルディア	Lombardy	68
倫敦	ロンドン	London	51,157
倫敦條約	ロンドン条約	Treaty of London	110
倫敦議定書	ロンドン議定書	The Protocol on London	57
剛果	コンゴ	Congo	107,136,293,294,519
剛果自由邦	コンゴ自由国	Congo Free State	137
剛果・薩伊解放民主勢力聯盟	コンゴ・ザイール開放民主勢力連合	Alliance of Democratic Forces for the Liberation of Congo-Zaire	294
原住民土地法	先住民土地法	Native Lands Act	139
哥倫比亞	コロンビア	Colombia	98
哥倫布	コロンブス	Christopher Columbus	89
埃及	エジプト	Egypt	51,98,104,106,110,112,115,137,157,292
埃迪爾內	エディルネ	Edirne	169
夏威夷	ハワイ	Hawaii	89,96
孫文	孫文	*	133,208
庫克	クック	James Cook	119
庫姆	コム	Qom	289
庫德族	クルド人	Kurds	202,291
庫德斯坦	クルディスタン	Kurdistan	203
恩克魯瑪	エンクルマ	Kwame Nkrumah	292
恩菲爾德步槍	エンフィールド・ライフル銃	Enfield rifle	117
恩維爾帕夏	エンヴェル・パシャ	Enver Pasa	169,198
拿坡里	ナポリ	Naples	51,59,69
拿破崙	ナポレオン	Napoleon	40,48,52,101,114
拿破崙一世	ナポレオン1世	Napoleon I	66,89
拿破崙三世	ナポレオン三世	Napoleon III	66,68
拿破崙法典	ナポレオン法典	Napoleonic Code	49
拿破崙帝國	ナポレオン帝国	Napoleonic Empire	50,74
旁遮普	パンジャーブ	Punjab	205
朗布依埃	ランブイエ	Rambouillet	309
格林機槍	ガトリング銃	Gatling gun	108
格勒哥里曆	グレゴリー暦	Gregorian calendar	46
格萊斯頓	グラッドストン	William Ewart Gladstone	64
《格爾尼卡》	ゲルニカ	Guernica	237
泰國	タイ	Thailand	140
泰晤士河	テームズ川	Thames River	34
浪漫主義	ロマン主義	Romanticism	56
海牙	ハーグ	Den Haag	153
海地	ハイチ	Haiti	101
海明威	ヘミングウェー	Ernest Miller Hemingway	237
海珊	サダム・フセイン	Saddam Hussein	164,290
海約翰	ジョン・ヘイ	John Hay	96,131
海約翰―比諾―瓦里亞條約	ヘイ・ビュノー・バリラ条約	Hay-Bunau-Varilla Treaty	98
海峽公約（或譯倫敦海峽公約）	五国海峡条約	Straits Convention of London	75
海參崴	ウラジヴォストーク	Vladivostok	79,273
浩罕汗國	コーカンド・ハン国	Khanate of Kokand	79
烏干達	ウガンダ	Uganda	293
烏克蘭	ウクライナ	Ukraine	74,177,181,194,227,243,317
烏拉	ウラル	Ural	180
烏茲別克	ウズベキスタン	Uzbekistan	181
烏茲別克族	ウズベク族	Uzbek	79
烏得勒支條約	ユトレヒト条約	Treaty of Utrecht	27
特利耶爾	テリエ	Terrier	38
特拉法加海戰	トラファルガー海戦	Battle of Trafalgar	49,50
特拉維夫	テルアビブ	Tel Aviv	285
特藝彩色公司	テクニカラー社	Technicolor Co.	163
特蘭士瓦共和國	トランスヴァール共和国	Republic of Transvaal	138
班禪喇嘛	パンチェン・ラマ	Panchen Lama	275

中文	日文	原文	頁數
祕魯	ペルー	Peru	100,135
神聖同盟	神聖同盟	Holy Alliance	55
神聖羅馬帝國	神聖ローマ帝国	Holy Rome Empire	54
索非亞	ソフィア	Sofia	312
索馬利人	ソマリ人	Somalis	295
索馬利亞	ソマリア	Somalia	293
索爾斯伯利	ソールズベリ	Marquess of Salisbury	155
紐西蘭	ニュージーランド	New Zealand	37,64
紐科門	ニューコメン	Thomas Newcomen	29
紐約	ニューヨーク	New York	85,220
紐澤西	ニュージャージ	New Jersey	85
《紐約世界日報》	ニューヨーク・ワールド	New York World	161
納戈爾諾—加拉巴赫	ナゴルノカラバフ	Nagorno-Karabakh	194,316
納瓦布	ナワーブ	Nawab	116
納瓦里諾	ナバリノ	Navarino	56
納塔爾	ナタール	Natal	139
納瑟	ナセル	Gamal Abdel Nasse	104,286
納爾遜	ネルソン	Horatio Nelson	48,50
納粹	ナチス	Nazis	167,184,219,234
茲沃爾金	ツヴォルキン	Vladimir Kosma Zworykin	304
豹號	パンサー号	Panther	159
十一劃			
馬尼拉	マニラ	Manila	96,119
馬克思	マルクス	Karl Marx	33
馬利	マリ	Mali	293
馬里蘭	メリーランド	Maryland	85
馬京利	マッキンリー	William McKinley	96
馬來西亞	マレーシア	Malaysia	140
馬來亞	マラヤ	Malaya	135
馬來亞聯邦	マラヤ連邦	Malay Union	140
馬其頓	マケドニア	Macedonia	169,334
馬拉威	マラウイ	Malawi	293
馬埃斯特臘山	シエラマエストラ	la Sierra Maestra	296
馬恩河會戰	マルヌの戦い	Battle of the Marne	177
馬紹爾群島	マーシャル諸島	Marshall Islands	243,338
馬斯垂克條約	マーストリヒト条約	Maastricht Treaty	321
馬歇爾	マーシャル	George Catlett Marshall	264
馬歇爾計畫	マーシャル・プラン	Marshall Plan	264,266
馬蒂	マルティ	Jose Marti	96
馬達加斯加	マダガスカル	Madagascar	293
馬漢	マハン	Alfred Thayer Mahan	96
馬爾他	マルタ	Malta	277
馬爾他會議	マルタ会談	Malta Conference	256,315
馬爾地夫群島	モルジブ諸島	Maldives	345

中文	日文	原文	頁數
馬爾羅	アンドレ・マルロ	Andre Malraux	237
馬德里	マドリード	Madrid	51
馬德拉斯	マドラス	Madras	117
馬賴	シャブドレーヌ	Auguste Chapdelaine	123
馬賽	マルセイユ	Marseille	56
馬賽曲	ラマルセイエーズ	La Marseillaise	45
勒哈佛爾	ルアーブル	Le Havre	38
勒星頓	レキシントン	Lexington	85
曼徹斯特	マンチェスター	Manchester	31,62
國民議會	国民議会	National Assembly	42
國家工業復興法	全国産業復興法	National Industrial Recovery Act（NIRA）	223
國家資訊基礎建設	ナショナル・インフォメーション・インフラストラクチャー	NII（National Information Infrastructure）	325
國家銀行法	国立銀行法	National Bank Act	94
國際非政府組織	国際非政府組織	INGO（International Non-Governmental Organization）	337
國際剛果協會	コンゴ国際協会	International Association of Congo	136
國際貨幣基金	国際通貨基金	IMF（International Monetary Fund）	260
國際復興開發銀行	国際復興開発銀行	IBRD（International Bank for Reconstruction and Development）	260
國際聯盟	国際連盟	League of Nations	167,179,182
國際糧食政策研究所	国際食糧政策研究所	IFPRI（International Food Policy Research Ins titute）	341
基洛夫	キーロフ	Sergey Mironovich Kirov	227
基督教	キリスト教	Christianity	46,122
基督教民主聯盟	ドイツ連合	Christlich Demokratische Union	313
基爾	キール	Kiel	177,184
執政府	統領政府	Consulat	44,49
婆羅洲	ボルネオ	Borneo	118,243
寇松	カーソン	George Nathaniel Curzon	204
密西西比河	ミシシッピ川	Mississippi River	88
密蘇里	ミズーリ	Missouri	91
密蘇里妥協案	ミズーリ協定	Missouri Compromise	91
康乃狄克	コネティカット	Connecticut	85
康科特	コンコード	Concord	85
康華麗號	コーンウォーリス	HMS Cornwallis	121
捷克斯洛伐克	チェコスロヴァキア	Czechoslovakia	179,183,238,262,266,312
排外主義	排外主義	Chauvinism	147
掏金熱	ゴールドラッシュ	Gold Rush	90
敖得薩	オデッサ	Odessa	56
歐洲思想	啓蒙思想	Enlightenment	100
敘利亞	シリア	Syria	200,285
曹汝霖	曹汝霖	＊	209

中文	日文	原文	頁數
梁啓超	梁啓超	*	128
梅特涅	メッテルニヒ	Metternich	55
梅德韋傑夫	メドヴェージェフ	Roy Aleksandrovich Medvedev	227
清朝	清	*	120,126,130
第一次巴爾幹戰爭	第一次バルカン戦争	First Balkan War	170
第一次世界大戰	第一次世界大戦	* ; World War I ; First World War	71,95,152,166,171,172,174,176,178,190,196
第一次英阿戰爭	第一次アフガン戦争	First Anglo-Afghan War	115
第一次馬恩河會戰	緒戦のマルヌの戦い	First Battle of the Marne	173
第一次對法大同盟	第一回対仏大同盟	First Coalition	48
第一次摩洛哥危機	第一次モロッコ事件	First Moroccan Crisis	159
第二共和	第二共和政	Second Republic	66
第二次工業革命	第二次産業革命	Second Industrial Revolution	144,160
第二次巴爾幹戰爭	第二次バルカン戦争	Second Balkan War	170
第二次世界大戰	第二次世界大戦	Second World War	71,196,238,240,250
第二次英阿戰爭	第二次アフガン戦争	Second Anglo-Afghan War	115
第二次對法大同盟	第二回対仏大同盟	Second Coalition	49
第二次摩洛哥危機	第二次モロッコ事件	Second Moroccan Crisis	159
第二次鴉片戰爭	アロー戦争	Arrow War	107,122
第二帝政	第二帝政	Second Empire	66
第二國際	第二インターナショナル	Second International	153
第三世界	第三世界	Third World	278
第三共和	第三共和政	Third Republic	67
第三次英阿戰爭	第三次アフガン戦争	Third Anglo-Afghan War	115
第三次對法大同盟	第三回対仏大同盟	Third Coalition	50
莫三比克	モザンビーク	Mozambique	293,294
莫內	ジャン・モネ	Jean Monnet	320
莫里爾法案	モリル関税法	Morrill Act	94
莫斯科	モスクワ	Moscow	51,175,180
莫斯科大公國	モスクワ大公国	Grand Principality of Moscow	78
荷馬	ホメロス	Homer	56
荷蘭	オランダ	Holland ; the Netherlands	87,95,124,138,153
通用汽車	ゼネラル・モーター	General Motors	191
陳水扁	陳水扁	*	216
陳獨秀	陳独秀	*	208
麥克阿瑟	マッカーサー	Douglas MacArthur	251,272
麥克馬洪	マクマホン	Arthur Henry McMahon	200

中文	日文	原文	頁數
麥道公司	マクドネル・ダグラス社	McDonnell Douglas Corporation	307
麻六甲海峽	マラッカ海峡	Strait of Malacca	118
麻薩諸塞	マサチューセッツ	Massachusetts	85
麻薩諸塞殖民地議會	マサチューセッツ植民地協議会	Massachusetts colonial assembly	85
《常識》	コモン・センス	Common Sense	86

十二劃

中文	日文	原文	頁數
傑佛遜	ジェファソン	Thomas Jefferson	86,88
傑克森	ジャクソン	Andrew Jackson	89
傑里科	エリコ	Jericho	285,287
最高價格法	最高価格法	Maximum General	45
凱末爾	ケマルパシャ	Mustafa Kemal Ataturk	111,198,203
凱因斯	ケインズ	John Maynard Keynes	225
凱洛格	ケロッグ	Frank Billings Kellogg	189
剩餘價值論	剰余価値説	Theories of Surplus Value	33
勞倫斯	T.E.ロレンス	Thomas Edward Lawrence	200
博斯伯爵	ファン・デン・ボス	Johannes Count Van den Bosch	118
博斯普魯斯海峽	ボスフォラス海峡	Strait of Bosporus	74,76
喀什米爾	カシミール	Kashmir	282
喀布爾	カブール	Kabul	115
喀坦加	カタンガ	Katanga	294
喀麥隆	カメルーン	Cameroon	72,293
喇嘛教	ラマ教	Lamaism	275
單一栽作	モノ・カルチュア	Monoculture	103,298
喬治亞	ジョージア	Georgia	85,817
喬治・華盛頓	ジョージ・ワシントン	George Washington	85,88
堪薩斯	カンザス	Kansas	91
堪薩斯・內布拉斯加法案	カンザス・ネブラスカ法	Kansas-Nebraska Act	91
奠邊府	ディエン・ビエン・フー	Dien Bien Phu	280
富爾敦	フルトン	Robert Fulton	31,265
富蘭克林	フランクリン	Benjamin Franklin	87
富蘭克林・羅斯福（小羅斯福）	フランクリン・ローズヴェルト	Franklin D(elano) Roosevelt	222,246,248
幾內亞	ギニア	Guinea	293
復興黨	バース党	Baath Party	290
斐迪南	フランツ・フェルディナント	Franz Ferdinand	171
斯巴達克思同盟	スパルタクス団	Spartacists (Spartacus League)	184
斯拉夫	スラブ	Slav	56,74,111,168
斯拉維尼亞	スロヴェニア	Slovenia	333,334
斯特來斯曼	シュトレーゼマン	Gustav Stresemann	185,188
斯特雷薩	ストレーザ	Stresa	236
斯湯達爾	スタンダール	Stendhal	58
斯德哥爾摩	ストックホルム	Stockholm	343

中文	日文	原文	頁數
普立茲	ピュリツァー	Joseph Pulitzer	161
普拉西戰役	プラッシーの戦い	Battle of Plassey	116
普林西普	プリンツィプ	Gavrilo Princip	171
普法戰爭	普仏戦争	Franco-Prussian War	55,66,69,71,72
普勒多利亞	プレトリア	Pretoria	139
普奧戰爭	普墺戦争	Austro-Prussian War	69,70
普魯士	プロイセン；プロシア	Pruisen（荷）；Prussia	44,70,72,87
普魯士王國	プロイセン王国	Kingdom of Prussia	51
普羅蒙特里	プロモントリー	Promontory	94
智利	チリ	Chile	103
朝鮮	朝鮮	*	126,130,156
朝鮮戰爭（韓戰）	朝鮮戦争	Korean War	269,272
湯姆斯·佩恩	トマス・ペイン	Thomas Paine	86
湄公河	メコン川	Mekong River	119
無畏艦	ドレッドノート	Dreadnought	158
猶太人	ユダヤ人	Jew	113,196,234
猶太民族之家	ユダヤ人の民族のホーム	Jewish National Home	200
猶太復國主義	シオニズム	Zionism	284
猶他州	ユタ	Utah	91,94
登普西	ジャック・デンプシー	Jack Dempsey	192
絲絨革命	ビロード革命	Veludo Revoration	312
舒曼	シューマン・プラン	Robert Shuman	320
華沙大公國	ワルシャワ大公国	Grand Duchy of Warsaw	51
華沙公約組織	ワルシャワ条約機構	Warsaw Treaty Organization	263,267,268
華勒沙	ワレサ	Lech Walesa	312
華盛頓海軍軍縮條約	ワシントン海軍軍縮条約	Washington Naval Treaty	206
華盛頓會議	ワシントン会議	Washington Conference	197,206
華盛頓體制	ワシントン体制	Washington System	206
萊比錫戰役	ライプツィヒの戦い	Battle of Leipzig	49,52
萊因	ライン	Rhine	189
萊因邦聯	ライン同盟	Confederation of the Rhine	51
萊佛士	ラッフルズ	Thomas Stamford Raffles	118
萊特兄弟	ライト兄弟	Wright Brothers	306
萊茵邦聯	ライン同盟	Confederation of the Rhine	49
萊茵蘭	ラインラント	Rheinland	183,236
菲力克·希特里亞	ヘタイリア・フィリケ	Philike Hetairia	56
菲律賓	フィリピン	Philippine	96,119
費希特	フィヒテ	Johann Gottlieb Fichte	52
費爾干納	フェルガナハン国	Fergana	79
越南	ヴェトナム	Vietnam	66,119,123,140

中文	日文	原文	頁數
越南戰爭（越戰）	ヴェトナム戦争	Vietnam War	119,280
越飛	ヨッフェ	Adolf Abramovich Joffe	210
進化主義	進化主義	Evolutionism	108
進化論	進化論	Theory of Evolution	108,153
鄂木斯克	オムスク	Omsk	79
鄂圖曼帝國	オスマン帝国	Ottoman Empire	51,74,76,106,109,110,112,115,156,164,166,168,179,196
開普	ケープ	Cape	137,138
開普敦	ケープタウン	Cape Town	137,151
開羅	カイロ	Cairo	115,151
開羅宣言	カイロ宣言	Cairo Declaration	272
開羅會談	カイロ会談	Cairo Conference	241
雅各賓派	ジャコバン派	Jacobins	44
雅利安人	アーリア人	Aryans	202
雅爾達會議	ヤルタ会談	Yalta Conference	241,248,259
集體農場	コルホーズ	Collective Farm	226
順化條約	ユエ条約	Treaty of Hue	119
黑奴販子	ネグロ・ドライバーズ	Negro drivers	27
黑衫隊	黒シャツ隊	Blackshirts	187
《湯姆叔叔的小屋》（或譯《黑奴籲天錄》）	アンクル・トムの小屋	Uncle Tom's Cabin	91
十三劃			
塞拉耶佛	サライェヴォ	Sarajevo	167,171
塞內加爾	セネガル	Senegal	293,295
塞夫爾條約	セーヴル条約	Treaty of Sevres	198,203
塞瓦斯托波爾	セヴァストポリ	Sevastopol	74
塞芬拿號	サヴァンナ号	Savannah	31
塞浦路斯島	キプロス島	Cyprus	77
塞爾維亞	セルビア	Serbia	57,75,77,111,166,169,170,334
塞德（穆罕默德·塞德）	サイド（モハメット・サイド）	Mohammed Said	112
塔列朗	タレーラン	Charles Maurice de Talleyrand-Perigord	54
塔吉克	タジキスタン	Tadzhikistan	181,194
奧匈帝國	オーストリア・ハンガリー帝国	Austro-Hungarian Empire	70,153,183
奧地利	オーストリア	Austria	44,49,66,68,70,72,76,113,166,170,172
奧地利帝國	オーストリア帝国	Austria Empire	51,179
奧托·布朗	ブラウン	Otto Braun	214
奧克拉荷馬	オクラホマ	Oklahoma	89
奧林匹克	オリンピック	Olympics	152
奧得河	オーデル川	Oder River	266
奧許維茲	アウシュビッツ	Auschwitz	245

中文	日文	原文	頁數
奧斯特利茨戰役	アウステルリッツの戦い	Battle of Austerlitz	49,51
奧斯曼	オスマン	Georges Eugene Haussmann	35
奧瑞岡	オレゴン	Oregon	89
奧瑞岡號	戦艦オレゴン	Oregon	98
奧蘭治自由邦	オレンジ自由州	Orange Free State	138
愛沙尼亞	エストニア	Estonia	179,183,245,253,316
愛娃・布勞恩	エヴァ・ブラウン	Eva Braun	250
愛琴海	エーゲ海	Aegean Sea	76
愛達荷州	アイダホ州	Idaho	339
新加坡	シンガポール	Singapore	118,135,140
新政	ニューディール	New Deal	219,222
新教	プロテスタント	Protestantism	80
新經濟政策	ネップ	NEP（New Economic Policy）	181,188
新墨西哥	ニューメキシコ	New Mexico	91,247
新興工業經濟體	新興工業経済地域	NIES（Newly Industrializing Economies）	310,311,329
楊格計畫	ヤング案	Young Plan	185
滑鐵盧戰役	ワーテルローの戦い	Battle of Waterloo	49
瑞士	スイス	Switzerland	51,87152,174,261
瑞典王國	スウェーデン王国	Kingdom of Sweden	51
督政府	総裁政府	Directory	44,45,48
萬國蘇伊士運河公司	万国スエズ運河会社	Compagnie Universelle du Canal Maritime de Suez	112
萬隆會議	バンドン会議	Bandung Conference	279
經濟大蕭條	世界恐慌	Great Depression	167,218,220,224
經濟互助委員會	コメコン	COMECON	263
經濟聯盟	ブロック経済	Block Economy	218,224
義土戰爭	伊土戦争	Italo-Turkish War	169,170
義大利	イタリア	Italy	51,66,68,113,186
聖地牙哥	サンティアゴデクバ	Santiago de Cuba	296
聖西門	サン・シモン	Saint Simon	33
聖彼得堡	ペテルブルク	Saint Petersburg	156
聖保羅	サンパウロ	Saint Paulo	102
聖斯特法諾	サン・ステファノ	San Stefano	75,77
聖塔克拉拉	サンタクララ	Santa Clara	296
聖赫勒拿島	セントヘレナ島	Saint Helena	49,53
葉卡捷琳堡（凱薩琳堡）	エカテリンブルク	Yekaterinburg	180
葉爾欽	エリツィン	Boris Nikolayevich Yeltsin	194,316
葡萄牙	ポルトガル	Portugal	51,87,101,138
解放奴隸宣言	奴隷解放宣言	Emancipation Proclamation	92,94

中文	日文	原文	頁數
資本主義	資本主義	Capitalism	24,26,32
路易十六	ルイ十六世	Louis XVI	42,44
路易拿破崙	ルイナポレオン	Louis Napoleon	60,66
路易斯安那	ルイジアナ	Louisiana	83,88
路易腓力	ルイ・フィリップ	Louis Philippe	58
路透	ロイター	Paul Julius Reuter	114
農業調整法	農業調整法	Agricultural Adjustment Act（AAA）	222
道威斯	ドーズ	Dawes	189
道威斯計劃	ドーズ案	Dawes Plan	185
達特茅斯號	ダートマス号	Dartmouth	85
達達尼爾	ダーダネルス	Dardanelles	264
達爾文	ダーウィン	Darwin	108
達蓋爾	ジャック・ダゲール	Louis Jacques Mande Daguerre	162
達賴喇嘛	ダライ・ラマ	Dalai Lama	275
達蘭莎拉	ダラムサラ	Dharamsala	275
雷根	レーガン	Ronald Wilson Reagan	314
雷賽	レセップス	Ferdinand de Lesseps	98,112
裏海	カスピ海	Caspian Sea	115,194,333
團結工聯	連帯	Solidarity	312
歌德	ゲーテ	Johann Wolfgang von Goethe	44
瑪德蓮廣場	マドレーヌ広場	Place de la Madeleine	60
瑪麗安東尼	マリーアントワネット	Marie Antoinette	45
福特	フォード	Henry Ford	190
《解放的世界》	『解放された世界』	The World Set Free: A Story of Mankind	246
十四劃			
種族隔離政策	アパルトヘイト	Apartheid	139,294
維也納	ウィーン	Vienna	51
維也納條約	ウィーン条約	Treaty of Vienna	54,138
維也納會議	ウィーン会議	Congress of Vienna	54
維也納體制	ウィーン体制	Vienna system	41,49,54,58,70,101
維吉尼亞	ヴァージニア	Virginia	85
維多利亞女王	ヴィクトリア女王	Queen Victoria	62,117
維克托・伊曼紐爾二世	ヴィットーリオ・エマヌエーレ2世	Vittorio Emanuele II	69
維客思	ヴィッカーズ	Vickers	109
蒙兀兒帝國	ムガル帝国	Mughal Empire	107,109,116
蒙卡答	モンカダ	Moncada	296
蒙特內哥羅	モンテネグロ	Montenegro	75,77,111,170,334
蒙博托	モブツ	Mobutu Sese Seko	294
蒲隆地	ブルンジ	Burundi	293
蓋希文	ガーシュイン	George Gershwin	191
蓋茨堡	ゲティスバーグ	Gettysburg	92
賓夕凡尼亞	ペンシルヴェニア	Pennsylvania	85
赫拉特	ヘラート	Heart	114

中文	日文	原文	頁數
赫塞哥維納	ヘルツェゴヴィナ	Herzegovina	77,33,334
赫魯雪夫	フルシチョフ	Nikita Sergeyevich Khrushchev	262,267,274,297
遠東共和國	極東共和国	Far East Republic	180
《對德意志國民演講》	ドイツ国民に告ぐ	Addresses to the German Nation	52
蒙特婁議定書	モントリオール条約	Montreal Protocol on Substances that Deplete the Ozone Layer	345

十五劃

中文	日文	原文	頁數
寮國	ラオス	Laos	119
廣大經濟圈	ブロック	Bloc	322
廣場協議	プラザ合意	Plaza accord	254
德比爾斯聯合礦業公司	デ・ビアス社	De Beers Consolidated Mines,Ltd.	139
德克薩斯	テキサス	Texas	89
德里	デリー	Delhi	117
德拉瓦	デラウェア	Delaware	85
德拉克洛瓦	ドラクロワ	Eugene Delacroix	56
德國	ドイツ	Germany	70,130,144,147,150,158,164,169,172,182,184,244,266,312
德國共產黨	ドイツ共産党	Kommunistische Partei Deutschlands・KPD	184
德國社會民主黨	ドイツ社会民主党	Social Democratic Party of Germany	153
德黑蘭	テヘラン	Tehran；Teheran	114,289
德黑蘭會議	テヘラン会談	Tehran Conference	241
德意志邦聯	ドイツ連邦	German Confederation	70
德意志民主共和國	ドイツ民主共和国	German Democratic Republic	72,179,313
德福雷斯特	フォレスト	Lee De Forest	192
德蘇互不侵犯條約	独ソ不可侵条約	German-Soviet Nonaggression Pact	239
慕尼黑會議	ミュンヘン会談	Conference of Munich	238
摩洛哥	モロッコ	Morocco	157,159,292
摩根	モルガン	John Pierpont Morgan	95,147,176,190
摩鹿加	モルッカ	Moluccas	119
摩爾多瓦	モルドバ	Moldova	333
摩薩台	モサデグ	Muhammad Mosaddeq	288
標準石油公司	スタンダード・オイル	Standard Oil Company	147
歐文	ロバート・オーウェン	Robert Owen	32
歐加登	オガデン	Ogaden	295
歐亞大陸	ユーラシア	Eurasia	78
歐威爾	ジョージ・オーウェル	George Orwell	237
歐洲	ヨーロッパ	Europe	26,34,36,40,76,82,95,106,108,112,128,148,150,166,170,178,320

中文	日文	原文	頁數
歐洲經濟合作組織	ヨーロッパ経済協力機構	OEEC（Organisation for European Economic Co-operation）	265
歐洲聯盟（簡稱歐盟）	欧州連合	EU（European Union）	71,140,320,322,336
滕尼	ジーン・タニー	Gene Tunney	192
熱月反動	テルミドール反動	Thermidorian Reaction	44
熱那亞	ジェノバ	Genoa	188
緬因號	メイン号	Maine	96
緬甸	ビルマ（ミャンマー）	Burma（1989年改稱Myanmar）	119,243
蔣介石	蔣介石	*	211,212,216,219,228,230,270
鄧小平	鄧小平	*	300,318
魯爾	ルール	Ruhr	183,184
鴉片戰爭	アヘン戦争	Opium War	107,120,123
黎巴嫩	レバノン	Lebanon	200,285,287
墨西哥	メキシコ	Mexico	66,83,89,103
墨索里尼	ムッソリーニ	Benito Mussolini	186,250

十六劃

中文	日文	原文	頁數
戰略武器削減條約	戦略兵器削減条約	START（Strategic Arms Reduction Treaty）	315
戰略武器限制條約	戦略兵器制限交渉	SALT（Strategic Arms Reduction Treaty）	314
樸次茅斯	ポーツマス	Portsmouth	156
樺太千島交換條約	樺太・千島交換条約	Treaty of Saint Petersburg	126
澤克特	ゼークト	Hans von Seeckt	214
澳洲	オーストラリア	Australia	37,64,119,135
獨立宣言	独立宣言	Declaration of Independence	43,82,86,88
獨立國家國協	独立国家共同体	CIS（Commonwealth of Independent States）	194,317
盧布令政權	ルブリン政権	Lublin Regime	249
盧安達	ルワンダ	Rwand	293,295
盧米埃兄弟	リュミエール兄弟	Auguste & Louis Lumiere	163
盧西塔尼亞號	ルシタニア号	Lusitania	176
盧特	ルート	Elihu Root	206,297
穆罕默德・阿里	ムハンマド・アリー	Muhammad Ali	110
穆斯林	ムスリム	Muslim	78,177,194,197,200,204,282
膨脹主義	膨張主義	Expansionism	96
興登堡	ヒンデンブルク	Paul von Hindenburg	185,235
諾曼第	ノルマンディー	Normandy	241,250
諾瑞加	ノリエガ	Manuel Noriega	104
賴比瑞亞	リベリア	Liberia	137,292,295
賴索托	レソト	Lesotho	293
錫克教	シーク教	Sikhism	205
《憤怒的葡萄》	怒りの葡萄	The Grapes of Wrath	221
廢兵院	廃兵院	Hotel des invalides	42

中文	日文	原文	頁數
十七劃			
霍亨索倫家族	ホーエンゾルレン	Hohenzollern Family	178
鮑定	ボールディング	Kenneth Ewart Boulding	342
戴高樂	ド・ゴール	Charles De Gaulle	292,320
瞬息民兵	ミニットマン	Minuteman	85
聯合太平洋鐵路	ユニオン・パシフィック	Union Pacific Railroad	94
聯合國	国際連合（国連）	United Nations	258
聯合國貿易暨開發會議	国連貿易開発会議	UNCTAD（United Nations Conference on Trade and Development）	299
聯合國開發計畫署	国連開発計画	UNDP（United Nations Development Programme）	329
聯邦主義	連邦主義	Federalism	93
聯邦參議院（上議院）	連邦参議院	Bundesrat	72
聯邦議會（下議院）	帝国議会	Bundestag	72
聯合國氣候變化綱要公約	地球温暖化防止条約	United Nations Framework Convention on Climate Change	345
賽克斯—皮科協定	サイクス・ピコ協定	Sykes-Picot Agreement	200
賽珍珠	パールバック	Pearl Buck	232
賽納	セーヌ	Seine	35
韓國	韓国	Korea	140
十八劃			
禮薩汗（禮薩・沙・巴勒維）	レザー・ハン（レザー・シャー・パフラヴィー）	Reza khan（Reza Shah Pahlavi）	202,288
聶伯	ドニエプル	Dnieper	226
舊制度	アンシャン・レジーム	Old Regime	43
薩丁尼亞	サルディニア	Sardinia	51,66,68,74
薩巴	シャバ	Shaba	294
薩伊	ザイール	Zaire	293
薩伏依	サヴォイア	Savoy	66,68
薩姆特堡	サムター要塞	Fort Sumter	92
薩哈拉	サハラ	Sahara	137,292,294
薩馬拉	サマラ	Samara	79
薩爾	ザール	Saarland	183
薩赫勒	サヘル	Sahel	342
藍辛	ランシング	Robert Lansing	207
藍辛—石井協定	石井・ランシング協定	Lansing-Ishii Agreement	207
藍鷹運動	青鷲革命	Blue Eagle	223
十九劃			
羅加諾公約	ロカルノ条約	Locarno Pact	188,236
羅伯斯比爾	ロベスピエール	Maximilien François Marie Isidore de Robespierre	45
羅拉特法	ローラット法	Rowlatt Acts	204
羅思柴爾德	ロスチャイルド	Rothschild	51,113,138,147,200,284
羅馬	ローマ	Roma	51
羅馬尼亞	ルーマニア	Romania	75,77,111,183,262,312
羅曼諾夫王朝	ロマノフ朝	Romanov Dynasty	174
羅曼諾夫家族	ロマノフ	Romanov Family	179
羅得西亞	ローデシア	Rhodesia	138,294
羅斯福	セオドア・ローズヴェルト	Theodore Roosevelt	98,156
羅德島	ロードアイランド	Rhode Island	85
羅德茲	セシル・ローズ	Cecil John Rhodes	138
羅薩斯	ロサス	Juan Manuel de Rosas	103
關島	グアム	Guam	96,241
關稅暨貿易總協定	関税と貿易に関する一般協定	GATT（General Agreement on Tariffs and Trade）	261,307
二十劃			
爐邊談話	ファイアサイド・チャット	Fireside Chats	222
蘇丹	スルタン	Sultan	111,137,168,196,198,202,292
蘇丹・哈里發	スルタン・カリフ	Sultan-Kalifa	179
蘇卡諾	スカルノ	Sukarno	279
蘇台德	ズデーテン	Sudetenland	238
蘇伊士運河	スエズ運河	Suez Canal	67,98,104,106,112,137,148,202,286
蘇門答臘	スマトラ	Sumatra	118,243
蘇維埃	ソヴィエト	Soviet	166,174,180
蘇黎世	チューリッヒ	Zurich	174
蘇聯（蘇維埃社會主義共和國聯邦）	ソ連	Union of Soviet Socialist Republics	78,180,181,166,262,268,274,316,338
二十一劃			
顧拜旦	クーベルタン	Pierre de Coubertin	152
二十二劃			
權力平衡	勢力均衡	Balance of Power	54,87,278
權利保衛協會	権利擁護同盟	Associations for the Defense of Rights	198

國家圖書館出版品預行編目資料

圖解世界近現代史 / 宮崎正勝著；黃秋鳳譯. – 修訂二版. -- 臺北市：易博士文
化, 城邦文化出版：家庭傳媒城邦分公司發行, 2020.03
　　面；　公分. -- (Knowledge base系列)
　　譯自：早わかり世界近現代史
　　ISBN 978-986-480-112-1(平裝)
　　1.近代史 2.世界史
　　712.6　　　　　　　　　　　　　　　　　　　　　109002262

Knowledge Base 097

圖解世界近現代史【更新版】

原 著 書 名／早わかり世界近現代史
原 出 版 社／日本實業出版社
作 　 者／宮崎正勝
譯 　 者／黃秋鳳
選 　 書 人／蕭麗媛
執 行 編 輯／劉亭言、楊麗燕、林荃瑋

業 務 經 理／羅越華
總 編 輯／蕭麗媛
視 覺 總 監／陳栩椿
發 行 人／何飛鵬
出 版／易博士文化
　　　　　　城邦文化事業股份有限公司
　　　　　　台北市中山區民生東路二段141號8樓
　　　　　　電話：(02) 2500-7008　傳真：(02) 2502-7676
　　　　　　E-mail: ct_easybooks@hmg.com.tw
發 　 行／英屬蓋曼群島商家庭傳媒股份有限公司城邦分公司
　　　　　　台北市中山區民生東路二段141號11樓
　　　　　　書虫客服服務專線：(02) 2500-7718、2500-7719
　　　　　　服務時間：週一至週五上午09:30-12:00；下午13:30-17:00
　　　　　　24小時傳真服務：(02) 2500-1990、2500-1991
　　　　　　讀者服務信箱：service@readingclub.com.tw
　　　　　　劃撥帳號：19863813
　　　　　　戶名：書虫股份有限公司
香 港 發 行 所／城邦（香港）出版集團有限公司
　　　　　　香港灣仔駱克道193號東超商業中心1樓
　　　　　　電話：(852) 2508-6231 傳真：(852) 2578-9337
　　　　　　E-mail: hkcite@biznetvigator.com
馬 新 發 行 所／城邦（馬新）出版集團【Cite (M) Sdn. Bhd. (458372U)】
　　　　　　11, Jalan 30D/146, Desa Tasik, Sungai Besi,
　　　　　　57000 Kuala Lumpur, Malaysia
　　　　　　電話：(603) 9056-3833 傳真：(603) 9056-2833
封 面 構 成／簡至成
美 術 編 輯／簡至成
製 版 印 刷／卡樂彩色製版印刷有限公司

HAYAWAKARI SEKAI KINGENDAISHI © MASAKATSU MIYAZAKI 2001
Originally published in Japan in 2001 by NIPPON JITSUGYO PUBLISHING CO.,LTD.
Traditional Chinese translation rights arranged with NIPPON JITSUGYO PUBLISHING CO.,LTD through
AMANN CO.,LTD Taipei.

■2007年6月26日初版
■2020年3月26日修訂二版

ISBN 978-986-480-112-1
定價450元　HK$ 150

城邦讀書花園
www.cite.com.tw

Printed in Taiwan
著作權所有，翻印必究
缺頁或破損請寄回更換